헤르메스의 고뇌
한국사회 길을 찾는다

개정판

헤르메스의 고뇌 한국사회 길을 찾는다 [개정판]

초판 발행 2024년 1월 8일
개정판 발행 2025년 2월 20일

지은이 고영구
펴낸이 장길수
펴낸곳 지식과감성#
출판등록 제2012-000081호

교정 한장희
디자인 이현
편집 이현
검수 주경민
마케팅 김윤길, 정은혜

주소 서울시 금천구 벚꽃로298 대륭포스트타워6차 1212호
전화 070-4651-3730~4
팩스 070-4325-7006
이메일 ksbookup@naver.com
홈페이지 www.knsbookup.com

ISBN 979-11-392-2436-8(03340)
값 20,000원

• 이 책의 판권은 지은이에게 있습니다.
• 이 책 내용의 전부 또는 일부를 재사용하려면 반드시 지은이의 서면 동의를 받아야 합니다.
• 잘못된 책은 구입하신 곳에서 바꾸어 드립니다.

지식과감성#
홈페이지 바로가기

헤르메스의 고뇌
한국사회 길을 찾는다

고영구 지음

개정판

경계를 넘나드는 소통과 갈등을 조화로 이끄는
헤르메스적 지혜와 통찰이 필요하다

지식과감성

Contents

개정판 들어가며 9
초판 들어가며 12

제1부
수도권 공화국이냐? 지속가능한 발전이냐?

01 초고밀도 서울, 비워야 하는 이유와 대안 18
1 도시의 인구집중과 밀집도 18 2 비좁은 서울과 수도권, 비어 가는 지방 19 3 서울 비워야 하는 이유, 도시문제의 백화점 23 4 정부·공공기관, 기업 그리고 사람 이동 30

02 지방, 떠나는 이유와 오지 않는 이유 35
1 살고 싶어도 살기 어려운 지방 35 2 젊은 청년들, 지방을 떠나 수도권으로 36 3 수도권과 지방, 삶의 조건 달라 40 4 살고 싶은 '지역 만들기' 42

03 균형발전 1.0시대 평가와 균형발전 2.0시대 기대 46
1 '불균형의 시대' 총량적 경제성장 46 2 '균형발전 1.0시대' 균형발전정책 전개과정 47 3 '균형발전 2.0시대' 패러다임, 분권과 통합 54

04 국토발전축, 남방한계선을 넘어야 한다 58
1 충청권 수도권화, 균형정책 궤도수정 58 2 서울에서 보는 심리적 한계선 59 3 봄의 화신 벚꽃으로 균형발전 축제 64 4 국토발전축, 영·호남 동서 횡으로 설정 67

05 국회 상원제 도입, 지역대표성 안정적 확보 70

1 국회 발언권의 불평등 70 **2** 국회의원 선거구, 수도권 과잉 대표성 72 **3** 지역대표형 사례: 미국, 독일, 프랑스 74 **4** 국회 양원제의 특징과 장단점 78 **5** 상원제의 유형과 구성방식 81 **6** 지역대표성 안정적 확보 84

제2부
한국대학의 위기, 21세기형 대학 모델 구상

06 1층이 부실하면 2층은 불안하다. 인문학의 부활! 88

1 잊혀진 인문학, 다시 생각하는 인문학 88 **2** 정부 대학구조개혁은 인문학 몰아내기 90 **3** 인문학 쇠퇴, 정부·대학·인문학자의 책임 93 **4** 인문학이 살아나야 하는 이유 96 **5** 인문교육: 소통의 인문학, 학문 후속세대 양성 99

07 '의대 쏠림' 현상과 왜곡된 사회적 인센티브 103

1 낯설지 않은 '초등생 의대반' 103 **2** 왜 '의대' 쏠림인가? 안정적 고소득 보장 107 **3** 인기 진료과 및 수도권으로의 쏠림 109 **4** 왜곡된 사회적 인센티브, 사회적 성찰 112 **5** 의대 증원 필요, 무조건 증원은 위험 115

08 외국인 유학생, 인구위기 극복과 대학발전의 기회 120

1 국제적 위상과 국내의 인구위기 120 **2** 외국인 유학생, 고등교육기관 학생 5.4% 122 **3** 호주 사례: 경제적 효과, 학문적 명성 125 **4** 인구위기·대학위기 극복과 새로운 동력 129

09 공영형 사립대학, 대학운영의 공공성과 투명성 확보 133

1 사립대학 체제의 한계 133 **2** 사립대학, 대학교육 84% 담당, 75% 적자운영 135 **3** 등록금 비싸고, 사학재단은 부정과 비리 137 **4** OECD 국가 중 대학 공영화율 최하위권 140 **5** 대학운영의 투명성과 공공성 확보 143

10 국내대학의 한계, 21세기형 세계대학으로 전환 146

1 20세기형 대학의 한계 146 **2** 국제경쟁력 비교, 한국대학은 제자리걸음 148 **3** 국내대학을 넘어 세계대학으로 도약 155 **4** 세계적인 대학: 작은 대학, 특성화, 재정투자 158

제3부
자연과 사람, 사람과 사람이 공존하는 사회

11 끝없이 만들고 버리는 패스트 패션, 덜 사야 더 산다 166

1 과잉생산·과잉소비, 패스트 패션 166 **2** 지구를 뒤덮는 의류 폐기물 168 **3** 미세플라스틱 배출의 주범, 합성섬유 171 **4** 프랑스 사례: 수선비 지원과 생산자책임 172 **5** 덜 사(buy)야, 더 살(live) 수 있다 177

12 ESG! 선택이 아니라 필수, 이해관계자 자본주의 180

1 ESG 등장, 기업경영의 기본 180 **2** 자본주의 진화와 기업환경의 변화 183 **3** ESG 이슈와 이해관계자 자본주의(SPICE) 187 **4** ESG가 기업에게 중요한 이유 191 **5** ESG 실천, 기업의 가치를 높이는 일 196

13 지속가능한 사회, 선형경제에서 순환경제로 전환 198

1 쓰레기 없는 '생산-유통-소비-재생' 198 **2** 선형경제, 재활용 그리고 순환경제 200 **3** 순환경제 배경: 자원고갈, 기후변화, 성장동력 202 **4** 앞서가는 나라들, 뒤처지는 한국 205 **5** 순환경제, 환경문제가 아니라 산업의 문제 207

14 멀티 제너레이션 시대, 세대 간 경험과 가치 존중 210

1 언제나 어디나 존재하는 세대 차이 210 **2** 산업화, 민주화, 정보화, 디지털, 스마트 세대 211 **3** 멀티 제너레이션 시대, 세대 차이에 대한 인식 218 **4** 멀티 제너레이션, 함께 살아가는 시대 220

15 다문화 사회로의 전환, 개방성과 수용성 제고 224
1 이민정책 이전에 외국인 주민 먼저 224 **2** 국내거주 외국인, 총인구 4% 넘어 225
3 다문화 국가로 진입, 이민자 수용력 229 **4** 다문화 사회의 시민의식 함양 233

제4부
다이나믹 코리아! 강물은 바다로 향한다

16 민주주의는 생각보다 쉽게 무너질 수 있다 238
1 민주주의 위기 알리는 경고, 선거독재국가 238 **2** 사법권력과 언론의 협작, 세차작전 240 **3** 인공지능시대, 조선 말기 '진령군' 소환 243 **4** '민주주의 리포트' 민주화가 독재화로 246 **5** 2024년 대한민국 '친위 쿠데타' 발발 249 **6** 지도자의 덕목, '아모스'로부터 배운다 252

17 갈등공화국, 칡넝쿨과 등나무가 얽힌 사회 256
1 고질적이고 구조적인 갈등 구조 256 **2** 갈등지수, 정치·경제·사회분야 세계 3위 257 **3** 사회적·이념적 갈등, 고소·고발 만연 259 **4** 갈등조장, 정치·사법·언론 기득권 집단 265

18 한반도 평화와 번영, 언제쯤 우리는 하나가 될까 268
1 통일하기 좋은 조건 따로 없다 268 **2** 통일의식: 경제적 부담, 사회적 불안 270
3 경제적 관점: 남북한 경제통합은 한반도 번영 274 **4** 사회문화적 관점: 이념갈등 해소, 한류 277 **5** 세계사 관점: 민족국가 완성, 대륙국가로 발전 279 **6** 대북 강경론, 통일 비관론 경계 281

19 저출산·고령화 극복, 생산성 제고와 생산인구 확대 284
1 저출산 현상과 고령화의 문제 284 **2** 2040년 4천만, 2070년 3천만 명대 추정 286 **3** 합계출산율의 경고, 잘못 쓰인 저출산 예산 288 **4** 저출산의 원인과 처방 그리고 대안 292

20 기본소득제 도입, 먼 꿈인가? 우리 앞의 현실인가? 298
1 긴급재난지원금으로 부각된 기본소득 298 **2** 글로벌 IT기업 창업자들, 누구나 조건 없이 300 **3** 왜 기본소득에 주목하는가? 303 **4** 기본소득제 사례: 핀란드, 스위스, 알래스카 307 **5** 재원 마련을 위한 여러 가지 대안 310 **6** 기본소득제에 대한 편견 없는 논의 313

21 한국의 정치·경제모델, 노르딕국가를 주목한다 316
1 신자유주의 문제, 승자독식 불평등 심화 316 **2** 유럽대륙형인가? 북유럽형인가? 318 **3** 노르딕국가, 정부의 역할과 분배구조 322

개정판 들어가며

그리스 신화에서 헤르메스는 경계를 넘나드는 신이다. 그는 신과 인간, 하늘과 땅, 빛과 어둠을 연결하며 난제를 해결하는 지혜의 상징이자 갈등을 봉합하는 중재자 역할을 맡았다. 하지만 그의 역할은 결코 단순하지 않았다. 모든 이의 기대를 짊어진 그는 복잡한 선택 앞에서 끊임없이 고민했다. 지금 한국사회는 헤르메스의 고뇌를 떠올리게 하는 순간에 서 있다. 문명사적으로 중요한 전환기에 와 있다. 대한민국은 지난 수십 년간 고도의 경제성장을 이루었고, 20세기 후반, 글로벌화와 정보화 사회로의 전환을 통해 정보기술의 발전과 디지털 혁명을 선도하는 국가로 자리 잡았다. 또한 세계 전역에 한류의 바람을 일으키며 새로운 문명을 만들어 가고 있다.

하지만 그 과정에서 외면했던 문제들이 이제 구조적 위기로 드러나고 있다. 지역 간 격차는 심화되었고, 계층 간 이동은 멈춰 섰다. 시장 제일주의와 신자유주의는 공동체적 가치를 약화시키고, 개인의 경쟁과 생존을 최우선시하는 사회를 초래했다. 이런 환경에서 젊은 세대는 미래에 대한 불안을 이유로 결혼과 출산을 포기하고 있다. 인구감소와 고령화는 단순히 숫자의 문제가 아니라 사회적 구조를 흔드는 주요 원인이 되고 있다. 멀티 제너레이션 시대의 역동성 이면에 젊은 세대의 통일에 대한 무관심은 한국사회가 정체성의 근본적 위기에 직면했음을 보여 준다.

대학도 위기에서 예외가 아니다. 학문의 전당이어야 할 대학은 이제 직업인을 양성하는 기술학원으로 전락했다. 이는 단순히 대학 자체의 문제가 아니라, 정부의 잘못된 대학정책이 만든 구조적 결과다. 대학구조조정이라는 이름 아래 진행된 평가방식은 학문의 다양성과 자율성을 억압하고, 대학을 상업적 효율성의 틀에 가두었다. 이 과정에서 교육 및 연구, 학문적 성취는 약화되었고, 대학의 사회적 역할은 크게 축소되었다. 대학은 본래 비판적 지성을 통해 사회적 문제를 분석하고 해결책을 제시해야 할 곳이다. 그러나 지금의 대학은 그러한 사명을 다하지 못하고 있으며, 이는 한국사회 전체의 문제해결 능력을 위축시키는 결과를 낳고 있다.

자연과 사람, 사람과 사람 간의 공존 문제 역시 한국사회가 외면할 수 없는 중요한 과제다. 개발 중심의 정책은 자연을 훼손했고, 기후위기는 먼 미래의 이야기가 아니라 당장의 현실이 되었다. 미세먼지, 이상기후, 생태계 파괴는 경제성장이 가져온 환경적 비용을 여실히 보여 준다. 더불어 다문화 사회로의 전환이라는 새로운 도전도 맞이하고 있다. 외국인 노동자와 유학생의 유입은 우리 사회의 개방성과 다양성을 크게 높였으며, 글로벌화를 촉진시켰다. 그러나 다양한 국적과 문화적 배경을 가진 사람들이 함께 살아가면서 또 다른 사회문제를 야기하고 있다.

한편, 최근의 정치적 혼란이 깊은 우려를 자아내고 있다. 윤석열 정권 출범 이후 남북 관계가 더욱 악화되고, 전쟁의 가능성이 실제적으로 논의되는 점은 한반도의 안보와 평화를 위협하는 심각한 문제다. 이러한 외교적 불안정성과 더불어 국내에서는 이념적 갈등이 극단으로 치닫고 있어 사회적 통합이 심각히 위협받고 있다. 특히, 민주주의의 근간을 흔드는 사태, 예컨대 국민이 선출한 대통령에 의한 친위 쿠데타는 헌정 체제에 대한 신뢰를 무너뜨리고 정치적 안정성을 심각히 저해하는 일이다. 이러한 사태는 한국사회가 정치적 건강성과 민주주의 회복을 위한 깊은 성찰이 필요함을 시사한다.

이제 한국사회는 자본 중심적 발전과 성장 지상주의라는 과거의 패러다임에서 벗어나야 한다. 새로운 비전과 구조적 전환이 필요하다. 이 책은 한국사회가 직면한 구조적 문제를 진단하고, 진보적 시각에서 대안을 제시하려는 시도다. 초판에서는 문제의 본질을 드러내는 데 초점을 맞췄다면, 이번 개정판에서는 구체적이고 실행 가능한 대안을 찾고자 노력했다. 우리의 문제는 단순히 시스템의 효율성을 높이는 것이 아니라, 사회의 근본적인 틀을 바꾸는 정치·경제적, 사회·문화적 대전환을 요구하고 있다.

헤르메스의 고뇌는 단순히 문제를 떠안는 데서 끝나지 않는다. 앞으로 나갈 길을 만들어 가는 데 있다. 이 책이 그러한 길을 모색하는 데 작은 디딤돌이 되기를 바란다. 독자 여러분 모두 한국사회의 변화를 함께 고민하며, 더 나은 미래를 위한 새로운 비전을 만들어 가는 데 동참하기를 희망한다.

2025년 2월
저자

초판 들어가며

우리나라는 해방 후 많은 사회적 변화를 겪으면서 농업사회에서 고도의 산업화, 도시화, 기술 선진국으로 변모했다. 한국사회 변화의 가장 큰 동인은 경제발전이다. 1960년대부터 한국 정부는 산업화, 수출주도성장, 기술발전에 초점을 맞춘 국가 주도의 경제정책을 추진했다. 독일의 '라인강의 기적'처럼 '한강의 기적'이라고 불릴 만큼 급속하고 지속적인 경제성장을 가져왔다. 이러한 경제적 성장의 결과로 한국인의 사회구조와 생활양식에도 큰 변화를 가져왔다. 한때 주산업이었던 농업은 제조업과 서비스업으로 크게 대체되었고, 더 나은 경제적 기회를 찾아 농촌에서 도시로 이주한 사람들은 서울과 같은 거대 도시의 성장을 이끌었다.

도시가 확장되면서 전통적인 사회구조와 가치관이 약화되고, 신산업에 적합한 삶의 행태로 진화해 왔다. 한국사회 변화의 또 다른 측면은 교육과 식자율의 증가다. 개인과 정부는 뜨거운 교육열과 적극적인 교육투자를 통하여 많은 고학력 노동력을 배출했다. 이는 훗날 지식기반산업의 발전과 정보화 사회로의 전환에 크게 기여했다. 2000년대 이후 디지털 기술의 발전은 세계적인 IT 강국으로 우뚝 서게 했다. 스마트폰의 확산과 SNS 플랫폼에 대한 접근은 정보와 아이디어의 확산을 촉진시켰다.

한국사회 변화들은 서구로까지 영향력을 높여 왔다. K-pop, K-beauty, K-drama, K-food 등으로 퍼지고 있는 한류 열풍은 세계 곳곳으로 스며들었다. 이 같은 한국의 국제적 위상은 경제지표에서 확인되고 있다. 경제규모는 세계에서 11~12위를 다투고 있으며, 1인당 국민소득은 3만 5천 달러를 목전에 두고 있다. 지난 60여 년 동안 쉼 없이 달려온 결과다. 가히 속도전이라 할 만큼 정신없이 달려왔다.

그러나 그 이면을 보면 갖가지 질환에 시달리고 있음이 확인된다. 공간적 불균형, 경제적 양극화, 사회적 불평등, 물질 만능주의, 환경문제와 기후위기, 사회적 갈등, 저출산·고령화, 국민 행복지수 저하 등 한마디로 위기 상황이 아닐 수 없다. 이 문제들은 시간이 갈수록 더욱 심화되고 있다. 따라서 이 시대를 사는 우리 앞에는 이 위기를 극복하고 새로운 전기를 마련해야 하는 책무가 놓여 있다. 필자는 이 중에 몇 가지 고민한 내용을 독자들에게 소개하고자 한다. 전체를 네 개 분야로 나누어 정리하면 다음과 같다.

첫째, 수도권과 지방 간 균형발전이다. 세계적으로 유례가 없는 수도권 집중 현상은 대한민국의 지속가능성을 위협할 만큼 심각하다. 반면 지방은 하루가 다르게 비어 가고 있다. 이제 서울을 위시한 수도권은 비워야만 하고, 반대로 지방은 서둘러 채워야 하는 상황에 이르렀다. 역대 정부에서 균형발전을 위한 정책적 노력을 기울여 왔지만, 그 성과는 미흡했다. 따라서 균형발전정책에 대한 새로운 접근이 요구되는데, 무엇보다 국토발전 동력을 영호남에서 만들어야 한다. 충청권까지는 이미 수도권 영향력하에 있기 때문이다. 또 하나는 국회 상원제를 도입하여 의사결정과정에서 지방의 권리를 안정적으로 확보해야 한다. 인구비례 지역구 의석은 수도권 발언권만 키우고 있다.

두 번째는 대학 체제와 생태계를 새롭게 구축해야 한다. 그 이유 중 하나는 인간의 근원적인 문제를 다루는 인문학을 홀대하고 있다는 점이다. 이것은 대학의 모든 교육을 취업과 결부시키는 문제로부터 시작되었다. 또 고소득과 안정성을 보장받기 위해 의대로 몰리는, 이른바 의대 쏠림현상은 그야말로 망국적인 현상으로 나타나고 있다. 대학의 학령인구 급감 문제는 외국인 유학생 유치로 실마리를 풀어 갈 필요가 있다. 세계에서 가장 높은 사학 의존도는 고등교육의 안전성과 공공성을 떨어뜨리고 있다. 그러므로 사립대학을 공영형으로 전환하여 열악한 고등교육환경을 개선하고 고질적인 사학의 부정과 비리를 차단해야 한다. 아울러 덩치만 커 버린 대학을 과감하게 줄이고 특성화하여 세계대학으로 발전시켜야 한다. 대한민국이 지식강국으로 발전할 수 있느냐는 대학의 능력에 달려 있다.

세 번째는 자연과 사람, 사람과 사람의 공존이다. 지구를 위협하는 폐기물, 그중에도 의류 폐기물이 매우 심각하다. 끊임없이 만들고 버리는 패스트 패션이 대표적인 주범이다. 지구환경에 대한 경각심이 높아지면서 자본주의도 이해관계자 중심으로 전환되는 한편, 기업의 이슈도 바뀌었다. 즉 환경과 사회, 지배구조 등을 이르는 ESG가 중요한 화두로 등장했다. 그리고 자원 절약과 재활용을 통해 지속가능성을 추구하는 친환경 경제모델로서 순환경제가 더욱 강조되고 있다. 사람과 사람 간에도 공존의 지혜가 요구되는데, 무엇보다 세대 간의 차이를 이해하고 갈등을 해소하는 노력이 중요하다. 인종 간에도 마찬가지다. 이미 다문화 시대로 진입한 한국사회에 있어서 다양성을 존중하고 포용성을 발휘하는 것은 매우 중요한 과제다.

끝으로 네 번째는 국가 운영체제의 전환이다. 오늘날 한국사회는 극도로 예민해 있다. 이념 간, 계층 간, 세대 간 등 유형도 다양하다. 더 큰 문제는 정치권, 언론, 권력자 등이 갈등으로 조장하고 부추기는 짓이다. 남북 관계도 그렇다. 집권세력은 남북 간의 극단적인 대결 국면으로 몰아가고 있다. 평화와 통일에 대한 기대를 위협하고 있다. 분명한 것은 전쟁보다는 평화가, 분단보다는 통일이 훨씬 낫다는 점을 인식할 필요가 있다. 한편 저출산·고령화 문제는 우리에게 큰 부담으로 다가왔다. 이민정책도 필요하지만, 생산성을 높이고 생산인구 연령대를 넓혀야 한다. 한편, 코로나19 재난지원금으로 익숙해진 기본소득에 대해 진지하게 검토할 필요가 있다. 정치적 쟁점이 아니라 정책적으로 어떤 의미가 있는가 말이다. 산업화와 민주화의 성과로 형성된 한국의 정치·경제 체제도 이제는 새로운 모델을 찾아야 할 때다.

학계나 언론에서는 지금의 우리 사회를 위기 상황으로 진단하고 있다. 위험한 시기라는 말인데, 달리 말하면 '위험과 기회'로 해석도 가능하다. 위험한 상황에서 전화위복의 기회로 삼을 수 있다는 얘기다. 이러한 때 헤르메스(Hermes)와 같은 지혜로운 전령사에게 도움을 청하고 싶다. 그리스 신화에 나오는 헤르메스는 올림포스 열두 신 가운데 막내다. 제우스와 마이아의 아들로서 그는 길을 지배하는 길손의 신, 통역이나 상업의 수호신으로 알려져 있다. 특히, 길을 잃은 사람이나 어려움에 처한 사람들에게 도움을 주고, 어떠한 상황에서도 능숙하게 대처하는 능력의 소유자다. 한국사회가 나가야 할 길을 찾고자 그에게 지혜를 구해 본다.

2024년 1월
저자

제1부
수도권 공화국이냐?
지속가능한 발전이냐?

균형발전이란 각 지역의 특성에 맞는 발전 그리고 지역 간의 연계 및 협력 증진을 통해서 지역 경쟁력을 높이고 국민 삶의 질을 향상시키기 위한 노력의 과정이며 결과이다. 역대 정부는 수도권과 지방 간 균형발전을 위하여 나름의 정책적 노력을 기울여 왔다. 이 과정에서 소기의 성과가 없었던 것은 아니지만 결과적으로 보면, 수도권 집중은 더욱 심화되었다. 정치, 경제, 사회, 언론, 문화 등 모든 권력이 서울에 몰려 있고 이곳에서 모든 것이 결정되고 통제되고 있다. 대한민국이 더 이상 '수도권 공화국'이어서는 안 된다.

01
초고밀도 서울, 비워야 하는 이유와 대안

1   도시의 인구집중과 밀집도

　도시마다 면적의 크기가 다르고 인구수 또한 다르다. 그래서 시민들의 삶의 조건을 파악하기 위해서는 도시의 밀집 정도를 따져 보는 것이 매우 중요하다. 밀집도는 단위 면적당 인구수를 나타내는 인구밀도가 그 지표가 되는데, 보통 1㎢의 면적에 거주하는 인구수로 나타낸다. 이것으로 사람들이 모여 사는 정도를 알 수 있다. 우리나라 전체 인구밀도는 2019년 기준 515명/㎢이다. 인구밀도 1위 국가는 모나코다. 마카오가 더 높긴 하지만 중국의 특별행정구에 속하기 때문에 국가로만 보면 모나코가 가장 높다. 다음 싱가포르가 2위, 바티칸이 3위다. 인구 1천만 명이 넘는 국가 중에는 방글라데시가 가장 인구밀도가 높고, 우리나라는 13위를 차지하고 있다.

　국가 안에서의 지역도 마찬가지다. 인구밀도는 지역에 따라 낮은 곳이 있는가 하면 지나치게 높은 곳도 있다. 그렇다면 왜 사람들은 특정 공간에 모여 사는 것일까? 사람들이 모이는 곳은 어떤 특별한 이유가 있나? 과거 농경사회 때는 농사를 짓기 위한 가장 중요한 조건이 너른 평야와 따뜻한 기후였다. 한반도는 동쪽에 산지가 많은 반면, 서쪽에는 주로 평야가 분포되어 있다. 또 북쪽보다 더 따뜻한 남부지역이 농사짓기에 유리하다. 그래서 사람들은 북동쪽보다는 남서쪽에 많이 모였고, 북동쪽의 인구밀도보다 남서쪽의 인구밀도가 더 높았다. 그러나 산업화 시대로 접어들면서 다른 양상이 나타났다. 일자리가 있고 노동력 확보가 용이한 도시로 인구가 몰렸다. 특히 서울을 중심으로 한 수도권으로의 인구집중이 급속도로 진행되었다.

하나의 공간 범위 안에서 인구는 너무 많아도 문제, 적어도 문제가 된다. 지나치게 많으면 과밀에 따른 폐해가 발생할 수밖에 없고, 반대로 적으면 일자리, 편의시설 등이 부족해지기 때문이다. 도시의 적정 인구규모에 대하여 도시학자들 주장은 30만 명, 50만 명, 80만 명 또는 100만 명 등으로 다양하다. 그러나 정작 중요한 것은 절대 인구수보다는 인구밀도. 얼마만 한 면적에 사람이 얼마나 살고 있느냐에 따라 삶의 조건이 확연히 다를 수 있기 때문이다. 따라서 도시의 면적과 관계없이 인구수만을 따지는 것이 어찌 보면 무의미할 수 있다. 그렇다면 서울의 인구밀도는 어느 정도인가?

2 비좁은 서울과 수도권, 비어 가는 지방

전국적으로 인구밀도가 높은 도시들을 살펴보면 15,964명/㎢를 기록하고 있는 서울시가 단연 1위다. 2019년 기준, 인구는 966만 명에 면적은 605.2㎢이다. 다음 부천시, 수원시, 안양시, 광명시, 군포시, 성남시, 구리시, 의정부시, 오산시 등의 순으로 10대 도시 모두 수도권 안에 있다. 서울시 주민등록인구는 줄었다고 하지만, 대부분 경기도 신도시 인구로 행정주소만 바뀌었을 뿐이다. 일터와 삶터로 서울시민과 경기도민을 구분하기란 쉽지 않다.

주변 고밀도 도시들을 살펴보자. 부천시 인구밀도는 15,611명/㎢으로서 전국 자치시와 행정시 중 가장 높은 인구밀도를 기록하고 있는데, 도시 면적 자체가 워낙 좁기 때문에 높게 나타난 측면도 있다. 수원시 인구밀도는 9,874명/㎢이며, 전국 기초자치단체 중에 인구가 가장 많은 도시다. 광역지자체인 울산시보다도 인구가 많다. 안양시는 도시 면적의 절반에 가까운 면적이 관악산, 청계산 등 녹지지역으로 구성되어 있음에도 불구하고 인구밀도는 9,764명/㎢으로서 매우 높다. 그만큼 좁은 곳에 모여 산다는 의미다. 광명시 역시 밀도가 높게 나타나지만, 서울로 출퇴근하는 인구가 50%가 넘다 보니 주간 활동인구가 적어 그렇게 체감하지는 못하고 있다.

인구밀도 상위 10대 도시(2019년 기준)

구 분	인구수(만 명)	면적(㎢)	인구밀도(명/㎢)
서울시	996	605.2	15,964
부천시	83	53.44	15,611
수원시	120	121.05	9,874
안양시	57	58.50	9,764
광명시	32	38.52	8,304
군포시	27	36.41	7,539
성남시	94	141.66	6,674
구리시	20	33.31	6,010
의정부시	45	81.64	5,541
오산시	22	42.74	5,186

자료: 국가통계포털(2022)

다음 군포시는 1기 신도시 중 하나인 산본신도시 건설로 인해 인구밀도가 높아진 도시다. 성남시도 수도권에서 처음으로 개발된 서울의 위성도시다. 분당, 판교 등 아파트 밀집 주거지역이 많아 인구밀도가 매우 높다.

구리시는 인구수가 20만 명 수준임에도 밀도가 높은 이유는 면적이 매우 작기 때문이다. 의정부시도 오산시와 마찬가지로 양주군 의정부읍에서 분리 승격된 도시로서 고산지구와 민락지구 개발로 인하여 인구가 꾸준히 증가해 왔다. 10위 오산시는 과거 한 개의 읍이 시로 승격된 경우다. 과거 화성군 오산읍에서 시로 분리되어 나왔기 때문에 좁은 면적에 많은 인구가 밀집해 있다.

이와 같이 수도권에는 인구밀도가 높은 도시들이 몰려 있는가 하면, 반대로 비수도권에는 텅 비어 가는 지역들이 수두룩하다. 100명/km^2 이하 지역으로 볼 때, 경기도 가평군과 연천군을 제외하고는 모두 비수도권이다. 전북의 임실군, 장수군, 무주군, 진안군 그리고 강원의 횡성군, 양양군, 고성군, 홍천군, 영월군, 양구군, 정선군과 경남의 합천군, 산청군 등이 해당된다. 충북의 괴산군, 단양군과 경북의 의성군, 군위군, 청송군 등은 50명/km^2에도 못 미치고 있다. 강원의 평창군, 화천군, 인제군과 경북의 봉화군, 영양군 지역들 30명/km^2 이하다.

서울의 인구밀도는 OECD에 가입한 선진국 대도시 중에서도 가장 높다. 또 전 세계 인구 1천만 이상의 도시 중 서울시 인구밀도는 4위에 해당한다. 서울보다 인구밀도가 높은 도시는 인도의 뭄바이, 이집트 카이로, 나이지리아 라고스뿐이다. 주변 고밀도 도시들도 서울집중으로 인한 확산효과이다.

주민등록 인구통계 기준 인구밀도(2022. 7.)

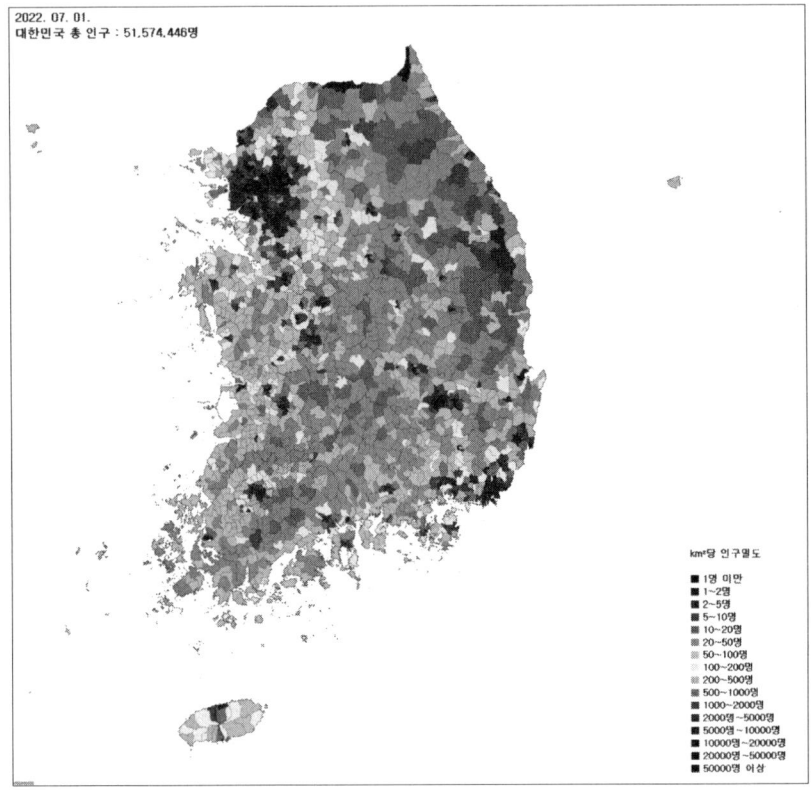

자료: 행정안전부(2023)

1천만 이상 세계도시 중 인구밀도 상위 10위

순위	국가	도시	인구밀도(명/㎢)
01	인도	뭄바이	20,694
02	이집트	카이로	19,375
03	나이지리아	라고스	16,077
04	대한민국	서울	15,964
05	인도네시아	자카르타	15,400
06	인도	델리	11,320
07	콩고민주공화국	킨샤사	10,071
08	중국	상하이	9,301
09	이란	테헤란	7,525
10	중국	베이징	7,400

주: 도시별 각각 2010년~2021년 기간 통계로서 기준연도는 동일하지 않음.
자료: 위키백과(검색일 2023. 5. 21.)

3 서울 비워야 하는 이유, 도시문제의 백화점

인구밀도가 높으면 도로, 지하철, 인터넷 보급 등 인프라 확충이 용이하고, 다양한 공공서비스를 향유할 수 있으며, 대중교통 이용도 편리하다. 또 대형 상업시설이나 문화시설을 유치함에 있어서도 장점이 많다. 그럼에도 인구가 지나치게 밀집한 도시의 경우를 보면 집적의 이익이나 규모의 경제보다는 불이익, 불경제가 더 크게 나타나고 있음을 흔히 볼 수 있다. 대표적인 사례가 서울이다. 서울이야말로 도시문제의 백화점이라고 할 만큼 심각하다.

높은 스트레스 지수, 사고와 범죄 빈번

과도한 밀집은 스트레스를 유발한다. 단적인 예로 우리가 일상에서 경험하고 있듯이 출퇴근 시간대 비좁은 지하철을 생각하면 쉽다. 서울지하철 한 량의 정원은 160명이며, 넓이는 55㎡로 1㎡당 적정 인원은 2.9명이다. 그러나 현실은 콩나물시루다. 9호선 '노량진→동작' 구간의 경우, 한 량에 정원의 185%인 296명이 탑승한 것으로 나타났다.[1] 이 지하철의 ㎡당 인원은 5.4명으로 사고위험 밀집도인 ㎡당 6명에 근접하고 있다.[2] 서울과 경기도 직장인을 대상으로 조사한 결과를 보면, 10명 중 8명이 출퇴근 스트레스를 받는 것으로 나타났다.[3] 스트레스가 많으면 사람 간에 갈등도 잦을 수밖에 없다. 전경련에서 OECD 회원국을 대상으로 한 갈등지수 분석 결과에서도 한국은 세 번째로 높았다.[4] 과도한 밀집이 갈등과 무관하지 않음을 시사하는 것으로 볼 수 있다.

정신분석학 이론에 따르면, 스트레스 지수가 높아질수록 우리의 신체는 불안 반응을 일으켜 주어진 문제를 해결하는 데 집중하기보다는 감정적, 방어적 대처 행동을 취한다고 한다. 특히, 분노나 감정이 커지게 되면 주의 집중력이 저하되고, 충동적일 수밖에 없다. 이것이 사고나 범죄로 이어지는 경우가 많은데, 실제로 인구밀도가 높은 지역일수록, 강력범죄 건수가 많은 것으로 나타났다. 2015년 12월 기준, 서울 양천구, 영등포구, 동대문구, 구로구, 마포구 등 지역에서 강력범죄 발생률도 매우 높았다. 이들

---

1 서울교통공사, "정기교통량조사 결과발표", 보도자료, 2023. 5. 10.
2 전문가들은 1㎡에 6명 이상이면 압사 사고의 위험이 크다고 본다. 한겨레, "서울, 밀도를 줄여야 사람이 산다", 2022. 12. 8.
3 2022년 8월, 벼룩시장 미디어윌이 서울과 경기지역 직장인 794명을 대상으로 조사한 결과이다.
4 2016년 기준, 한국의 갈등지수는 55.1점으로, 멕시코(69.0점), 이스라엘(56.5점)에 이어 3위다. 주요 선진국 프랑스(25.8점, 22위), 독일(29.8점, 18위), 영국(41.4점, 8위), 미국(43.5점, 6위), 일본(46.6점, 5위) 등과 비교하면 훨씬 높다. 전국경제인연합회, "국가갈등지수 OECD 글로벌 비교", 보도자료, 2021. 8. 19.

지역의 공통점은 밀도가 높다는 것이다.[5] 한정된 공간에 사람들이 몰려듦에 따라 이해관계의 대립 우려도 상대적으로 높아지고, 한정된 자원에서 이익을 취하고자 하는 사람들이 많아지면서 분쟁과 범죄도 늘어난다는 것이다.

초저출산 문제, 초집중 서울이 근본 원인

청년층이 양질의 일자리를 찾아 수도권으로 몰리는 현상 자체가 초저출산의 주요 원인이라는 분석도 나왔다. 진화생물학자들 말을 빌리면, 유전자에서 가장 강력한 본능은 생존과 번식이라고 한다. 여기서 번식 본능은 생존을 전제로 한 개념으로서, 생명체는 다음 세대보다 자신의 생존을 우선시하는 존재이다. 만약에 자신에게 생존의 위협이 느껴지면 번식 본능은 뒷전으로 밀려난다는 얘기다.[6] 사람도 마찬가지다. 수도권으로 사람이 몰리고, 집값 상승, 교통난, 취업난이 가중되고 있는 현실은 청년들에게 분명 생존의 위협일 수밖에 없다. 결국 청년들은 결혼을 미루거나 거부하면서 출산을 포기하는 것으로 해석할 수 있다.[7]

2023년 우리나라 합계출산율은 0.72명으로 2022년보다 0.06명이 줄어 1970년 통계작성 이래 가장 낮게 나타났다.[8] 특히 서울의 출산율은

---

5 SBS, "2016 전국 범죄지도, 인구밀도의 범죄 방정식", 2017. 3. 9.
6 중앙일보, "생존본능과 저출산", 2023. 6. 15.
7 2022년 서울로 순유입된 청년층(19~34세)은 46,198명이다. 2021년 18,081명보다 크게 늘었다. 경기도로는 16,829명의 청년이 순유입되었다. 수도권과 세종(3,139명), 대전(663명)을 제외한 모든 광역자치단체는 청년인구가 줄었다. 경남(-19,479명)에서 빠져나간 청년이 가장 많았다. 한국경제연구원, 「지역혁신기업 육성을 위한 지역 벤처금융 활성화 방안」, 2023. 8.
8 1974년(3.77명) 4명대에서 3명대로, 1977년(2.99명) 2명대로, 1984년(1.74명) 1명대로 떨어졌다. 2018년(0.98명)에는 0명대로 떨어졌고 이후에도 2019년(0.92명), 2020년(0.84명), 2021년(0.81명), 2022년(0.78명), 2023년(0.72명)에 걸쳐 끝을 모르고 추락하고 있다. 통계청, "2023년 출생·사망통계 잠정결과", 보도자료, 2024. 2.

0.55명으로 최악의 수준이다. 서울 안에서도 관악구, 강북구, 종로구, 광진구, 강남구 등 5개 구는 경악스럽게도 0.3명 대의 최저 출산율을 기록했다. 반면 지방의 세종시와 전남은 0.97명이며, 충북과 강원은 0.89명 그리고 경북 0.86명, 충남 0.84명 순이다. 이처럼 출산율은 인구밀도가 낮은 지역은 높게 나타났다.[9]

치열한 경쟁 환경에서 인간은 긴장하지 않을 수 없고 동년배뿐만 아니라 위 세대와도 계속 치열하게 경쟁해야 한다면 미래보다 당장 내 삶이 중요할 수밖에 없다. 자식을 낳고 기를 엄두가 나지 않다는 얘기다.[10] 정부가 저출산 문제 해결을 위해 엄청난 예산을 들였으나 효과가 없었던 이유는 당장 눈에 보이는 내 집 마련, 사교육비, 육아 및 보육과 같은 직접적인 대책에만 돈을 들였기 때문이다. 피부질환의 원인은 위장병인데 연고만 바른 것이 아닐까? 서울과 수도권 집중문제로 풀어 보려는 시도는 없었다.

팬데믹에 취약하고 전염병에 쉽게 노출

밀집된 장소에서는 전염병에 쉽게 노출될 수밖에 없다. 기존 연구에 따르면 밀집된 도시가 코로나19 확산에 지대한 영향을 주었으며, 확산을 차단하는 데도 많은 어려움을 준 것으로 나타났다.[11] 2020년 코로나19 유행 초기에 뉴욕, 런던, 밀라노 같은 대도시에서 엄청난 수의 확진자와 사망자가 나오면서 '밀도의 역설(density paradox)'이란 주장이 제기되기도 했다. New York Times는 미국에서 대도시권의 사망률이 높았던 이

---

9 고영구, "저출산 대책, 초고밀도 '서울' 비우는 일부터", 충청매일, 2024. 10. 7.
10 조영태, "초저출산 핵심은 수도권 쏠림, 관련정책 거의 전무", CBS 노컷뉴스, 2023. 3. 15.
11 Flies et al., *Urban-associated Diseases: Candidate Diseases, Environmental Risk Factors, and a Path Forward.* Environment International, 133(Part A), 2019; 이지은·홍윤철, "팬데믹 시대의 건강도시의 방향", 「보건교육건강증진학회지」, 제37권 4호, 한국보건교육건강증진학회, 2020. 10.; 프레시안, "코로나19가 강제한 사회실험, 그 결과는?", 2022. 4. 29.

유를 도시의 밀도로 들면서, 이것이 코로나와의 싸움에 있어 큰 장애물이라고 보도한 바 있다. 이후 원격근무를 기반으로 저밀도, 교외 중심의 도시를 지향해야 한다는 목소리도 커졌다.

우리나라도 코로나19 대응조치로 '사회적 거리두기'에 가장 역점을 두었다. 감염된 사람이 다른 사람과 접촉하면 호흡기를 통해 바이러스가 쉽게 이동할 수 있기 때문에 가능한 한 사람들 간 접촉의 기회나 조건을 줄이고자 한 것이다. 세계보건기구(WHO)는 다른 사람들로부터 최소 2m의 물리적 거리를 권고했다.[12] 사회적 상호작용은 도시의 본질임과 동시에 도시번창을 가져왔지만, 이를 통해 코로나19가 빠르게 퍼졌다는 사실을 분명하게 확인한 것이다.[13] 코로나는 우리에게 "뭉치면 죽고 흩어지면 산다!"라고 경고했다.

폭우 등 자연재해 취약과 사고 위험

사람과 시설이 집중된 조건에서는 자연재해 대처가 어렵고, 대형 사고로 이어지기 쉽다. 2022년 여름, 서울에 쏟아진 폭우로 많은 인명피해가 발생했다. 주요 도심 일대가 물에 잠기고 지하철역까지 물이 차 전철 운행에도 차질이 생기는 등 피해가 극심했다. 하루 동안 326.5㎜의 폭우가 내린 서울 강남역 일대는 삽시간에 건물과 차량이 물에 잠겼다. 역류한 하수

---

12 사회적 거리두기 지침에서 2m를 '안전간격'으로 제시한 이유는, 바이러스가 포함된 비말이 비행할 수 있는 거리가 통상 2m가량이기 때문이다. 그러나 MIT 리디아 보로위바(Lydia Bourouiba) 교수는 감염원이 포함된 비말이 크기에 상관없이 23~27피트(701~822㎝)를 비행할 수 있기 때문에 2m는 안전하지 않다고 경고한 바 있다.
13 세계보건기구(WHO)의 전염병 경보는 총 6단계로 나뉘는데 팬데믹은 그중에 최고 위험단계. 1단계는 동물 사이로 한정된 전염 단계, 2단계는 동물에서 사람으로 전염되는 단계, 3단계는 사람 간의 전염이 확대되는 단계, 4단계는 사람 간의 전염이 급속하게 확산되어 세계적 유행병이 될 수 있는 초기단계, 5단계는 에피데믹(epidemic)으로 전염병이 2개국 이하의 제한된 지역에서 유행하는 단계, 6단계가 팬데믹(pandemic)으로 전염병이 2개국이 넘는 지역으로 확산되어 전 세계적으로 유행하는 단계.

도에서 뿜어 나오는 물과 빌딩·아파트에서 흘러내리는 빗물은 반포천으로 빠져나가지 못하고 도심으로 고였다. 2010년 9월에 발생한 폭우 때는 서울에 시간당 259.5㎜의 비를 뿌려 광화문 광장이 물에 잠기는 피해를 주었다. 1년 뒤인 2011년 7월에는 호우로 인해 광화문 광장은 물론 강남 일대가 침수되었으며 69명의 사망자가 발생하기도 했다.

우리나라 호우 및 홍수로 인한 피해 상황을 살펴보면 유독 서울에서 더 큰 피해가 난 것을 알 수 있다. 그렇다면 왜 이러한 피해가 서울에 집중될까? 여기에는 많은 이유가 있겠지만 가장 큰 원인은 콘크리트와 아스팔트로 뒤덮인 탓이다.[14] 불투수 면적이 넓을수록 자연의 물순환 구조는 왜곡되고, 비가 올 때 도시 침수 위험은 커질 수밖에 없다. 물을 흡수할 지표면이 사라졌기 때문이다. 2012년 기준 환경부 자료에 따르면, 임야와 수계를 제외한 우리 국토의 22.4%는 불투수면이다. 지역별로 살펴보면 불투수 면적률이 가장 높은 곳은 경기도 부천시로 61.7%이다. 다음이 서울시로 54.4%다. 반대로 불투수면이 적은 지역은 강원도 인제군 1.5%, 화천군 1.7% 등이다. 인구가 모여들면 시설이 늘고 콘크리트, 아스팔트 포장률은 높아질 수밖에 없다. 서울시 재난대책은 이것을 걷어 내는 일부터 시작해야 한다.[15]

---

14 도로 건설에 주로 사용하고 있는 아스팔트는 석유 아스팔트로 이는 방수성이 무척 뛰어나기 때문에 물을 전혀 흡수하지 않는다. 따라서 건물이나 도로의 면적이 좁은 시골에 비해, 대부분 면적이 아스팔트로 덮여 있는 도시에서는 물을 흡수하기 어렵다. 경청뉴스, "왜 도시만 물에 잠길까", 2022. 8. 19.

15 일부에서는 중장기적인 방안의 하나로 빗물세를 제안하고 있다. 빗물세란 말 그대로 빗물을 외부로 배출하는 양에 따라 더 부과하는 세금이다. 지표면으로 비가 흡수되지 않는 아스팔트나 콘크리트 등 불투수 면적에 비례해 요금을 산정하는 방식이다. 주간조선, "빗물세가 콘크리트 도시에 던진 숙제", 2022. 8. 15.

집적 불이익: 주택·부동산, 교통, 환경문제

특정 장소에 과도하게 기능이 집중되면 그에 따른 사회적 비용이 증가하고 각종 불이익이 발생한다. 대표적인 집적 불이익으로는 부동산가격 상승과 주택문제, 교통체증과 환경오염 등이 있다. 우리나라 부동산가격 폭등 진원지는 서울이다. 전 국토면적 100,210㎢의 0.6%에 불과한 서울에 인구 996만 명이 몰려 있고, 경기도를 포함한 수도권 전체로 보면 우리나라 전체 인구의 50%가 살고 있으니, 아파트값은 비쌀 수밖에 없고 부동산 투기도 극성을 부린다. 상하수도 부족, 교통 혼잡 등 각종 사회문제도 심각하다. 2018년 수도권 교통혼잡비용은 35조 4,246억 원으로 전국 67조 7,631억 원 중 52%를 차지하는 것으로 나타났다.[16] 2016년에는 55조 8,595억 원, 2017년에는 59조 6,193억 원으로 시간이 지날수록 더욱 심해지고 있다.

또한, 서울시 인구가 생활하며 배출하는 탄소배출량은 연간 약 1,300만 톤에 이른다. 서울 시내의 숲이 흡수하는 양은 서울의 경계를 벗어나는 주변의 그린벨트 숲까지 포함해도 20만 톤이 채 안 된다. 전체 발생량의 1.5% 정도만 숲이 흡수하고 나머지 98.5%를 대기 중에 남겨 두는 셈이다. 다른 대기오염물질도 서울의 자연환경이 수용할 수 있는 양을 크게 넘어선 것은 마찬가지다. 그 결과 서울의 기온은 주변 자연지역보다 평균 5℃가량 높다.[17] 또 시가지가 무계획적이고 무질서하게 팽창되는 스프롤(sprawl) 현상이 나타나면서 도시와 주변 지역의 녹지공간이 파괴되고 대기오염, 수질오염, 폐기물 처리 등의 환경문제도 심화되고 있다.

---

16 우리나라 GDP 대비 교통혼잡비용은 3.6%를 차지하고 있다. 미국(0.9%), 영국(0.4%), 독일(0.2%) 등 주요국에 비해 매우 높다. 교통연구원, "2018년 교통혼잡비용, 명목 GDP의 3.6%에 달해", 보도자료, 2021. 6. 18.
17 이창석, "서울의 환경용량, 집 더 지어도 버틸 수 있을까?", 「환경미디어」, 2021. 2. 15.

4   정부·공공기관, 기업 그리고 사람 이동

도시는 지속 가능해야 한다. 그러나 서울은 자연재해에 취약하고 인재 사고도 빈번하다. 또 도시문제의 백화점이라 할 만큼 갖가지 문제로 시민들의 건강한 삶, 안전한 삶을 위협하고 있다. 이러한 서울은 지속 가능하지 않다. 서울은 이미 여러 차례 위험경고를 받아 왔다. 이제는 비워야 할 때다. 우선, 서울 또는 수도권에 소재하고 있는 권력기관을 포함하여 정부 및 공공기관을 지방으로 이전해야 한다. 일자리와 경제력을 담보하는 민간기업도 지방으로 이전할 수 있는 여건을 만들어야 한다. 또 여기서 그칠 것이 아니라 시민들도 은퇴 연령이 되면 자연스럽게 지방으로 이주하는 시민문화를 만들어 갈 필요가 있다.

정부·공공기관, 권력기관 지방으로 분산

국회와 대통령 집무실을 세종시로 조속히 이전하는 것으로 새로운 단계의 균형발전 시대를 열어야 한다. 대통령 통치행위와 관련한 외교·국방·안보 관련기관도 함께 이전하는 것은 당연하다. 미완의 세종시를 정치·행정 수도로 완성하는 일이다. 그리고 헌법재판소, 대법원 등 사법부를 비롯하여 검찰청, 경찰청 등 다른 권력기관도 지방으로 분산시켜야 한다. 지금의 서울 권력은 사람을 끌어들이는 힘뿐만 아니라 한국사회를 통제하는 지배의 카르텔을 형성하고 있다. 독일의 경우를 봐도 균형발전을 실질적으로 가능하게 만든 가장 중요한 요인은 주요 권력기관의 전국적인 분산이다. 헌법재판소와 대법원은 카를스루에(Karlsruhe), 국방부와 환경부는 과거 서독의 수도 본(Bonn), 중앙은행은 프랑크푸르트(Frankfurt)에 소재하고 있다.

한편, 현행 혁신도시법에 따라 공공기관 추가 이전도 긴요하다. 수도권에 소재하고 있는 이전 대상 공공기관은 대략 350개 기관이다. 그동안 역대 정부가 밝혀 왔던 바와 같이 이들 기관을 이전하는 것이 우선이다.[18] 그리고 이들 직접 대상기관뿐만 아니라 200여 개에 이르는 자회사까지 이전 대상으로 검토할 필요가 있다. 이전 규모를 늘리는 효과도 있지만, 이전기관 간의 생태계를 형성하고 업무의 효율성을 높이기 위해서도 중요한 일이다. 이렇게 함으로써 협력 민간기업이 이전하고 편의시설이 마련되고 시장이 형성되고 도시의 자족성을 확보할 수 있다.

일자리 창출 주체, 기업의 지방이전

인구 지방분산을 위해서는 기업 이전이 가장 확실하다. 서울 및 수도권 집중의 가장 큰 원인은 일자리이며, 일자리 창출의 주체는 기업이기 때문이다. 기업의 수도권 집중을 막기 위해 공장총량제를 시행해 왔지만, 매출액 1,000대 기업 86.9%는 수도권에 몰려 있다. 일자리를 찾는 청년들이 지방을 떠날 수밖에 없는 이유다. 지방에서는 청년 엑소더스(exodus)라는 말이 나오는 데 반해, 수도권은 청년들이 한번 들어가면 나오지 않는 청년 블랙홀(black hole)이라는 주장도 틀린 말은 아니다.[19]

이제는 기업의 지방이전을 유도하기 위한 더욱 적극적인 대책이 요구된다. 예를 들자면 대규모 기업군이 지방으로 이전할 경우, 파격적인 도시개발권을 부여하는 것이다. 이전기업 주도로 도시기반시설은 물론 공장 및 연구단지와 함께 주택, 학교, 병원, 공원, 문화시설 등을 짓도록 도시설계

---

18 공공기관 지방이전은 참여정부 때인 2005년에 계획이 수립, 2014년부터 본격적으로 시행되었으며 1차 이전은 2019년에 마무리되었다. 부산, 대구, 광주·전남, 울산, 강원, 충북, 전북, 경북, 경남, 제주 등 10개 혁신도시에 112개 기관이 이전했으며, 세종시에 19개 기관, 개별이전 22개 기관으로 총 153개 공공기관이 지방에 배치되었다. 2020년 10월, 대전과 충남이 혁신도시 대상에 포함되었다.
19 경북일보, "정부 과감한 민간기업 본사 지방이전 유도정책 펴야", 2023. 2. 21.

권한을 주는 제도이다.[20] 이뿐 아니라 지방으로 이전한 기업에 대한 상속세, 법인세 등의 전방위적 세제 혜택도 적극 검토할 필요가 있다.[21] 기업활동을 제약하는 각종 규제도 풀고 세금도 줄여 일종의 기업자유지대를 만들자는 것이다. 논란의 여지는 있지만, 이 정도가 아니면 서울 문제 해결에 한 발짝도 다가갈 수 없기 때문이다.

독일이나 미국의 경우를 보면, 많은 글로벌기업들이 지방에 본사를 두고 있다. 독일의 최대 전자회사 지멘스와 BMW는 뮌헨(Munich), 소재 부품의 보쉬와 벤츠의 본사는 슈투트가르트(Stuttgart), 제약회사 바이엘은 레버쿠젠(Leverkusen)에 있다. 경쟁력을 자랑하는 강소기업 1,400개 히든 챔피언[22] 역시 전국에 골고루 분포하고 있다. 미국 역시 에디슨이 창업한 제너럴일렉트릭(GE)은 뉴욕주 스키넥터디(Schenectady)와 코네티컷주 페어필드(Fairfield)에, 아마존은 워싱턴주 시애틀(Seattle), 애플은 캘리포니아주 쿠퍼티노(Cupertino), 전기차 테슬라는 텍사스주 오스틴(Austin), 구글은 캘리포니아주 마운틴뷰(Mountain View)에 각각 본사를 두고 있다.[23]

---

20 일본 도요타시를 상기해 볼 필요가 있다. 나고야 인근에 있는 도요타시는 세계적 자동차 회사인 도요타자동차가 중심이 된 도시다. 주력산업이던 양잠업이 쇠퇴하자 1938년 도요타자동차를 유치했다. 도요타가 커지면서 도시도 활기를 되찾고, 59년에는 아예 도시 이름마저 '고로모'에서 '도요타'로 바꾸었다.
21 전국 산업단지를 채우고 있는 중소기업 대표 상당수가 자녀에게 사업을 물려주는 것이 고민이라고 한다. 중소기업중앙회에 따르면 2022년 기준, 업력 30년이 넘는 중소기업 가운데 대표가 60세 이상인 기업이 전체의 81%에 달하는 것으로 조사되었다. 그만큼 상속세에 예민하다는 의미다. 매일경제, "지방이전 中企 파격 인센티브, 상속세 확 줄여 가업승계 도와야", 2023. 10. 26.
22 독일 경영학자 헤르만 지몬(Hermann Simon)이 내놓은 용어로서 세계 시장 점유율이 1~3위면서 일반에 잘 알려지지 않은 숨은 강소기업을 말한다. 히든챔피언 기업의 선정조건은 1) 세계시장에서 1~3위를 차지하거나 대륙에서 1위를 차지, 2) 매출액은 40억 달러 이하, 3) 대중에게 잘 알려지지 않은 기업 등 세 가지다.
23 김택환, "지금이 지방소멸 막을 마지막 골든타임", 시사저널, 2023. 4. 1.

은퇴 인구, 삶의 무대를 지방으로

우리나라 인구는 3천만일 때도 있었고, 4천만일 때도 있었다. 지금과 다른 점은 농어촌 할 것 없이 사람들이 전국 고르게 분포해 살았다는 것이고, 고령인구 비율이 적었다는 점이다. 여기서 착안해 본다면 수도권에 은퇴 인구가 지방으로 이동해 준다면 좀 더 나은 환경이 마련될 수 있겠다. 그렇게만 해 준다면 지방의 인구급감 문제를 완화해 줄 뿐만 아니라 서울 집중 문제를 해소함에 있어서도 좋은 처방이 될 수 있다. 극심한 밀집도를 낮춰 주고 청년 주택난도 덜 수 있다. 은퇴한 부모는 주택을 소유하고 있지만, 사회에 진출하는 자녀 처지에서 내 집 갖기란 하늘의 별 따기다. 따라서 부모 세대가 서울을 비워 준다면 다음 세대인 청년들이 터전을 잡는 데 어려움을 덜 수 있다. 왕성하게 활동해야 하는 청장년들에게 서울은 중요한 무대가 되지만, 은퇴한 고령층에게는 그리 중요하지 않을 수 있다.[24]

은퇴자 대부분은 베이비부머 세대에 해당되는데, 이 세대는 인구 비중도 크지만, 다른 세대와 달리 특별한 정서적 경험을 공유하고 있다. 1인당 국민소득 5천 달러에서 3만 5천 달러 시대를 이끈 산업화의 역군이었으며, 군사독재 정권에 맞서 싸운 민주화의 주역이기도 하다. 그만큼 시대정신과 공동체 의식도 남다르다. 이러한 특징들로 인해 사회 전반에 걸쳐 큰 영향을 미쳤으며, 지금도 경제·문화적으로 중요한 축을 이루고 있다.[25] 특히 지방인 고향을 떠나 서울에 정착한 세대로서 농촌이나 지방에 대한 향수도 간직하고 있다. 그래서 이들 베이비부머 세대가 초과밀 서울집중 문제를 해소하는 전기를 마련하고 지방을 살리는 주역으로 나서 주면 좋겠다.

다른 한편, 요즘 서울에서 말들이 많은데, 바로 지하철 경로 무임승차에 대한 논란이다. 이 제도는 서울 지하철 2호선이 개통된 1984년에 도입되

---

24 정영록, 『핏팅 코리아: 대한민국 경제혁신』, 하다, 2021.
25 고영구, "은퇴인구 지방으로 무대를 옮기면, 서울 좋고 지방 좋고", 충청매일, 2024. 11. 4.

었다. 당시 고령인구는 전체 인구의 4.1%에 불과했지만, 이제는 사정이 많이 달라졌다. 직장인들 출퇴근 시간만은 제외하자는 의견부터 대상 연령을 상향 조정하자는 의견, 아예 이 제도를 폐지하자는 주장까지 분분하다. 서운하기 그지없는 일이지만 고령사회가 짙어질수록 이런 논란은 심해질 것 같다. 그래서 이참에 삶의 무대를 지방으로 옮기자는 것이다. 지방은 더없이 넉넉하고, 그간의 경험과 노하우가 쓰일 곳도 많다. 서울에서는 서운한 소릴 듣지만, 지방에서는 환영받을 일이다.

02
지방, 떠나는 이유와 오지 않는 이유

1 살고 싶어도 살기 어려운 지방

이촌향도(離村向都)는 농촌 주민이 다른 일자리 기회를 얻기 위하여 농촌을 떠나 도시로 대거 이동하는 현상을 말한다. 우리나라에서 이촌향도가 본격화되었던 시기는 산업화, 도시화가 시작된 1960년대부터다. 특히 공업단지가 밀집해 있고 많은 일자리가 생겨난 서울로 몰려들었다. 1960년 244만 명에 불과했던 서울 인구가 1980년대 초반 1천만 명을 넘어섰다. 불과 20여 년 만에 인구가 4배 정도 폭증한 셈이다. 서울뿐만 아니라 서울 주변의 소위 위성도시들도 인구가 폭증했다. 인천은 물론이고 성남시, 안양시, 부천시 등은 대표적인 서울의 위성도시였다. '상경한다', '서울로 올라간다'는 말의 역사는 이렇게 시작되었다.

하나의 도시로 집중하는 현상을 개발도상국에서는 아직도 흔히 볼 수 있다. 물론 선진국이라고 해서 농촌에 사람이 많다는 뜻은 아니다. 도시로 이동할 만한 사람은 이미 다 이동해서 큰 변화가 없다는 얘기다. 이렇듯 더 이상 농촌에서 도시로 유입되는 신규 노동력이 없어서 임금이 상승하고 성장률이 떨어지는 시점을 루이스 변곡점(Luwisian turning point)이라고 하는데, 우리나라는 대략 1980년대 말에 통과한 것으로 보고 있다. 그러나 수도권으로 몰려드는 현상은 지금도 여전하다. 이촌향도(離村向都)가 아니라 이지향수(離地向首)로 변했을 뿐이다. 지방의 청년들은 대학 진학을 위해, 취업을 위해, 문화생활을 영위하기 위해 수도권으로 떠나가고 있다.

서울과 수도권에는 가고 싶은 대학도 많고, 일자리도 많고, 지하철, 버스, 택시, 극장, 학원, 카페, 병원 등의 서비스가 넘쳐 난다. 반면 지방에는 대학이 있어도 인기가 없고, 직장을 잡아야 하는데 일자리도 없다. 교통도 불편하고 문화시설도, 학원도 부족하다. 무엇보다 사람 구경하기가 힘들다. 인구가 줄어들면 장사가 되지 않으니, 그나마 지탱하고 있던 가게도 문을 닫는다. 공공시설, 대중교통, 상하수도 등 기본적인 서비스도 쪼그라들기 마련이다. 이렇게 되면 사람들은 더 불편해지고, 불편하니 또 떠나가는 악순환이 이어지고 있다.

그동안은 수도권 집중현상으로 인해 지방의 과소를 가져왔다고 하지만, 이제는 그것만으로는 설명이 되지 않는다. 수도권 인구가 지방에 와서 살고 싶어도 원하는 삶을 누릴 수 없다는 것이 문제의 핵심이다. 지방이라고 하면, 할 일도 없고, 불편하고, 부족하고, 심심한 곳으로 인식하고 있다. "지방에는 먹이가 없고, 서울에는 둥지가 없다."라는 불편한 진실을 우리는 마주하고 있다.

2   젊은 청년들, 지방을 떠나 수도권으로

청년들, 최근 10년간 수도권으로 60만 명 이동

최근 10년 사이 지방에서 수도권으로 이주한 20대 청년이 60만 명에 달하는 것으로 밝혀졌다. 통계청(2023) 발표에 따르면, 지난 2013년부터

2022년까지 서울·경기·인천 등 수도권에 해당하는 20대 순유입 인구는 59만 1,000명이다. 지방에서 가장 많은 20대 순유출 인구를 기록한 지역은 경남이다. 경남에서는 지난 10년 동안 10만 5,000명의 20대가 순유출되었다. 뒤를 이어 경북 9만 명, 전남 7만 6,400명, 전북 7만 6,100명 순이다. 이 밖에 대구 6만 6,000명, 부산 5만 5,000명, 광주 3만 4,000명 등 광역시에서도 20대 인구 순유출이 적지 않다. 다만, 세종시만이 유일하게 순유입 3만 4,000명을 기록했다.

청년층들 거주지역 특성에서도 서울 및 수도권 집중 행태가 여실히 나타난다. 대학 재학생 연령대인 20~24세 청년들이 가장 많이 거주하고 있는 지역은 경기 부천시, 화성시, 남양주시 등이다. 성별로 구분해 보면, 남성의 경우 부천시(20,242명)에 가장 많이 거주하고 있으며, 그 밖에 화성시(18,959명), 남양주시(16,587명), 대구 달서구(16,354명), 대전 서구(15,393명), 대구 북구(15,094명), 김해시(14,467명), 평택시(14,438명), 관악구(14,384명) 순으로 나타났다. 여성도 부천시(23,234명)에 가장 많이 살고, 다음 화성시(20,853명), 관악구(20,219명), 성북구(18,724명), 남양주시(18,698명), 송파구(17,948명), 대구 달서구(17,506명), 노원구(17,287명) 등의 순이다.

대학을 졸업하고 취업 시기를 맞고 있는 25~29세 청년들도 비슷한 현상을 보이고 있는데, 남성은 관악구(34,468명)에 가장 많이 살고, 그 밖에 화성시(31,971명), 부천시(30,943명), 평택시(22,935명), 강서구(22,822명), 송파구(22,689명), 남양주시(20,958명), 대전 서구(19,772명), 대구 달서구(19,769명), 시흥시(19,539명) 등에 많이 거주하는 것으로 나타났다. 여성도 관악구(33,621명)에 가장 많이 거주하고 있으며, 부천시(29,099명), 강서구(28,022명), 송파구(26,536명), 화성시(26,043명), 남양주시(19,698명), 영등포구(19,218명), 마포구(19,145명), 강남구

(19,137명) 순이다.

이와 같이 청년층의 지역 간 이동은 대학 진학과 졸업 후 취업 시기에 주로 발생하고 있다. 대학 진학, 일자리뿐만 아니라 취업 준비를 위해서 지방을 떠나 서울로 몰리고 있다. 인터넷, SNS 등 정보통신 수단이 고도화된 오늘날에도 지방에서는 취업정보를 얻기 어렵고 제대로 된 학원도 없다. 같은 고민을 하고 있는 친구, 선후배도 서울로 떠나갔다. 따라서 지방에서 태어나고 자란 청년들이 지역대학에 진학하고, 이곳에서 취업을 준비하고, 취업도 가능한 여건을 만드는 것이 핵심이다.

2021년 청년인구 전국 분포도

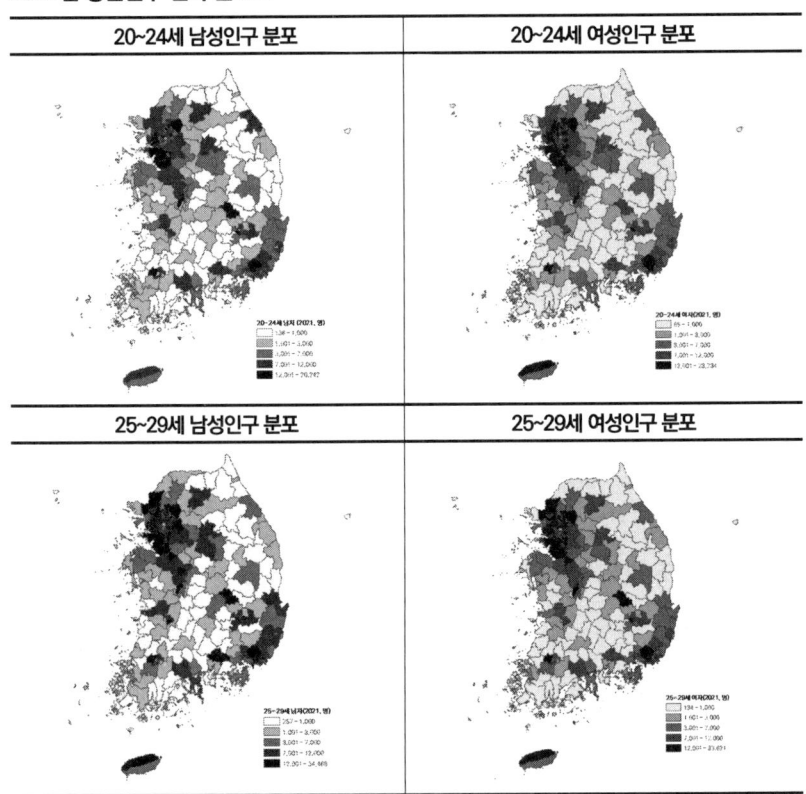

자료: 통계청(2021), 국회미래연구원(2022)

청년들이 떠나간 자리는 소멸 위기

청년들이 떠나간 지방은 썰렁하다. 2022년 한국고용정보원 보고서에 따르면, 전국 기초 지자체 중에 절반가량이 소멸위험에 처한 것으로 나타났다. 주민등록인구통계 기준, 전국 228개 시·군·구 중 113개 지역 49.6%가 해당되었다. 이 같은 소멸위험지역은 2010년 61개 지역, 2015년엔 80개 지역이었으나, 시간이 지날수록 급속히 늘고 있다.[26] 속초시, 충주시, 당진시, 서산시, 익산시, 여수시, 나주시 등 생활권 중심기능을 수행하는 주요 도시들도 예외없이 위험한 것으로 나타났다.[27] 소멸이란 말은 사라져 없어진다는 얘긴데, 하나의 지역이 송두리째 없어질 가능성은 없지만, 그 정도로 충격적인 상황이 벌어지고 있다는 경고로 이해된다.

지역소멸위험 시·군·구 변화추이

구 분	2000	2005	2010	2015	2020	2022 (3월)
소멸고위험	-	-	-	3	22	45
소멸위험진입	-	33	61	77	80	68
소멸주의	59	57	50	61	81	92
정상지역	33	26	47	62	40	23
소멸저위험	136	112	70	25	5	-

자료: 한국고용정보원(2022)

---

26 제주와 세종은 각각 1개 지역으로 계산한 것이다. 이상호, "지방소멸 위기에 따른 일자리·산업·교육·지역균형발전 전략", 「지역산업과 고용」 봄호 통권 3호, 한국고용정보원, 2022. 2. 29.
27 한국고용정보원에서 밝힌 소멸위험지수는 지역의 20~39세 여성인구를 65세 이상 인구로 나눈 값이다. 지수가 0.5 미만이면 소멸위험지역으로 분류하고 있다. 가임여성 인구보다 노인인구가 2배 이상 많아 인구가 줄어들 가능성이 높다는 의미다.

3 수도권과 지방, 삶의 조건 달라

수도권 인구집중, 지역 간 불균형의 가장 큰 원인은 수도권에만 양질의 일자리가 집중되어 있기 때문이다. 한국리서치(2021)가 전국 18세 이상 성인남녀 1천 명을 대상으로 한 설문조사에 따르면,[28] 73%가 일자리 때문에 수도권으로 집중한다고 응답했다. 55%는 수도권의 편리한 교통 및 기본생활시설도 중요한 원인으로 꼽았다. 그리고 지방에서 살기 어려운 이유로는 의료 및 사회복지서비스가 부족하기 때문(23%)이라는 의견이 가장 많았고, 다음 저출산과 고령화 문제(16%)와 문화여가 서비스가 부족하기 때문(16%)이라고 응답했다.

수도권 인구집중, 지역 간 불균형의 원인

원 인	응답률(%)
양질의 일자리가 수도권에만 집중되어 있어서	73
수도권은 교통이 편리하고 기본적인 생활시설이 잘 갖춰져 있어서	55
지방에는 의료 및 사회복지서비스가 부족해서	28
지속적인 저출산과 인구 고령화 때문에	16
지방에는 공연·예술·스포츠·영화관람 등 문화여가 서비스 부족해서	16
기타	1

주: 복수응답(2개까지 선택)
자료: 한국리서치(2021. 6. 30.)

---

28 2021년 5월21일~24일 만 18세 이상 성인남녀 1,000명을 대상으로 조사한 자료다. 한국리서치, "정기조사: 여론 속의 여론", 보도자료, 2021. 6. 30.

타 시도로의 거주지 이전 희망 이유

이 유	수도권 거주 희망자 (%)	지방 거주 희망자 (%)
해당 지역에 대한 동경이 있어서	13	47
공연·전시·체육시설 등 더 나은 문화 여가 생활을 영위하기 위하여	32	15
임금수준, 노동조건, 일자리 기회 등 일자리 여건 개선을 위하여	31	15
기후, 환경오염, 재해 등 위험으로부터 더 안전한 생활을 위하여	10	36
대중교통, 접근성 등 교통여건이 더 잘 되어 있는 곳에 살고 싶어서	32	11
병의원, 의료환경, 복지서비스 여건 개선을 위하여	20	8
식당·마트·카페·미용실 등 기본적인 생활환경 개선을 위하여	11	9
초등학교, 대학교, 학원 등 교육환경 개선을 위하여	10	4
아동·노인·장애인·저소득층·여성·청년 등의 복지서비스가 잘된 곳에 살고 싶어서	10	3
기타	11	19

주: 복수응답(2개까지 선택)
자료: 한국리서치(2021. 6. 30.)

한편, 응답자 절반 이상(52%)이 기회가 되면 다른 대도시로 거주지를 이전하고 싶다고 답했는데, 이전하고 싶은 지역으로는 서울, 경기, 인천 등 수도권을 꼽은 응답이 절반을 넘었다. 수도권으로 거주를 이전하고 싶은 사람들의 이유로는 교통체계가 잘 갖추어 있는 곳에 살고 싶어서(32%), 더 나은 문화·여가생활을 영위하기 위해서(32%), 임금수준이나 일자리 기회를 위해서(31%) 등 삶의 편리함과 경제적인 이유를 꼽았다. 그만큼 지방에는 양질의 일자리와 교통체계 등 기본적인 조건이 미흡하다는 의미다. 반면 지방으로 거주를 이전하고 싶은 사람들의 주된 이유는 해당 지역에 대한 동경이 있어서(47%), 자연재해로부터 더 안전한 생활을 위해서

(36%)라는 응답이 많았다. 이 밖에 개인적인 취향이나 일자리 여건 때문이라는 응답이 각각 15%를 차지했다.

4 살고 싶은 '지역 만들기'

지방 읍급도시, 살 만한 정주환경 조성

사람들이 수도권을 매력적으로 생각하는 중요한 포인트는 일자리, 교육, 문화, 의료 및 삶의 편의성 등이다. 그러므로 지방도 이러한 조건을 충족시키는 것이 무엇보다 중요하다. 서울이나 수도권 수준에는 미치지 못할지라도 기본적인 요건만 갖추어 준다면 떠나려는 사람들을 붙잡을 수 있고, 수도권 주민들의 유입도 이끌어 낼 수 있다. 지방은 서울에서 누리지 못하는 맑은 공기, 쾌적한 자연환경, 삶의 여유 등 웰빙 조건을 갖추고 있기 때문에 약간의 부족함은 감수할 수 있다는 얘기다. 다만 이러한 정주 여건이 지방 어디서나 만들어질 수는 없다. 최소한의 도시적 인프라가 구비되어 있는 중소도시 정도는 돼야 한다. 군청 소재지 정도의 읍급도시를 상정할 수 있다.

읍급도시는 다른 농촌지역에 비해 행정서비스, 생활편의시설, 교통여건 등이 양호한 편이며, 일정 규모의 생활권 중심지로서 역할을 수행하고 있기 때문에 상대적으로 귀촌인구 흡수가 용이하다. 따라서 지방 읍급도시를 살 만한 정주 공간으로 리모델링하는 방안을 마련해 볼 필요가 있다. 2000년대 중반 참여정부에서 추진한 바 있는 농촌중심지 활성화 사업을 발전적으로 응용하는 것도 좋은 방법이다. 이 사업은 농촌중심지인 읍·면 소재지에 교육·복지·문화·경제 서비스 기능 확충과 배후 마을로의 서비스 전달 활성화를 통하여 중심지 및 배후마을 주민 삶의 질을 함께 향상시키는 데 목적을 두었다. 이 취지를 잘만 살린다면, 일차적으로 인구급감으로 인해 공동체 기능을 잃은 주변 한계마을 주민들을 유도할 수 있으며, 지방으로 이주 의사를 가지고 있는 수도권 주민들에게 매력적으로 다가갈 수 있다.[29]

공간밀도 재구성으로 자영업 발생 유도

각종 서비스와 자영업이 살아나려면 일정 수준의 인구밀도가 유지되어야 한다. 해방 후 서비스 일자리가 생겨나고 상가가 만들어지고 자영업이 활성화된 이유는 인구밀도를 높이는 아파트라는 주거 장치가 도입되었기 때문이다.[30] 따라서 지방을 살리려면 큰 도시든, 작은 도시든 공간의 밀도를 높여서 다양한 상업시설이 발생·유지할 수 있도록 해야 한다. 인구밀도가 높아지면 소비자가 늘어나고 대중교통 서비스가 수익성을 띠고, 문화시설이나 학원도 자생적으로 만들어진다. 하지만 대부분 지방 도시의 거주패턴을 보면 밀도와는 거리가 멀다. 그러므로 고층아파트는 아니더라도 시장경제 시스템이 작동될 수 있도록 일정 공간에 밀도를 높여야 한다.

지방에 카페 몇 개 만든다고 해서 인구가 유입되지는 않는다. 그리고 모든 지방 도시가 관광으로만 먹고살 수도 없다. 제주도에 젊은 청년들이 이사해서 카페를 창업했다가 원금만 까먹고 서울로 되돌아가는 경우가 많았다. 제주도는 배후에 인구밀도가 낮아서 사업성이 낮은 데다, 중국 관광객마저 빠져나가는 바람에 많은 자영업자들이 어려움을 겪었다. 마찬가지로 지금의 지방 도시들은 인구밀도가 너무 낮아 시장형성이 어렵다. 장사가

---

29 일본 사회학자 오노아키라(大野晃)는 마을을 한계화 정도에 따라 존속마을(55세 미만 인구비율이 50% 이상), 준한계마을(55세 이상 인구비율이 50% 이상), 한계마을(65세 이상 인구비율이 50% 이상), 소멸마을(과거에는 사람이 살았지만 현재는 소멸된 상태) 등 4가지로 구분했다. 김준우, "경북 소도시 적정규모 연구", 「2023 춘계학술대회 발표논문집」, 한국지역사회학회, 2023. 5. 12.
30 유현준, "멋진 카페가 생긴다고 인구가 늘어나고 지방이 살아날까?", 조선일보, 2023. 4. 15.

안되니 일자리가 줄어들고, 인구 이탈이 가속화될 수밖에 없다. 이에 따라 용적률을 사고팔 수 있는 '결합건축제도'를 적극 활용할 필요가 있다.[31] 획일적인 용적률 규제를 풀어 노후된 건축물의 재건축을 활성화한다는 취지의 제도이기 때문에 지방도시 밀도 재구성에도 효과적인 수단이 될 수 있다.

지방 주요 도시에 공공의료 확충

사람들이 지방 거주를 기피하는 이유 중 하나는 열악한 보건의료 환경이다. 1989년 전 국민 의료보험이 실시되어 현재에 이르고 있지만, 우리나라 병원들은 자유방임형 의료제도로서 공공부문이 취약하며, 주로 도시지역에 분포되어 있고 특히, 상급 종합병원은 서울에 집중되어 있다. 한국이나 미국 등을 제외한 세계 각국의 대다수 병원들이 정부 소유인 것과 대조적이다. 복지국가라 한다면 교육, 의료, 주거 부문의 공공성 강화를 특징으로 한다. 우리나라도 헌법 제36조에 "모든 국민은 보건에 관하여 국가의 보호를 받는다."라고 규정하고 있다. 따라서 국민 누구나 보건의료 서비스에 대한 접근이 용이해야 한다. 국민들의 건강권은 물론 살만한 정주 환경을 조성하기 위해서는 지방의 공공병원 설립은 필수 요건이다.

2022년 보건복지부 고시에 따르면, 98개 시·군·구가 응급의료 취약지로 나타났다.[32] 모두가 지방이다. 지방이 더 이상 사람이 살 수 없는 곳이라는 의미다. 서울을 비우고 지방을 채우는 정책을 추진한다면 공공병원 확충이 가장 우선되어야 한다. 공공병원은 중앙정부, 지방자치단체, 기타 공공단체가 설립 운영하며 공공보건의료 수행을 목적으로 한다. 세계

---

31 예컨대 400%의 용적률이 적용되는 대지를 소유한 건축주가 100%를 떼어 다른 건축주에게 팔면, 매수자는 500%의 건축물을 지을 수 있는데, 주로 재건축을 할 때 인접 대지 소유주끼리 용적률을 사고팔 수 있게 된다.
32 보건복지부, "2022년 응급의료분야 의료 취약지", 고시자료, 2022.

많은 나라에서 민간병원도 공적 의료기능을 수행하고 있지만, 한국은 오로지 공공병원만이 주로 공공의료를 수행한다. 영리적 의료는 수익을 좇아 응급, 외상, 심뇌혈관질환 등 필수 의료분야보다는 미용, 성형 등 비필수 분야에 집중한다. 이렇게 볼 때, 인구가 적은 지방의 의료 공백은 당연한 결과인지도 모른다. 현재 공공의료기관은 총 221개 기관으로서 전체의 5.7%에 불과하며 병상수는 10%로 OECD 국가의 평균인 52.4%와 71.4%에 비해 매우 낮은 수준이다.

03
균형발전 1.0시대 평가와 균형발전 2.0시대 기대

1 '불균형의 시대' 총량적 경제성장

균형발전의 의미는 각 시대의 상황에 따라 큰 차이가 있다. 시대별로 경제적, 사회적 여건과 국가발전 전략의 우선순위가 달랐기 때문이다. 1960~1970년대는 경제성장의 초창기와 도약기로서 산업화와 경제성장이 최우선 과제였다. 공간정책에 있어도 이를 뒷받침하는 수단으로서, 전국적 차원에서 발전 잠재력이 높은 지역을 선별하여 성장거점으로 육성하고 산업 인프라망 확충을 통해 산업과 경제성장을 촉진하는 것을 의미했다. 이에 따라 수도권을 비롯하여 구미, 포항, 울산, 옥포 등 동남해안 벨트에는 20여 년간 총 222.1㎢에 달하는 55개의 산업단지가 조성되었고, 서울-부산, 언양-울산 및 남해안 등 8개의 고속도로와 6개의 대규모 다목적 댐 건설이 이루어졌다.[33]

1980~1990년대 국가발전의 우선 과제는 산업구조의 고도화였다. 기술개발과 품질개선을 위해 국제경쟁력이 있는 품목부터 단계적 점진적으로 수입자유화가 추진되었다. 당시 저달러, 저유가, 저금리의 3저 현상으

---

33 이 기간에 우리나라 1인당 국민소득은 1960년 79달러에서 1980년에 1,645달러로 20배 이상 상승했고, 국가 총생산액은 1960년 19억 달러에서 1980년 638억 달러로 33배 이상 증가했다. 김용웅, "국가균형발전정책 시대별 변화와 대응", 「국토」, 제471호, 국토연구원, 2021. 1.

로 높은 경제성장률과 큰 폭의 국제수지 흑자를 냈다. 하지만 그동안 인구와 경제활동이 과도하게 수도권에 집중되면서, 지방은 낙후되고 지역 간 불균형이 심화되었다. 이에 따라 정부는 '수도권정비계획법'을 제정하고, 수도권 집중을 억제하기 위해 수도권 내 대규모 산업시설과 건축물의 신증설, 대규모 토지 및 도시개발을 제한하는 등 수도권 기능의 지방분산정책을 추진했다. 반대로 비수도권 지역에는 지방 대도시를 중심으로 분산형 지역성장거점 전략을 추진했다.[34]

2000년대부터는 경제성장의 성숙기라고 할 수 있다. 글로벌 차원의 경쟁이 심화되어 우리나라 경제는 지난 30~40년 동안 유지되었던 연평균 두 자릿수의 고도 성장기에서 벗어나 연평균 3~4%의 낮은 성장률을 보이는 저성장기로 진입했다. 이러한 현상이 지역 간 불균형을 더욱 심화시키는 결과로 나타나다 보니, 고도 경제성장 과정에서 밀려나 있던 지방 입장에서는 다음 기회라는 기대감마저 사라져 버렸다. 이에 따라 2003년 출범한 참여정부는 국가균형발전을 최우선 국정과제로 선택하고 강력한 균형발전정책을 추진했다. 그래서 이 시기를 기점으로 이전을 '불균형의 시대'라 하고, 이후를 '균형발전 1.0시대', 앞으로 전개될 상황을 '균형발전 2.0시대'로 구분했다.

2 '균형발전 1.0시대' 균형발전정책 전개과정

균형발전정책은 참여정부가 출범하면서 획기적인 변화를 맞았다. 민주화 이후 문민정부에서 지방자치제 실시와 함께 지역발전정책에 대한 개념

---

34 분산형 지역성장거점의 조성으로 부산, 대구, 광주, 대전 등 지방 4대 도시들은 상대적으로 높은 성장을 이룰 수 있었다. 이와 함께 지방에는 대전, 전주, 군산 및 대불공단과 광양산업단지 등 대규모 국가 및 지방산업단지와 200여 개에 달하는 농공단지가 조성되었다.

이 싹트고, 국민의 정부에서도 지역 간 균형발전에 대한 정책이 체계화되긴 했으나 균형발전이 국정과제의 우선순위는 아니었다. 참여정부가 출범하면서 국가균형발전이 최우선 가치가 되었고, 이후 신자유주의에 기반을 둔 이명박·박근혜 정부를 거치면서 많은 우여곡절을 겪었지만, 문재인 정부에서 그 가치와 철학을 이어 왔다.

역대 정부의 균형발전정책 특징

구분		참여정부 (2003~2008)	이명박 정부 (2008~2013)	박근혜 정부 (2013~2017)	문재인 정부 (2017~2022)
핵심가치		• 국가균형발전, • 다핵형-창조형 선진 국가 건설	• 일자리 창출, 지역의 글로벌 경쟁력 강화	• 행복지수 제고, 국민 행복과 지역희망	• 전국이 고루 잘사는 나라, 균형 잡힌 나라
정책 구조	정책 목표	• 다핵형·창조형 선진 국가 건설 (국가균형발전)	• 지역의 글로벌경쟁력 강화(일자리 창출)	• 국민행복과 지역희망 (HOPE)	• 지역주도, 자립적 성장기반 마련 (국가균형발전)
	주요 정책	• 혁신정책(RIS사업) • 균형정책(新활력산업) • 산업정책 (시도전략산업) • 공간정책 (혁신/세종시)	• 5+2광역경제권 • 기초생활권, 초광역벨트 • 행·재정 권한 지방 이양 • 수도권과 지방 • 상생발전	• 지역행복생활권 • 지역경제의 활력 제고 • 교육여건개선· 인재양성 • 문화·환경·복지의료	• 국가균형발전 프로젝 트(예타면제) • 국가혁신클러스터 구축 • 지역발전투자협약 • 생활SOC사업
	정책 수단	• 국가균형발전위원회 • 국가균형발전5개 년계획 • (2004~2013년) • 국가균형발전특 별회계 • 국가균형발전특별 법(제정)	• 지역발전위원회 • 지역발전5개년계획 • (2009~2013년) • 광역-지역발전특 별회계 • 국가균형발전특별법 (개정)	• 지역발전위원회 • 지역발전5개년계획 • (2014~2018년) • 지역발전특별회계 • 국가균형발전특별 법(개정)	• 국가균형발전위원회 • 국가균형발전5개 년계획 • (2018~2022년) • 국가균형발전 특별회계 • 국가균형발전특별 법(개정)
	방법	• 지역혁신체계 구축 • 지방분산	• 규모의 경제	• 맞춤형 지원	• 지역혁신체계 구축
성과 및 한계		• 지역균형발전의 제도적 기반 및 추진 체계 구축 • 수도권 집중의 지속 과 중장기 계획 차질	• 지역 간 상생발전과 지방재정확충과 자율성 제고 • 광역위원회 역할 제약, 행정구역개편 미추진	• 주민중심(삶의질, 행복)으로 정책방 향 전환 • 정책 공감대 미약 및 성과 측정·평가 한계	• 지역균형발전의 제도적 • 기반 및 추진체 계 복원 • 수도권집중의지속과 정책동력 미약

자료: 국토교통부(2022), 송우경(2012), 고영구 외(2019)

참여정부(2003~2008): 국가균형발전의 초석, 다핵형-창조형 선진국가 건설

참여정부는 국가균형발전이란 개념을 처음 도입했다. 국가균형발전정책 추진에 필요한 법적, 제도적, 재정적 뒷받침을 위해 '국가균형발전특별법'(2004)을 제정하고 특별회계를 마련하는 등 과감한 조치를 취했다.[35] 이를 기반으로 '국가균형발전 5개년계획'과 '지역혁신 5개년계획'을 수립·추진했다. 프랑스 DATAR처럼 컨트롤타워 기능을 수행하는 국가균형발전위원회를 대통령 직속기관으로 설치하고, 전국 시·도 및 시·군·구 단위의 '지역혁신협의회' 등 협력조직을 구성하기도 했다.

'국가균형발전특별법'과 함께 이른바 '지방살리기 3대 특별법'으로 불리는 '신행정수도건설특별법'(2004)을 제정하고 이를 근거로 청와대를 비롯하여 서울과 수도권 소재 중앙행정기관을 지방으로 옮기는 등 메가톤급 정책을 추진했다. 수도이전이 관습헌법에 위배된다는 헌재 판결로 인하여 행정중심복합도시로 축소되긴 했지만, 중앙행정기능을 대거 지방으로 옮길 수 있었던 계기였다.[36] 이와 함께 '지방분권특별법'(2004)을 제정하여 중앙행정 권한을 지방으로 이양하는 등 권한 분산 노력도 병행했다. 또한 '혁신도시특별법'(2007) 제정을 통하여 수도권 소재 153개 공공기관을 전국 10개 지역으로 분산·배치하고, 이곳을 중심으로 산·학·연·관 협력 기반

---

35 성경륭, "참여정부의 국가균형발전정책", 「국가균형발전정책의 이론과 실천」, 국가균형발전위원회, 2007.

36 2003년 12월 29일 국회는 청와대와 정부 부처를 충청권로 옮기기 위한 '신행정수도의 건설을 위한 특별조치법'을 통과시켰다. 그리고 '신행정수도건설추진위원회'를 발족하고 충남 연기·공주 지역을 행정수도 입지로 선정했다. 그러나 국가 안위에 관한 중요 사안이기 때문에 국민투표를 거쳐야 한다는 '헌법 제72조'에 따라 헌법소원이 제기됐고, 이에 헌법재판소가 2004년 10월 21일 위헌결정을 내리면서 신행정수도 건설은 전면 중단되었다. 위헌결정 이후 정부는 충남 공주·연기지구에 청와대와 국회, 일부 부처를 제외한 나머지 12부 4처 2청을 이전하는 수준으로 축소했다. 이에 따라 2012년 7월 1일 세종특별자치시가 설치된 것이다.

을 만들었다.[37]

그리고 지방 스스로의 힘으로 일어서는 자립형 지방화를 지향했으며, 혁신 주도형 지역발전을 강조했다. 지역혁신체계 구축에 있어서 중심적 역할을 담당하는 지방대학 혁신역량강화(NURI) 사업을 추진하고, 신활력사업을 통하여 낙후지역 활성화를 유도했다. 또 '지역혁신 5개년계획'을 수립하여, 시·도별로 지역의 발전역량을 강화시킬 수 있는 산업을 선정하고, 관련 기업의 역량 강화를 위해 기술지원, 신기술 보육, 인력양성, 해외 마케팅 지원 등 각종 정책수단을 패키지 방식으로 지원했다.

이명박 정부(2008~2013): '균형'에 대한 거부감, 지역의 글로벌 경쟁력 강조

이명박 정부는 기본적으로 참여정부의 균형발전정책과 지역혁신정책에 대해 강한 거부감을 보였다. 지역별 수요의 특성과 관계없이 획일적인 배분을 강요하는 평등주의에 바탕을 두었다고 비판했다.[38] 기존의 '국가균형발전특별법'을 개정하여 '균형'을 지우고 '지역'이란 표현으로 대체했다. 국가균형발전특별회계는 광역·지역발전특별회계로 개편했으며, '국가균형발전위원회' 명칭도 '지역발전위원회'로 변경했다. 지역 단위의 '지역혁신협의회' 기능은 아예 없애 버렸다.[39] 다른 한편 기존 시·도 행정구역을 초월한 '5+2 광역경제권'으로 개발전략을 추진했다. 그러나 지역특성과 연계성이 부족하고, 권역 간 차별성이 고려되지 않았다는 지적과 함께, 경쟁적인 국책사업 선정 방식으로 광역경제권 내 지자체 간 갈등만 야기했다는

---

37 고영구, "균형발전을 위한 행정수도 복원", 「도시문제」, 제43권 470호, 대한지방행정공제회, 2008.
38 차재권, "역대 정부 균형발전정책의 성과 평가: 박정희 정부에서 박근혜 정부까지", 「사회과학연구」, 제25집 2호, 서강대학교 사회과학연구소, 2017.
39 송우경, "2000년대 이후 지역발전정책의 회고와 新정부의 정책방향", 「KIET 산업경제」, 산업연구원, 2017.

지적을 받았다.

이명박 정부가 참여정부 정책에 대한 비판적인 견해를 보임에 따라 그 동안 추진해 오던 균형발전사업에도 차질을 빚었다. 도시개발 단계까지 이른 행정중심복합도시를 백지화하려 했으며, 혁신도시의 경우도 공공기관 이전이 지연되는 등 사회적으로 많은 분란을 일으켰다. 또한 지역혁신체계의 구심점 역할을 해 오던 지역혁신협의회 기능이 사라지면서 일련의 지역혁신정책도 추진동력을 잃고 말았다.[40]

다만 이명박 정부가 채택한 지역상생발전기금 제도는 수도권과 비수도권 상생 발전의 토대가 되었고, 수평적 재원조정 사례라는 점에서 긍정적 평가를 받고 있다. 당시 지역발전위원회는 '지방재정지원제도개편방안(2009)'을 통해서 지역상생발전기금 설치 방침을 정하고, 행정안전부는 '지방정부 기금관리기본법'을 개정(2010)하여 기금의 설치 근거를 마련했다.[41] 이때 마련된 지역상생발전기금은 서울·인천·경기 등 수도권 지방소비세 35%를 비수도권인 14개 광역단체에 배분하여 지역개발사업을 도모했고, 포괄 보조금은 지자체 재정 운영의 자율성을 높였다.[42]

박근혜 정부(2013~2017): 행복지수 제고, 국민행복과 지역희망 프로젝트

박근혜 정부 지역발전정책의 핵심은 'HOPE 프로젝트'다. 주민행복체감(happiness), 균등한 기회 제공(opportunity), 자율적 참여와 협업

---

40 변창흠, "참여정부와 이명박 정부의 지역균형발전정책의 평가와 과제", 「논문집」, 사회디자인연구소, 2011.
41 지역발전위원회, "지방재정 지원제도 개편방안", 보도자료, 2009. 9. 16; 행정안전부, "지역상생 발전기금 설치로 수도권-비수도권 상생 발전의 획기적 전기 마련", 보도자료, 2010. 2. 2.
42 최상철·송우경, "이명박 정부의 광역경제권 정책방향과 전략", 「지역발전과 광역경제권 전략」, 지역발전위원회, 2009.

(partnership), 전국 어느 곳에서나 보장받는 삶의 질(everywhere)을 통해 지역 활력을 증진하고 일자리를 창출해서 지역주민의 삶의 질을 향상하겠다는 것이 박근혜 정부가 지향하는 정책목표였다.[43] 그러나 지역발전정책을 세계 다른 도시와의 비교에서 경쟁력을 갖추려 했다는 차원이나, 수도권과 비수도권 간의 관계를 국가경쟁력 복원이라는 큰 틀에서 이해하려는 경향이 강하다는 점에서 이명박 정부의 정책기조와 크게 다르지 않았다는 평가이다.

다른 한편에서는 이명박 정부의 '5+2 광역경제권' 지역발전 개념을 폐지하고, 시·도 등 지방정부의 자율적 협의에 기반하는 지역생활권 개념을 도입했다. 기존 2개 이상의 시·군을 하나로 묶어 해당 지역주민들이 각종 인프라와 일자리, 교육·문화·체육·복지 서비스 등을 불편 없이 이용할 수 있는 생활공간으로 발전시키겠다는 구상이었다. 이에 따라 전국에 56개 '지역행복생활권'을 설정했다.[44]

그러나 박근혜 정부의 지역발전정책이 지방정부가 실질적으로 주도해 나간 것으로 볼 수 있는가 하는 의문이다. 지방정부가 지역발전정책을 주도한다고 하지만, 지역 실정에 맞는 전략산업을 정하거나 지역발전을 위한 프로젝트를 기획하고 기업유치에 나서는 수준에 그쳤을 뿐이다. 프로젝트 추진이나 지역발전정책 추진에 필요한 제도, 기반시설, R&D, 자금 등 핵심적인 요소들은 여전히 중앙정부가 주도해서 지원해 주는 방식을 취하고 있어 진정한 의미에서 지자체 주도라고 보기는 어렵다는 평가다.

---

43 차재권, "역대 정부 균형발전정책의 성과 평가: 박정희정부에서 박근혜정부까지", 「사회과학연구」, Vol 25, No 2, 서강대학교 사회과학연구소, 2017.

44 유형별로 보면, 1) 부산, 광주, 청주 등 대도시와 그 주변 도시로 이루어진 '중추도시생활권' 20개, 2) 충남 당진·서산·태안, 경북 영주·봉화 등 지역거점 기능을 수행하는 중소도시와 인근 농어촌 시군으로 구성되는 '도농연계생활권' 13개, 3) 전북 무주·진안·장수 등 농어촌 시·군으로 구성되는 '농어촌생활권' 21개다.

문재인 정부(2017~2022): 포용적 지역혁신, 지역주도 자립적 성장기반 확충

문재인 정부는 출범과 동시에 '균형발전'과 '지역혁신' 개념을 복원하는 데 역점을 두었다. 대표적인 정책을 꼽자면 흔히 예비타당성 조사 면제사업으로 알려진 국가균형발전 프로젝트다. 인구수가 적고 인프라가 취약한 비수도권은 예비타당성 조사 통과가 어려워 새로운 대규모 프로젝트 추진이 오히려 늦어진다는 문제의식에서 출발한 사업이다. 2019년 당시 총 23개 사업, 24조 1천억 원 규모의 사업에 대한 예비타당성조사가 면제되었다.

그리고 지역발전투자협약 시범사업을 추진함으로써 지역 주도의 균형발전정책의 의미를 살렸다. 이 사업은 다부처·다년도 묶음 사업으로서 지자체가 신청하면 중앙과 지자체 간의 수평적 협의·조정을 거쳐 협약을 체결하는 형태다. 이는 지자체가 중심이 되어 장기간 안정적으로, 자율적으로 추진할 수 있었기 때문에 지역 호응도가 높았다. 그리고 생활SOC 사업을 통하여 사람들이 먹고, 자고, 자녀를 키우고, 노인을 부양하고, 일하고 쉬는 등 일상생활에 필요한 체육시설, 도서관, 보육시설 등 생활밀착형 SOC를 늘렸다.

문재인 정부는 10년 동안 지체된 균형발전정책을 복원·계승하는 데 초점을 맞추고, 이에 필요한 법령과 제도를 마련했다는 점에서 긍정적인 평가를 받는다. 특히, '국가균형발전특별법' 복원을 통해서 균형발전 및 지역혁신 추진체계를 재정립하고 균형발전사업을 회생시켰다. 그럼에도 불구하고 실천적 측면에서는 정책 의지가 미흡했다는 지적을 받고 있다.

3 '균형발전 2.0시대' 패러다임, 분권과 통합

'균형발전 1.0시대'의 시행착오, 반면교사

균형발전정책의 역사가 20여 년이 지났음에도 불구하고 수도권 인구가 전체인구 절반을 넘기면서 일각에서는 균형발전정책에 대한 무용론을 제기하기도 한다. 하지만 이는 섣부른 주장이 아닐 수 없다. 이것은 "어떤 사람이 건강관리를 했음에도 불구하고 병에 걸렸다. 그래서 건강관리를 아예 할 필요 없다."라는 말과 같다. 오히려 건강관리를 해 왔기 때문에 그나마 더 심한 질병에 걸리지 않았음을 알지 못하는 얘기다. 다시 말하자면 균형발전정책 그마저도 없었더라면 수도권과 지방 간의 불균형 정도는 훨씬 심각했을 뿐만 아니라 지방 위기의 시간도 훨씬 빨랐을 것이다. 또 하나는 정권 변동과정에서 신자유주의를 추종하는 시장권력에 의해 균형발전정책의 일관성과 안정성이 훼손되었다는 점이다. 이렇게 차질을 빚지만 않았더라면 가시적인 성과를 거둘 수 있었다는 얘기다.

어떻든 2000년대 이후 지난 시기를 '균형발전 1.0시대'라고 한다면, 2020년대 윤석열 정부부터는 '균형발전 2.0시대'로 구분해야 마땅하다. 하지만 김포를 서울로 편입한다느니, 서울을 더 키워야 국제경쟁력을 발휘할 수 있다는 등의 주장을 하는 정부에게 '균형발전 2.0시대'를 기대하는 것은 무리가 될 듯하다.[45]

대한민국의 지속가능성을 확보하기 위한 최우선 과제를 꼽는다면, 서울을 넓히는 것이 아니라 저출생으로 인한 급격한 인구감소 문제와 수도권 집중 가속화로 인한 지방 경쟁력 쇠퇴 및 지방위기 문제 해결이다. 균형발

---

45 그들이 대규모 메가시티가 갖는 이점을 정당화 근거로 내세우고 있지만, 이것이 행정구역 확장의 정당한 근거는 되지 못한다. 메가시티가 갖는 거대한 관계 연결망에서 오는 이점이라든가 규모의 경제라는 이점은 넓은 지역을 커버하는 사회적, 경제적 네트워크 그 자체에서 나오는 것이지, 행정구역에서 나오는 것이 아니다. 지금 김포와 같은 행정구역은 아닐지라도 서울과 유기적 네트워크가 형성되어 있다면 실제로는 이미 똑같은 효과를 보고 있는 것이다.

전에 대한 비전과 실천의지가 확고한 정부의 출현이 간절한 이유가 여기에 있다. 따라서 미완의 '균형발전 1.0시대'를 반면교사로 삼아 향후 '균형발전 2.0시대'를 열어야 한다.

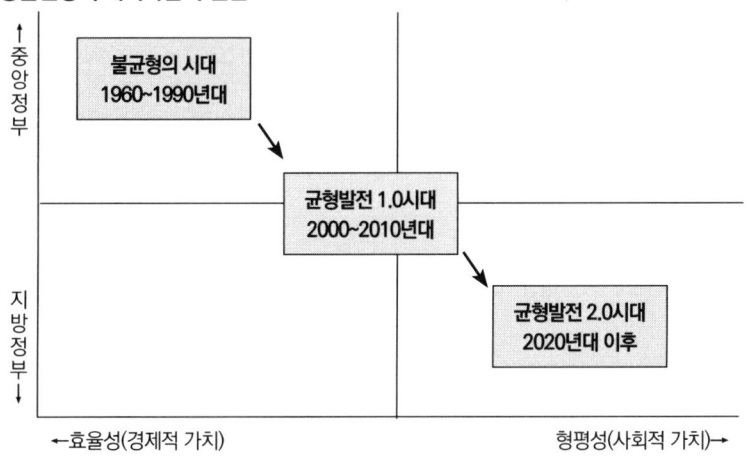

지역 주도성 강화와 분권형 균형발전

과거의 균형발전정책은 중앙정부 주도와 분산형 정책을 지향해 왔다. 그러나 새로운 여건 변화와 이슈 대응을 위해서는 지역 주도성 강화와 분권형 균형발전정책을 지향하는 것이 바람직하다.[46] 즉, 균형발전과 지방분권이 상호 선순환하면서 시너지 효과를 창출해야 한다. 이 문제에 대해서는 균형발전을 먼저 추진해야 한다는 관점, 지방분권을 먼저 추진해야 한다는 관점 그리고 균형발전과 지방분권을 동시에 추진해야 한다는 관점이

---

46 국토연구원 차미숙 외, 「국가균형발전3.0 패러다임 구축과 실천전략 연구」, 협동연구총서 22-52-01, 경제인문사회연구회, 2022.

있다. 그러나 학계의 실증연구에서도 이들 주장 중 어느 하나가 낫다는 결론이 나지 않은 상황이다.[47]

다만 현실적으로 볼 때, 균형이든, 분권이든 이에 대한 지방민의 요구와 열망이 너무나도 높아 양자를 동시에 추진할 수밖에 없다. 2000년대 이후 역대 정부도 정도의 차이는 있지만 지방분권에 기초한 균형발전을 외면하지는 않았다. 그럼에도 불구하고 결국은 중앙정부가 주도하는 형태로 추진해 왔음을 부인할 수 없다. 따라서 '균형발전 2.0시대'에는 다변화된 행정수요에 따라 자율과 책임을 높이는 실질적 자치분권을 실현해야 한다.

삶의 질 격차 해소와 통합적 균형발전

디지털, 인공지능시대 도래로 인하여 불균형 문제는 더욱 심화될 것으로 전망된다. 따라서 이 문제는 그 무엇보다 시급히 해소해야 할 과제이다. 지역 간 격차의 심화는 사회분열, 국민적 분열마저 초래할 우려가 있기 때문이다. 삶의 기회와 권력자원의 불평등과 결부될 때, 지역 격차는 지역을 범주로 하는 사회집단 간에 대립과 갈등을 부추겨 사회적 안정과 통합을 저해할 수 있다. 또한 지역별 인적·물적 자원의 비효율적 활용을 초래하여 국토 전체의 생산성을 떨어뜨려 선진적 공간발전 시스템으로의 전환을 가로막을 수도 있다.

과거 정부들의 균형발전정책이 산업시설, 인프라 등 물리적 시설이나 기능개선에 역점을 뒀다면, 지역 통합을 위한 균형발전은 이와 함께 지역주민들의 삶의 질과 관련된 교육, 의료, 복지, 참여, 문화적 향수 등 삶의 질 격차를 해소하는 데 역점을 두어야 한다. 이를 위해서는 산업경제 중심의 하향적 균형발전정책에서 벗어나 사회문화 중심의 통합적 균형발전으로

---

47 김현호·김도형, 「지방분권형 지역균형발전정책의 설계」, 한국지방행정연구원, 2017.

정책패러다임의 전환이 필요하다. 지역 내 혹은 지역 간의 소통, 교류, 협력의 활성화는 그 자체로 국가통합을 공간적으로 이룩하는 것이다. 또 사회적 서비스가 지역 간, 지역 내에 골고루 제공되는 다양한 시책을 강구해야 한다. 즉, 복합적·다원적인 차원의 양극화 문제 해소와 세대, 계층, 지역을 아우르는 사회통합 증진을 위한 정책이 필요하다.

04
국토발전축, 남방한계선을 넘어야 한다

1 충청권 수도권化, 균형정책 궤도수정

"수도권과 지방 간의 분단 상황이다!" 수도권의 팽창이 가속화되고 반대로 지방은 소멸 직전을 치닫는 이중적인 현상을 빗대어 모 일간지에서 표현한 기사 제목이다. 수도권과 나머지 지방 간의 격차 문제가 남북분단에 비유할 만큼 한국사회에 주요 모순이 됐다는 얘기다. 교육, 취업, 주거 등을 비롯한 모든 문제가 이 모순과 연관되어 있기 때문이다. 게다가 수도권의 팽창력이 인접한 충청·강원지역으로까지 확산됨에 따라 이들 지역을 준수도권으로 지칭하는 등 나머지 지역에서는 영호남 지역만이 비수도권이라고 주장하기에 이르렀다. 충청과 강원지역이라고 해서 수도권에 대한 박탈감이 없는 것은 아니지만, 경제적으로, 문화적으로 수도권과 동질화되고 있는 것은 사실이다.[48]

특히 충청권 지역의 약진이 두드러진다. 무엇보다 수도권과 마찬가지로 인구유입이 많은 추세다. 취업자, 경제활동참가율에서도 상대적 비중과 상승세가 이어졌다. GRDP(지역내 총생산), 무역규모, 국가 R&D 비중 등

---

48 고영구, "국토발전축, 수도권 심리적 한계선을 넘어야 한다", 「한국지역사회학회 2023 추계컨퍼런스 발표논문집」, 한국지역사회학회, 2023. 11. 10.

에서도 지표 상승세가 확연하다.[49] 지난 20년간 충청권은 신성장 지역으로 올라선 모습이다. 이는 수도권 외연이 점차 세종·대전·충청권으로 확장된 결과라는 해석이다. 문제는 수도권의 성장 파급효과가 여기서 멈추고 만다는 점이다. 그래서 수도권의 심리적 한계선이 충청권에서 그어진다는 주장이 설득력을 얻고 있다.

이러한 관점에서 볼 때, 정부의 균형발전정책도 새로운 접근이 요구된다. 충청권 행정중심복합도시로 상징되는 과거의 수도권 기능분산 및 균형발전전략을 영호남 축으로 이동해야 할 시점에 이르렀다. 머지않아 국회의 세종시대가 현실화될 것으로 보인다.[50] 세종의 정부종합청사에 이어 입법부까지 이전하고, 대통령 집무실까지 설치하게 된다면 행정수도 완성 추진에 탄력이 붙고, 그 파급력은 클 수밖에 없다.

행정수도 완성은 수도권 일극 체제를 극복하는 첫 단계이다. 여기서 그친다면 수도권 외연이 충청권으로 확장되고 수도권 연담화 현상이 공고해지면서 충청권을 경계로 이북과 이남 간의 또 다른 불균형 문제에 직면할 수 있다. 따라서 이제는 다음 단계의 균형발전의 시대를 열어야 한다.

2 서울에서 보는 심리적 한계선

기업의 입지결정, 강원·충청권 못 벗어나

기업들이 입지를 결정할 때 수도권으로부터 심리적 한계선을 강원 및 충청권까지로 보고 있다는 분석이다. 이경우(2023) 연구에 따르면, 2015

---

49 초의수, "2000년대 이후 우리나라 광역권의 사회경제적 변화에 대한 연구", 「한국지역경제연구」, 제49권, 한국지역경제학회, 2021. 8.
50 세종특별자치시에 국회의사당 분원을 설치하는 내용의 국회법 개정안은 지난 2021년 6월 국회 본회의를 통과했다.

년부터 2020년까지 국내 50인 이상 제조업부문 기업 감소율이 수도권과 거리가 멀수록 심각한 것으로 나타났다.[51] 수도권에 해당하는 경기도는 2015년 3,037개 기업에서 2022년 3,043개로 6개 기업으로 증가했고, 인천은 643개 기업에서 602개 기업으로 41개(-6.4%)로 감소했다. 수도권과 인접하고 있는 강원은 157개 기업에서 174개 기업으로 17개 기업이, 충북은 690개 기업에서 739개 기업으로 49개 기업이 증가했다. 대전은 176개 기업에서 168개 기업으로 8개 기업이 감소했다.

이처럼 수도권과 강원·충청지역은 기업이 늘기도 하고 소폭 줄기도 했으나, 나머지 비수도권 모든 지역에서는 기업이 감소했고, 감소 폭도 컸다. 경북은 171개 기업, 경남 241개 기업, 울산 141개 기업, 부산 98개 기업, 대구 80개 기업, 전북 44개 기업, 전남 39개 기업, 광주는 9개 기업이 각각 감소했다.

비수도권 지역의 기업 감소는 인구감소와도 깊은 관련이 있다. 수도권에서 멀수록 생산가능인구가 줄어들어 기업 이탈이 가속화된 것으로 보인다. 2015~2022년 강원과 충청지역 생산가능인구는 3.4% 감소한 세종을 제외하면 19.2% 증가했다. 반면 나머지 지역은 14.8% 감소하여 수도권과 이격거리가 클수록 생산가능인구 감소가 심각한 것으로 나타났다. 영남지역의 울산은 8.8%, 대구는 8.7%, 경북은 8.2%이며, 호남의 전북은 8.2%, 전남은 7.2% 감소했다.

---

51 이경우, "수도권과 멀수록 제조업 급감; 특구제도의 지역별 차등인센티브 절실", 「울산경제사회브리프」, No, 142, 울산연구원, 2023. 6. 19.

전국 50인 이상 제조업 증감현황(2015~2020)

구 분		2015	2022	증감수 (개 기업)	증감률 (%)
수도권	경기도	3,037	3,043	6	0.2
	인천광역시	643	602	-41	-6.4
강원·충청권	강원도	157	174	17	10.8
	충청남도	986	954	-32	-3.2
	충청북도	690	739	49	7.1
	세종특별자치시	76	74	-2	-2.6
	대전광역시	176	168	-8	-4.5
영남·호남권	전라북도	388	344	-44	-11.3
	전라남도	327	288	-3.9	-11.9
	광주광역시	217	208	-9	-4.1
	경상북도	964	793	-171	-17.7
	대구광역시	475	395	-80	-16.8
	경상남도	1,339	1,098	-241	-18.0
	울산광역시	658	517	-141	-21.4
	부산광역시	579	481	-98	-16.9

자료: 이경우(2023)

한편, 국토연구원 자료에 따르면, 2019년 기준 284,424개 기업을 분석한 결과, 혁신성장기업 대부분이 서울과 경기도 남부에 몰려 있는 것으로 나타났다. 이들은 연구·개발비 지출을 통해 고용과 매출 성장을 함께 달성한 기업들이다. 여기서 남방한계선은 경기도 남부지역과 인접해 있는 충남 천안 북구로 나타났다. 이 지역보다 남쪽으로는 기업들이 이전을 꺼린다는 의미로 해석된다.

청년들, 지리적 마지노선은 세종·대전

수도권에 사는 청년 3명 중의 한 명은 지방에 위치한 회사에 전혀 지원하지 않는다는 조사 결과가 나왔다. 대한상공회의소(2022) 자료에 따르면, 청년들의 85%는 세종·대전 아래로는 내려가지 않는다고 응답했다.[52] 그리고 수도권을 떠나 지방에서 근무하려면 그에 상응하는 만큼의 경제적 보상이 있어야 한다고 했다. 수도권 회사를 택한 청년들에게 추가로 얼마의 연봉을 주면 지방에서 근무할 수 있겠느냐고 묻자 1천만 원이라는 응답이 36.5%로 가장 높았다. 이어 2천만 원(18.6%), 5백만 원(18.6%), 3백만 원(9.8%), 1천5백만 원(8.8%) 순이었다. 연봉과 관계없이 아예 지방에 근무할 생각이 없다는 응답도 6.1%였다. 지방 근무 자체가 불이익이라는 얘기다.

구체적으로 서울에서 얼마나 떨어진 지역에서까지 근무할 의향이 있느냐는 질문에서 수원·용인(64.1%), 평택·충주(31.9%), 세종·대전(25.9%) 순으로 답했다. 반면, 대구·전주(14.9%)라는 응답률은 크게 떨어졌다. 이렇듯 세종·대전이 수도권 청년들이 일하는 직장으로 고려하는 지리적인 마지노(maginot)선이다. 청년들이 지방 근무를 기피하는 이유로는 가족·친구 등 네트워크 부재(60.7%), 생활·문화 인프라 열악(59.8%), 주거·생활비 부담(48.9%), 원하는 직장이 없음(14.2%), 성장기회 부족(6.8%) 등을 꼽았다. 청년들의 '지방기피' 경향은 인구통계에서도 확인된다. 통계청에 따르면 2020년 기준, 지방에서 수도권으로 순유출된 청년인구는 약 9만 1,000명으로 2010년에 비해 1.7배 이상 증가했다. 이렇게 됨에 따라 지방인구 중 청년의 비중도 2010년 19.7%에서 2015년 18.8%, 2020년 17.6%로 지속적으로 하락했다.

---

52 수도권에 거주하면서 구직 활동을 하는 청년 301명(20~34세)을 대상으로 지방근무에 대한 인식조사를 실시한 것이다. 대한상공회의소, "지방근무에 대한 청년세대 인식조사", 보도자료, 2022. 6. 7.

수도권 거주 청년들이 근무할 의향이 있는 지역

구 분	비율(%)
서 울	100.0
판교·분당	84.7
수원·용인	64.1
평택·충주	31.9
세종·대전	25.9
대구·전주	14.9
상관없음	11.6

주: 복수응답
자료: 대한상공회의소(2022)

수도권 거주 청년들의 지방근무 기피 이유

구 분	비율(%)
가족·친구 등 네트워크 부재	60.7
생활·문화 인프라 열악	59.8
주거·생활비 부담	48.9
원하는 직장이 없음	14.2
성장기회 부족	6.8
결혼·자녀교육 어려움	5.0
기타	4.6

주: 복수응답
자료: 대한상공회의소(2022)

수도권 연담화로 출근통행 영향권 확장

국토연구원(2019)이 네트워크 제약(network constraint) 지수를 활용해 분석한 '대도시 영향권' 보고서에 따르면, 서울의 출근통행 영향권은 인천과 경기도 내 시·군을 넘어 강원도 대부분의 시·군과 충청권 일부 시·군을 포함하고 있다. 과거에는 서울, 인천, 경기를 벗어나지 않았으나, 근래 수도권 광역전철의 확장 등으로 인하여 서울로 혹은 서울로부터 출근하는 사람들의 공간적 범위가 넓어진 것이다.[53] 수도권의 확장과 연담화를 단적으로 보여 주는 사례다.

서울의 출근통행 영향권(2017)

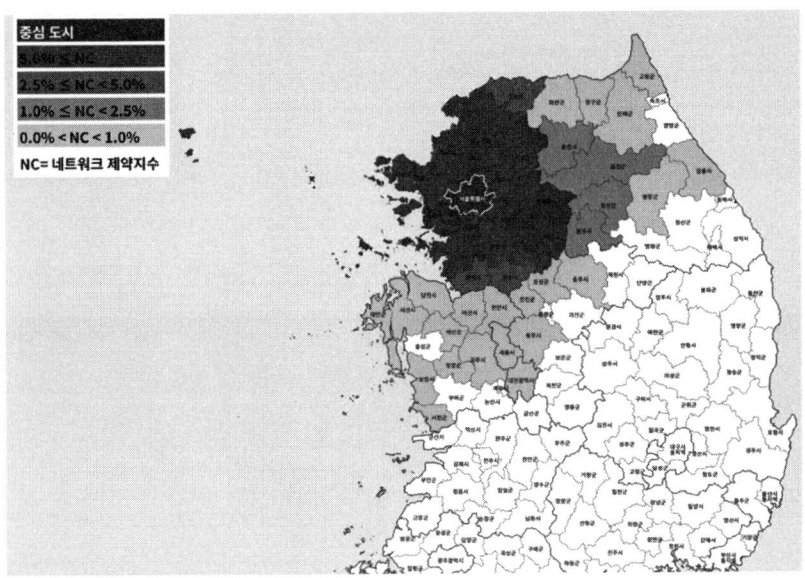

자료: 국토연구원(2019)

3 봄의 화신 벚꽃으로 균형발전 축제

남방한계선: 판교·기흥, 용인·평택, 세종·대전

수도권 심리적 한계선을 다른 말로 남방한계선이라고도 한다. 남방한계선이란? 수도권 집중화 현상으로 인해 수도권에 거주하는 청년들이 수도권 소재 기업을 선호하게 되면서 특정 지역 남쪽으로는 내려가기를 꺼린

---

53 권규상 외, "우리나라 대도시의 영향권분석 2010~2017", 「워킹페이퍼 19-17」, 국토연구원, 2019. 11.

다는 뜻으로 사용되는 용어다. 일반적으로는 사무직과 연구개발직의 경우 판교, 기술직의 경우 기흥을 뜻한다. 삼성전자에서 평택시, SK하이닉스에서 용인시에 신규 공장을 짓는 등 기업들은 평택까지로 보고 있다. 그래서 남방한계선을 판교·기흥 라인, 용인·평택 라인 등으로 불린다.

그다음 충청권에는 이미 정부대전청사와 공기업 본사가 자리 잡고 있으며, 명실상부한 행정중심복합도시 세종시에는 중앙행정기관을 비롯하여 국책연구기관 등이 소재하고 있다. 과학기술분야 정부출연 연구기관과 공공 연구소 등은 대덕연구개발특구에 집중되어 있다. 이렇게 충청권에 입지하게 된 이유는 국토의 중심부이고, 수도권과 가깝기 때문이다.

수도권 심리적 한계선

1차 라인	2차 라인	3차 라인
판교·기흥	용인·평택	세종·대전 라인
사무직 연구개발직	기업투자	공공연구직 중앙행정직

'벚꽃의 역설'이 아닌 '벚꽃의 정설'로

벚꽃의 아름다움에도 불구하고 언제부턴가 그 꽃을 빗댄 비극적인 말이 회자되고 있다. '벚꽃 피는 순서대로 망한다!' 여기서 망하는 대상은 바로 지방대학이다. 수도권에서 먼 남쪽 지역의 대학부터 문을 닫게 될 것이라는 경고를 담은 속설이다. 지방에는 대도시 광주가 있고, 부산이 있고, 울산·대구가 있어도 수도권에서 끌어당기는 힘에는 어찌할 도리가 없다. 이들 도시는 생활 인프라를 갖춘 대도시이면서도 서울보다 나은 자연환경을 자랑하고, 물가도 상대적으로 저렴해서 과거에는 만족할 만한 삶터였고 일터였다. 20여 년 전만 해도 이곳에서 대학을 나와 대기업에 들어가기가 그리 어렵지 않았다. 또 지역 내 건실한 중소기업에 들어가더라도 남부럽지 않은 생활이 가능했다.

그러나 지금은 산업기반이 무너지고 새로운 돌파구를 찾지 못하고 있다. 젊은 학생들은 일자리가 없는 지방 대도시를 떠나 서울에서 경쟁해야만 한다. 지방대를 나와선 수도권 대학 출신들과의 경쟁에서 밀린다는 것을 이미 알고 있기 때문이다. 대학을 예로 든 얘기지만, 서울과 수도권의 위력을 여실히 보여 주고 있다. 따라서 벚꽃이 가장 일찍 피는 남부권, 영호남 지역으로부터 국토발전의 에너지가 발현되어야 한다. 그렇게 되어 벚꽃축제가 균형발전의 축제로 발전한다면 더욱 화사한 봄을 맞이할 수 있겠다.

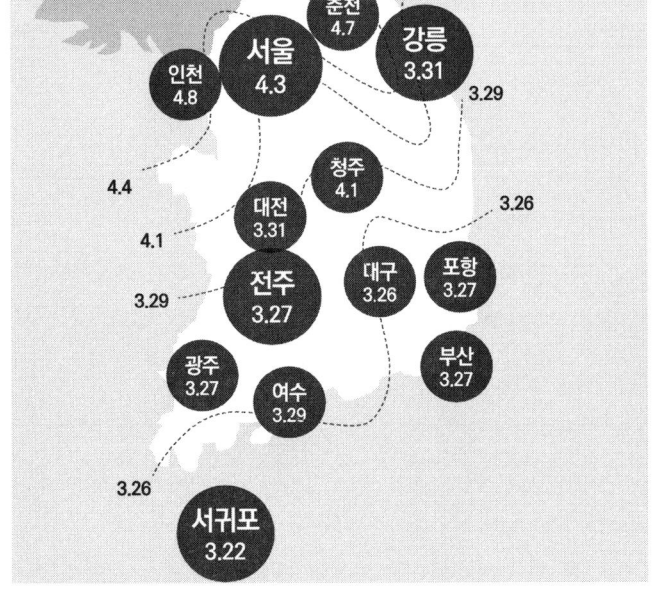

자료: 웨더아이(2024. 2. 23.)

4 국토발전축, 영·호남 동서 횡으로 설정

수도권의 여세는 충청권으로 확장되고 있으며, 여기서 벗어나 있는 남부권은 잠재력마저 잃어 가고 있다. 또 다른 형태의 분단을 우려하지 않을 수 없다. 따라서 충청권을 넘어 영호남 동서를 잇는 새로운 국토발전축을 통해서 균형발전을 견인하는 방향으로 국토정책의 기조를 전환해야만 한다. 영호남 동서 횡축을 기준으로 주요 성장거점을 지정하여 정부의 재원과 정책역량을 집중할 필요가 있다. 그 국토발전축으로는 과거의 내륙축 또는 해안축 등의 정책사업을 참고해 볼 수 있겠다.

자료: 국토교통부(2021, 2023)

내륙 축으로 현재 추진 중인 '달빛내륙철도' 노선이 대표적인 모델이다.[54] 달구벌 대구와 빛고을 광주를 연결하는 달빛내륙철도는 광주 송정에서 서대구까지 198.8㎞ 구간을 단선전철로 연결하는 대형 국책사업이다. 이 철도가 개통되면 광주에서 대구까지 2시간 49분 걸리던 소요시간이 1시간 28분으로 단축될 것으로 보고 있다. 그리고 광주와 대구뿐 아니라 전남·전북·경남 등 영호남 10개 지자체, 970만 인구가 영향권에 들어가는 만큼 낙후지역 발전, 동서 상생을 이끄는 촉매가 될 수 있다.

또한, 해안 축으로 최근 논의되고 있는 '남해안 해양관광벨트 프로젝트'를 눈여겨볼 필요가 있다. 남해안을 끼고 있는 전남도와 경남도, 부산시 등 3개 시·도는 천혜의 자원인 남해안을 세계적인 관광지로 개발하여, 새로운 남해안 시대를 구현키로 합의했다. 남해안권의 연계·협력형 관광 사업을 통해 세계적 관광·휴양벨트를 조성, 매력적인 관광휴양 거점을 육성한다는 계획이다. 이를 통해 남해안에 세계적인 휴양시설이 들어선다면 지중해나 미국의 선벨트에 맞먹는 '동북아의 지중해'로 만들 수 있으며, 새로운 경제거점으로 발전할 수 있다는 구상이다.[55]

어떤 형태로든 영호남 동서축이 구축된다면, 인프라 투자 정도로 그쳐서는 안 된다. 수도권 공공부문의 이전은 물론 민간기업의 투자를 적극 유도해야 한다. 특히 수도권에 몰려 있는 기업들이 지방으로 이전하기 위한 인센티브 제공이 무엇보다 중요한데, 법인세 등 세금 감면이 가장 효과적이

---

54 달빛내륙철도는 2021년 6월 29일 '제4차 국가철도망구축계획(2021~2030)'에 반영되었다. 이 노선은 총연장 198.8㎞ 단선으로 '대구-고령-합천-거창-함양-장수-남원-순창-담양-광주' 등 10개 지자체를 고속화 철도로 연결하는 사업으로 사업비는 총 4조 5,000억 원으로 추산된다. 국토교통부 철도산업위원회, "제4차 국가철도망구축계획(2021~2030)", 심의자료, 2021. 6. 29.

55 남해안권은 목포·신안·완도를 중심으로 한 다도해권과 여수·보성을 중심으로 한 남도문화권, 경남의 한려수도권, 부산의 도심형 관광권으로 거점을 구성하여, 체류형 휴양단지와 해양레포츠, 휴양·헬스케어, 도심형 해양관광단지, 우주·항공스페이스, 판타지 아일랜드를 조성한다는 계획이다. 국토교통부, "남해안권 발전종합계획 변경안", 제21회 국토정책위원회 회의자료, 2020. 6. 30.; 무등일보, "K-관광·휴양벨트 엮어 '동양의 지중해' 시대 연다", 2023. 10. 10.

다. 세금을 감면할 경우에도 지역 낙후도에 따라 차등화할 필요가 있다.[56] 기업들이 지방으로 이전을 하더라도 충청권 이하로는 고려하지 않기 때문에 지역발전 정도에 따라 감면 폭을 달리할 필요가 있다.

정리하자면, 그동안 역대 정부는 수도권 분산을 통한 균형발전 정책을 추진해 왔으나, 그 효과는 충청권을 벗어나지 못하는 한계를 보여 왔다. 서울에서 아무리 떠밀어도 기업들은 천안 밑으로는 내려가지 않는다. 일자리를 찾는 청년들도 마찬가지다. 수도권 규제로 서울을 벗어난 기업들은 주변 경기도 지역에서 맴돌고, 멀리 벗어난다 해도 충남 북부, 강원도 남부가 한계선이다. 정부의 공공기능 이전도 충청권 세종시나 대전시에서 머물러 있다.

지방이라고 다 같은 지방이 아니라는 말이다. 따라서 앞으로의 균형발전 정책은 충청권을 넘어 남부권에 초점을 맞출 필요가 있다. 내륙 동서횡축으로서 '달빛내륙철도축' 또는 해안 동서횡축으로서 '남해안 해양관광벨트'가 아니라면 개발잠재력이 높은 새로운 영호남 동서횡축을 설정하여 집중 투자하는 방향으로 국토정책의 기조를 전환하자는 것이다.

---

56 허문구, "김해시 미래전략산업 육성을 위한 혁신성장 역량진단과 대응방안", 「제182차 김해경제포럼 발표자료집」, 김해시, 2023. 10. 26.

05
국회 상원제 도입, 지역대표성 안정적 확보

1 국회 발언권의 불평등

국회는 국민 의견을 수렴하고 정책 결정을 위한 토론과 입법활동을 수행하는 기관으로 국민의 의사를 직접 반영하는 곳이다. 여기서 국회의원은 각 지역을 대표하여 지역사회 의견과 이해를 반영하고, 국가 차원에서의 문제를 토의하고 결정하는 역할을 한다. 그런데 우리나라 국회의원 선거구제는 지역 대표성을 심하게 왜곡시키고 있다. 선거구를 인구수 기준으로 구성하다 보니 수도권은 과잉 대표성을 띠고 있는 반면, 비수도권은 과소 대표성이라는 불평등의 문제를 지니고 있다. 제헌국회 때는 수도권의 국회의원과 지방의 국회의석 비율이 19.5 대 80.5이던 것이 점점 수도권 인구가 늘어나면서 20대 국회부터는 56.0 대 44.0로 역전되었다. 특단의 대책 없이 이대로 간다면 머지않아 수도권 국회의원 수가 전체의 70% 이상을 상회할 것으로 전망된다. 지방분권과 균형발전은 뒷전으로 밀려날 수밖에 없다.

실제 이 문제는 이미 현실이 되었다. 사례 하나를 들자면, 균형발전 차원에서 지방대학이 수도권으로 이전하지 못하도록 하는 내용의 법안이 지난 19대 국회에서 발의되어 소관 행안위를 통과하고 법사위에 상정되었으나,

당시 법사위 소속 수도권 국회의원들의 반대로 통과되지 못한 채 폐기된 바 있다. 20대 국회에서 동 법안이 다시 발의되었으나, 수도권 국회의원들의 반대로 행안위 심사도 못 한 채 폐기되고 말았다. 21대 국회에서는 이 법안을 누구 하나 발의조차 못했다. 대한민국은 이렇게 '수도권 공화국'을 향해 치닫고 있다. 인구 중심의 단원제 국회가 곧 수도권 중심의 국회로 치닫는 한 단면을 보여 주는 사례다.

이 같은 문제를 해소하기 위한 대안으로 농촌 선거구의 경우, 인구 기준에 못 미치더라도 가능한 한 기존 선거구를 유지토록 해야 한다는 의견도 있다. 농어촌 지역에서 다른 행정구역이나 선거구의 평균 면적을 크게 초과하는 선거구의 경우에는 설령 인구 하한선에 미달하더라도 하나의 선거구로 인정해야 한다는 것이다. 지방선거의 경우 공직선거법 제22조 단서에서 인구 5만 명 미만인 자치구·시·군에 최소 1명의 지역구 시·도의원 정수를 보장하고 있다. 지역 대표성을 부정하지 않는 한 국회의원 선거에서도 고려할 만한 주장이다. 하지만 이 제도를 시행한다 해도 인구절벽 위기에 직면한 비수도권에서 선거구를 확보하는 것은 쉽지 않은 일이다.

또 다른 방안으로는 지역대표형 비례대표제를 강화하자는 의견이다. 지금의 헌법 체제 안에서 가장 손쉽고 바람직한 방법으로 선거제도만 개편해서 지역균형 비례대표를 확보하면 된다는 얘기다. 현재의 지역구 의석을 줄이고 대신 비례대표 의석을 늘린 다음, 비례대표를 비수도권 지역대표 몫으로 배분하는 방식이다. 하지만 현재 지역구 국회의원들이 각 지역을 대표하고 있기 때문에 비례대표 의원까지 지역대표성을 가질 이유가 없다는 지적이 많다.

여러 의견이 있을 수 있으나 지역대표성은 무엇보다 안정적이고 확고한 틀을 갖추는 것이 핵심이다. 이런 관점에서 보면, 헌법상의 지역대표형 상원제를 상정할 수 있다. 국회의원 중 수도권 의원 비율 역시 인구에 비례하여 계속 늘고 있는 반면, 비수도권에서는 총선을 치를 때마다 선거구가 통합되고 의석이 줄었다. 이것은 단원제 국회가 가지고 있는 한계로서, 인구가 집중되는 수도권 이외의 지역 이해관계를 입법에 반영하기 어렵다. 이러한 관점에서 본다면, 국회 구조를 현행 단원제를 양원제로 전환할 필요가 있다. 이에 본 연구는 국회 상원제 도입을 위한 논거와 구성 가능성을 모색해 보고자 한다.

2   국회의원 선거구, 수도권 과잉 대표성

수도권 인구 쏠림 현상이 심화되면서 지방은 국회의원 정수가 줄고 지역 대표성도 축소되었다. 광역시와 특별자치시를 제외한 비수도권 지역 의석수는 2000년 제16대 총선 85석에서 최근 2022년 총선에서는 79석으로 6석이 감소했다. 이 기간 전체 지역구 의석수는 227석에서 254석으로 증가했는데, 늘어난 의석 대다수는 수도권에서 가져갔다. 같은 기간 서울·경기·인천의 의석수는 97석에서 122석으로 25석이 늘었다.[57]

국회의원 선거구 및 정수 변화추이

(단위: 명)

구 분		제16대 (2000)	제17대 (2004)	제18대 (2008)	제19대 (2012)	제20대 (2016)	제21대 (2020)	제22대 (2024)
수도권		97	109	111	112	122	121	122
비수도권	광역시	45	49	50	51	52	53	53
	도	85	85	84	83	79	79	79
전 국(비 례)		46	56	54	54	47	47	46
합 계		273	299	299	300	300	300	300

자료: 중앙선거관리위원회 선거통계시스템(2024. 4. 1.)

---

57 김갑영, "인구대표성 강화에 따른 국회의원 선거구의 공간적 변화 탐색", 「한국지리학회지」, 통권 25호, 한국지리학회, 2021.

심각한 문제는 비수도권 지역에서 의석이 감소함에 따라 농촌 대표성이 크게 약화된 것이다. 지역 인구를 최우선으로 선거구를 획정하다 보니 농촌지역에는 의석수가 감소할 뿐만 아니라 면적이 서울의 3배가 넘어 605㎢나 되는 공룡 선거구가 늘어나고 있다. 지역 면적이 2,000㎢ 이상인 거대 선거구가 제16대 총선까지 6개에 불과했던 것이 제21대 총선부터 13개 선거구로 두 배 이상 증가했다. 생활문화권이 다른 지역을 무리하게 하나의 선거구로 묶다 보니 동질성이 약한 선거구가 만들어지고, 지역 대표성도 미약할 수밖에 없다.[58]

국회의원 선거구 및 의원정수(22대 국회)

(단위: 명)

수도권		비수도권			
		광역시·특별자치시		도·특별자치도	
선거구	의원정수	선거구	의원정수	선거구	의원정수
서울특별시	48	부산광역시	18	강원도	8
인천광역시	14	대구광역시	12	충청북도	8
경기도	60	광주광역시	8	충청남도	11
-	-	대전광역시	7	전라북도	10
-	-	울산광역시	6	전라남도	10
-	-	세종특별자치시	2	경상북도	13
-	-	-	-	경상남도	16
-	-	-	-	제주특별자치도	3
합계	122	합계	53	합계	79

주: 전국 비례대표는 46명임.
자료: 중앙선거관리위원회 선거통계시스템(2024. 4. 1.)

---

58 농민신문, "20년간 수도권 의석수 24석 증가, 비수도권 6석 감소", 2023. 3. 15.

경북의 군위군, 의성군, 청송군, 영덕군 선거구가 대표적인 예이다. 지역 내 가장 서쪽에 위치한 의성군청에서 가장 동쪽에 있는 영덕군청까지는 차량으로 1시간 넘게 소요된다. 같은 생활권으로 보기 어렵다는 말이다. 또한 충북의 보은군, 옥천군, 영동군, 괴산군 선거구의 경우는 하나의 지역구로 묶여 있지만 지역 내 교통 연결성이 취약하고 인구 교류가 미미하다. 괴산군은 오히려 인접한 음성군이나 증평군, 청주시와 인구 교류가 활발한 편이다.

저출산·고령화에 따른 인구 자연감소가 앞으로도 농촌지역과 비수도권으로부터 심화되어 갈 것이기 때문에 인구수를 기준으로 한 선거구 획정은 비수도권의 목소리를 완전하게 외면하는 상황까지 이를 수 있다. 농촌 의석수가 감소하는 비수도권을 대변할 정치적 목소리가 사라질 것이기 때문이다. 그래서 지역 간 균형발전을 근본적으로 책임질 수 있는 헌법기관이 필요한 것이다.

3 지역대표형 사례: 미국, 독일, 프랑스

세계 각국의 상원제는 역사적으로 볼 때, 귀족에 의한 신분제 의회의 기존 정치세력을 제도권 안으로 끌어들이는 방향에서 도입되었거나, 연방제 국가에서 각 지역을 대표하는 역할을 담당하는 방식으로 구성되었다. 하지만 오늘날에는 상원이 지역을 대표하기도 하고 국민 혹은 각 직업군을 대표하기도 하는 등 다양한 유형의 상원제가 운영되고 있다. 그중에 지역대표성이 강하고, 상원과 하원이 대등한 권한을 가진 국가로는 미국과 독일, 프랑스가 대표적이다.[59]

---

59 영국과 프랑스의 경우는 하원에 권한이 집중되고 상원은 우선 발의권이 없거나, 약한 거부권을 가진

정치적 지역대표형, 미국의 상원

미국에서 상원제가 도입된 이유는 지방자치와 밀접한 관련이 있다. 처음 미국 헌법을 만들 때, 인구비례에 따라 지역구에서 의원을 선출하면 결과적으로는 인구가 많은 지역에서는 더 많은 의원을 배출하고 더 많은 예산을 받게 되는 구조였다. 이에 따라 인구가 적은 지역은 손해를 보고 정치적으로도 소외되는 불평등 문제가 발생했다. 이를 방지하기 위해 상원제가 도입된 것이다.

미국의 상원은 주 전체를 선거구로 하여 인구 규모와 상관없이 2명의 상원의원이 주민들에게 직접 선출되어 각 주를 대표한다.[60] 오늘날은 큰 주와 작은 주의 인구 격차가 많이 벌어져 주마다 의석을 2석씩 동수로 배정함에 따라 작은 주들의 입장이 과도하게 대표되고 있다는 비판이 제기되기도 한다. 그러나 연방국가로의 성립과정과 역사적 의미에 비추어 동수 배정을 유지해야 한다는 의견이 강하다.

그리고 상원은 지방정부의 법률적 지시나 간섭 없이 지역을 대표하고 선거 결과에 책임을 진다. 미국은 연방국가로서 상원이 강한 양원제 국가로 분류되며, 상원은 하원과 대등한 권한을 행사한다. 연방 헌법은 양원의 동의 없이 제정되거나 개폐될 수 없으며, 하원이 세입 법안을 먼저 심의할 수 있지만, 상원은 예산에 대한 권한 또한 다른 법률안과 마찬가지로 수정

양원제 국가로 분류되기도 한다. 영국은 상당수 세습 귀족이 국왕에 의해 임명되어 상원의원직을 유지하는 신분제 상원으로 20세기 들어 권한이 축소되는 경향을 보인다. 프랑스는 상원에 대한 하원의 우월성이 인정되는 약한 양원제 국가다. 예산안은 하원에 먼저 상정되고 최종 결정권도 하원이 행사하며 하원만이 내각 불신임권을 행사할 수 있다. 박세라·김수연, "지역대표형 상원제: 국내·외 사례와 도입의 필요성", 「분권레터」, Vol. 84, 대한민국시도지사협의회, 2021.

60 상원의원의 임기는 6년이며, 2년마다 100개 의석 중 1/3씩 연방 상원의원을 국민 직접선거로 선출하여 연방 상원에 보내는 형태다. Class1(총 33석. 현 의석의 임기는 2025년 1월 3일까지, 다음 선거는 2024년 11월 예정), Class2(총 33석. 현 의석의 임기는 2027년 1월 3일까지, 다음 선거는 2026년 11월 예정), Class3(총 34석. 현 의석의 임기는 2029년 1월 3일까지, 다음 선거는 2028년 11월 예정) 등 3개 Class로 나뉜다. 우리나라처럼 총선거를 통해 국회의원 전원을 뽑는 선거가 아니다.

권한을 가지고 있다. 그리고 미국 상원은 고위 공직후보자 인사청문, 인준 동의권과 조약비준권 등의 권한을 가지고 있다. 느슨한 지방정당 체제에서 개인의 역량이 중시되는 편이며, 정당의 영향력에서 비교적 자유롭고 하원의원보다 높은 위상과 명성을 누린다. 6년 임기에 인원도 많지 않다.

법률적 지역대표형, 독일의 상원

독일은 오랜 역사를 가진 연방국가로, 16개 주의 주 정부 각료와 주 정부 지사로 구성된 상원이 있다. 상원의 임기는 주 정부 각료의 임기와 일치하며, 주 정부에 의해 임명되고 소환된다. 각 주에는 인구를 기준으로 3~6명의 상원의원이 배정된다.[61] 상원의원은 지방정부의 법적 대표로서, 개인의 의사와는 무관하게 주 정부의 훈령에 따라 일괄적으로 투표내용이 결정된다. 주 정부 훈령과 다른 투표는 무효가 된다. 상원은 하원과 마찬가지로 연방 대통령을 탄핵 소추할 수 있고, 연방헌법재판소의 재판관 절반을 선출하는 등 주요 인물에 대한 지명권을 가지고 있으며, 법률안을 제출할 수 있는 권한도 있다.

연방정부의 법률안은 상원인 연방참사원을 거쳐 하원인 연방의회에 제출되어야 하며, 연방참사원의 법률안은 연방정부를 거쳐 연방의회에 제출된다. 2006년 기본법 개정 이전까지 독일 상원은 거부권을 절대적으로 행사할 수 있는 정도였으며, 연방의회 처리 법안의 약 60%에 해당하는 법안을 거부할 수 있었다. 그러나 기본법 개정을 통해 상원의 거부권 행사 비율은 약 40%로 낮아졌다. 이 개정으로 상원은 승인이 필요한 입법영역이 축소되고 주 의회의 입법권이 확대되었다.

연방참사원은 중앙과 지방의 권한 균형을 맞추기 위해 탄생했기 때문에

---

61 최용환 외,「지방분권과 지역균형발전 차원에서 양원제 의회제도 도입방안에 관한 연구」, 기획과제, 충북연구원, 2021.

지방자치와 지방분권에 큰 의미를 가지고 있다. 즉, 연방참사원은 연방정부와의 관계에서 지방에 영향을 미칠 수 있는 정책이나 법안에 대해 협력하고 협조하는 관계를 형성하고 있으며, 이러한 기능은 헌법적으로 부여되어 있다. 지방의 중요한 이익과 관련된 법률의 경우 동의권을 허용하여 공동으로 결정할 수 있도록 하고, 이의를 제기할 수 있는 권한으로 인해 숙의민주주의에 기여하고 중앙정부의 권한 행사를 견제하고 있다.

지방정부 대표형, 프랑스의 상원

프랑스는 연방국가가 아님에도 불구하고 양원제를 채택하고 있다. 상원은 지방자치단체 대표다. 헌법에 의하면 상원과 하원은 동일한 권한을 가진다.[62] 법안이 통과되려면 상원과 국민의회의 의견이 일치되어야 하지만, 국민의회와 의견이 일치되지 않으면 국민의회에 최종적인 투표권한을 넘긴다. 특정 사안에 대해 여론의 영향이 크게 발산되거나 분쟁이 격화되면 국민의회가 상원의 거부권 행사를 묻는다. 이 때문에 국민의회가 상원보다 의결권의 비중이 크다.

프랑스의 상원은 독일의 상원이 지역을 대표하는 것에 비해 보다 작은 소규모 지방정부를 대표한다. 상원의원은 각 지방정부 대표·의원과 하원의원으로 구성된 15만 명의 선거인단에서 간선으로 선출되는데 선거인단의 95%는 약 3만 7천 개 코뮌의 의원들이며 코뮌의 대다수는 농촌 코뮌이다. 이러한 점에서 프랑스 상원은 작은 기초자치구역인 코뮌을 과다 대표하는 반면 광역자치구역인 레지옹을 과소 대표하고 있다고 평가된다. 한

---

62 프랑스 헌법 제4장 24조에는 다음과 같이 규정하고 있다. ① 의회는 법을 의결한다. 의회는 정부의 활동을 감시한다. 의회는 공공정책을 평가한다. ② 의회는 하원과 상원(Sénat)으로 구성된다. ③ 하원의원의 수는 577인을 초과할 수 없으며, 직접선거에 의해 선출된다. ④ 상원의원의 수는 348인을 초과할 수 없으며, 간접선거에 의해 선출된다. 상원은 공화국의 지방자치단체들을 대표하여 구성된다. ⑤ 재외 프랑스인들은 하원과 상원에 자신들을 대표할 의원을 선출한다.

편, 상원은 간접선거로 의회가 구성되기 때문에, 상원은 국민의회보다 권한이 약한 편이지만, 소외되기 쉬운 기초 지방정부의 참여 기회를 넓힐 수 있다는 장점을 가지고 있다.[63]

우리나라의 총리에게는 국회임시회 소집권, 소집요구권이 없지만, 프랑스 총리는 의회에 대해서도 실질적 권한을 가진다. 특정사안에 대한 의회 임시회 소집권이다. 또한 대통령의 임시회 소집요구권도 제한적이다. 프랑스는 총리가 의회에서 선출되던 개정 전 헌법의 특징이 일정 정도 유지되고 있다. 프랑스 헌법은 총리와 의회의 관계에서 대통령제 국가임에도 상호연관성이 강한 독특한 제도다.

4 국회 양원제의 특징과 장단점

양원제의 형태와 의미

양원제(bicameralism) 또는 이원제는 국회를 두 개의 원으로 구성하는 체제로서 다원제(multicameralism)의 일종이다. 이와 달리 하나의 원으로만 구성하는 것을 단원제(unicameralism) 또는 일원제라고 한다. 양원제 의회는 기능에 따라 상원(upper house) 또는 제1원(first chamber)과 하원(lower house) 또는 제2원(second chamber)으로 분류한다. 상원과 하원이라는 용어는 미국에서 처음 사용했는데, 의회제도를 도입하면서 인원이 많은 하원은 아래층에, 인원이 적은 상원은 위층에 자리를 위치한 것에 유래하고 있다.

양원제는 다원제의 일종이라고 하지만, 현재 다원제 의회는 양원제뿐이며, 세 개 이상의 원으로 구성된 의회는 존재하지 않는다. 상원과 하원 이

---

63 박세라·김수연, "지역대표형 상원제: 국내·외 사례와 도입의 필요성", 「분권레터」, Vol. 84, 대한민국시도지사협의회, 2021.

외에 설치하게 될 제3원을 대표할 계층이 존재하지 않으므로, 구태여 양원제 이외의 다원제는 의미가 없다.[64] 입헌군주제에서의 상원은 귀족 등의 상류층을 대변하고, 하원은 서민들을 포함한 중·하류층을 대변하는 형태이다. 이와 달리 연방제에서는 상원이 주의 대표 자격을 가지며, 하원이 시민 대표의 자격을 가진다.

양원 간의 공식적인 등급과 실권의 크기는 국가마다 조금씩 다르다. 대체로 동등한 관계이지만, 하원의 권한이 우월하고 상원은 하원을 보조·견제하는 역할인 나라가 많다. 물론 미국처럼 상원과 하원이 실질적으로 대등한 나라도 있긴 하지만, 미국을 제외한다면 요즘 민주주의 국가 중에서 상원의 힘이 하원을 압도하는 경우는 드물다.[65]

양원제의 장점과 단점

일반론적으로 양원제 체제는 장점도 있을 수 있고 단점도 있을 수 있다. 의회 운영의 측면에서 양원제는 단원제보다 분명히 비효율적이다. 그렇지만 비효율성 이면에 의정활동의 안정성은 역사적 전통성, 공화성과 함께 양원제가 유지되는 큰 이유 중 하나다. 국가권력을 분산하고 상호 견제하기 위해 입법, 사법, 행정 등의 삼권으로 분리한 것이라면, 상원과 하원의 분리는 양원의 분산과 견제를 통한 권력의 조절을 추구한다. 그래서 양원제 의회제도를 가진 나라는 단원제 의회에서보다 더 오랜 시간 숙고하

---

64 계층이 더 세부적으로 나뉘어졌던 과거에는 3원 이상의 의회를 구성한 바가 있었다. 앙시앵 레짐(Ancien Régime) 아래에서의 프랑스 삼부회가 대표적이다. 이 밖에 남아프리카 공화국이 3원제 의회를 결성한 바는 있지만, 다원제 의회를 추구하기보다는 의회에서조차 인종별로 섞이지 못하게 하려는 인종차별의 목적으로 이렇게 만든 것이니 결코 정상적인 정치체제라고 할 수 없다. 현재 남아공은 영국식 양원제를 도입한 상태다.

65 영연방의 영어권 국가들 중 양원제를 채택한 나라들은 하원이 절대적 우위에 있다 보니 MP(Member of Parliament)라는 직함을 하원의원한테만 쓰는 게 일반적이다. 상원의원은 Lord·Lady 또는 Peer(영국)나 Senator(영국 외)로만 부르지 MP라고 지칭하지 않는다.

여 제도를 운용하게 된다. 이러한 관점에서 양원제의 장점은 무엇보다 의사결정의 신중함이다. 입법상 합의 과정이 둘로 나뉜 비효율성 때문에 빠른 합의가 힘들다는 것은 곧 신중함과 인내심이 요구됨을 의미한다. 예를 들어 부적절한 사안임에도 불구하고 하원에서 가결될 경우 상원에서 거부권을 행사하거나, 반대로 하원에서 부결된 사안을 상원에서 통과시키거나 혹은 가결을 촉구하는 등 여러 단계가 요구된다.

그리고 삼권분립에서 입법부는 여론에 가장 직접적인 영향을 받기 때문에 가장 일선에서 물갈이가 이루어지는 곳이고, 선거철이 아니더라도 여론의 압박을 크게 받는다. 이 현상을 무조건 문제라 할 순 없지만, 의회의 정책 일관성과 안정성 부족은 그 자체로 문제가 될 수 있다. 이때 양원제 의회라고 한다면, 허니문 선거나 정권심판론, 정치스캔들 등으로 변화무쌍한 여론 앞에서 그나마 장기적이고 안정적인 운영이 가능해진다. 또 삼권의 균형을 위해 의도적으로 의회의 힘을 낮추고자 한다면, 양원제를 통해서 의회의 힘을 제도적으로 누를 수도 있다. 그 밖에 지역구와 비례대표의 여부, 지역별 할당, 계층별 할당, 구체적인 지역구의 설정 등 의회 구성에 대한 다양한 의견을 절충할 수 있다는 장점이 있다.

양원제와 단원제 장단점 비교

구 분	양원제	단원제
철학적 기반 역사적 기반	• 다원적 국민 요소 반영 • 민선의원의 급진적 경향 견재 • 보수적 자유주의	• 국민의사의 단일성, 통일성 • 귀족원 형성에 대한 우려 • 프랑스 추상적 합리주의
긍정적 요소	• 견재와 균형의 원리 • 숙고와 신중함	• 의회의 안정성 • 효율성과 신속성

자료: 최용환 외(2021) 참조 작성.

반대로 단점도 없지 않다. 프랑스에서 시민혁명이 발발하고 대의제가 처음으로 운영될 때부터 시민의 여론을 일관성 있게 수렴하기 위해서는 단일한 의회가 필요하다는 의견이 많았고, 그것이 자연스러운 것으로 여겨졌다. 즉, 비효율성과 추가적인 비용 문제다. 입법 과정을 안정적이고 신중하게 처리한다는 것은 입법에 들어가는 시간과 비용이 늘어난다는 것을 의미한다. 또 시급한 문제가 닥쳤을 때 법안 통과가 지체되는 등의 문제를 발생시킬 수 있으며, 더 나아가 대내외적 환경변화에 적극적으로 대응하기보다는 기존의 관습과 제도에 얽매일 수 있다는 지적이다.

그리고 의회기능이 분산됨에 따라 양원 간의 권한과 역할이 불분명해질 수 있으며, 이는 회기나 의원의 구성, 선발 방법에 따른 기회비용을 발생시킨다. 특권 계급이 존재하는 양원제인 경우, 시대가 바뀌면서 특권 계급의 의미가 약화되고 마찬가지로 해당 의회의 기능도 약화되어 실질적인 역할이 줄어들 수밖에 없다. 실제로 영국의 상원인 귀족원은 성직 귀족과 세속 귀족 등으로 구성되어 있는데, 시간이 흐르면서 권한이 축소되었으며, 일반인으로 선출하자거나 아예 폐지하자는 의견도 적지 않다. 미국 연방상원처럼 주마다 동일한 의원 수를 배정할 경우에는 인구가 적은 주의 과잉 대표성 문제도 제기된다. 그래서 독일 연방상원의 경우, 약간의 비례성을 고려하여 인구가 가장 많은 주는 가장 적은 주의 두 배 의석을 가지도록 조정한 바 있다.

5 상원제의 유형과 구성방식

우리나라에서 지역대표형 상원제를 도입한다면, 입법부 내에서 지방이 직접적인 몫을 가질 수 있도록 구조화하는 것이 가장 바람직하다. 지방정부가 주민의 삶에 보다 적극적인 공동체의 정책결정을 하기 위해서는 지방정부의 의사결정이 지역 안에서 자유롭게 집행될 수 있을 뿐만 아니라 국가차원에서도 그러한 정책이 수용될 수 있는 틀이 마련되어야 한다.[66] 그리고 상원의원의 선출과 대표성, 권한의 크기를 결정할 때 민주적 정당성의 크기를 고려하여야 한다. 이러한 점에서 상원의 선출을 직접선거에 의할 것인지, 간접선거에 의할 것인지, 기선출된 대표기관에 의해 임명되는 것으로 할 것인지에 따라 달라질 수 있다.

선거구 설정에 있어서도 현재의 광역지자체 기준으로 이에 따라 상원의원 선출권을 부여할 것인지 아니면 새로운 광역권을 구성하여 상원의원 선출권을 부여할 것인지에 대한 판단도 중요하다. 추가적으로 인구비례적 요소나 자치단체의 크기 등을 고려하여 권역을 배분할 것인지, 아니면 획일적으로 동수의 의석을 배분할 것인지에 대한 문제도 있다. 또한, 상원의원의 수를 얼마로 규정할 것인가에 대한 문제도 관건이다. 현재 지역구 국회의원 수는 200인 이상으로 규정하고 있다. 현재 300인의 국회의원 수를 하원으로 그대로 유지한 채 상원의원 수를 늘릴 수도 있고, 기존 의원 수를 줄이고 이를 고려하여 상원의원 수를 배정하는 방법도 있을 수 있다.

그리고 양원제 도입의 성공 조건으로, 하원과 경쟁하는 기관으로서가 아니라 하원이 행하는 기능을 보완하는 역할을 지향하고, 지역대표성과 직능대표성을 결합, 기존의 국회 구성방식의 개선과 접목하는 수준, 점진적이고 유연한 도입방식을 취하는 것이 바람직하다. 또 기본적으로 상원이 국회의 입법기관으로서 기능하기 때문에 입법권은 당연히 포함되어야 하겠지만, 법률안 발의권과 의결권에서 지역대표성이라는 성격에 비추어 지방에 영향을 미치는 입법에 한정하여 인정할 것인지, 또는 특정 범위에서 배타적 동의권을 부여할 것인지 등을 고려해야 한다. 하원이 가지는 재정

---

66 정상우, "지방분권형 헌법개정", 「공법학연구」, 제17권 제4호, 한국공법학회, 2016.

에 관한 권한이라든지 행정부에 대한 견제 권한 등을 하원과 동일한 수준에서 부여할 것인지 여부도 관건이다.

그리고 외교, 국방 등 주요 대외정책에 관하여 하원과 동일한 권한을 부여할 것인지에 대해서도 판단해야 한다. 본질적으로 입법기관으로서 권력분립에 따라 집행부 권력에 대한 견제작용을 담당하는 것이 맞고, 그래야 하원의 하부기관 내지 종속기관이 아니라 보다 강력하고 독립적인 상원으로서 기능할 수 있다. 다만, 상원의 성격이 지역대표성이고, 국민전체의 대표기관으로서 하원의 역할을 인정한다면, 상원은 권력 균형상 외교나 국방 등의 중요한 국가정책에 관해 직접 관여하는 권한보다는 하원과 대통령의 중재자 역할을 하는 기능을 부여하는 방안도 고려해 볼 수 있다.

우리가 상원제를 도입한다면, 이 밖에도 여러 가지 검토사항이 있을 수 있다. 즉, 상원의 선출 방법과 위임의 성격, 선출 지역 설정과 의원 수 배정, 권한과 임기, 선출 시기 등에 대한 충분한 논의가 필요할 것이다.

상원제 유형과 구성방식 예시

구분	직선제	직선제+당연직	간선제	임명제
선거권자	지역주민	지역주민	지방의회 (또는 선거인단)	지방의회 (또는 지방정부의 장)
선거구	시·도별 또는 별도 권역별 선출	시·도별(별도 광역별 구성 병행)	시·도별(선거인단에 의할 경우, 권역별 구성)	시·도별 또는 별도 권역별 선출
권한	하원과 대등 또는 지방 관련 정책에 한하여 강력한 권한 부여	하원에 준하는 수준, 지방 관련 정책에 한하여 강력한 권한 부여	지방 관련 정책에 한하여 강력한 권한 부여	지방 관련 정책에 한하여 강력한 권한 부여(민주적 정당성 취약)

자료: 최용환 외(2021) 참조 작성.

6 지역대표성 안정적 확보

세계적으로 미국, 독일, 프랑스, 영국 등 서방 선진국들을 비롯한 G7 국가 모두 양원제를 시행하고 있고, OECD 37개국 중 20개국이 양원제를 실시하고 있다. 인구 1,200만 명 이상의 OECD 15개 국가 중 양원제를 채택하지 않은 나라는 튀르키예와 한국뿐이다.[67] 그렇지만 우리에게도 생소한 제도는 아니다. 1952년 제1차 개정헌법에서 처음으로 하원인 민의원과 상원인 참의원을 도입하여 양원제를 규정했다. 그로부터 약 10년이 넘도록 헌법에 양원제 규정이 존재했었고, 제2공화국 때는 9개월이라는 짧은 기간이지만 상원을 운영한 경험이 있다. 당시 양원제 도입은 대통령에게 집중된 권력의 분산이라는 명목이 컸으나, 최근의 양원제 논의는 지방의 목소리를 대변하고 수도권 일극체제를 완화하는 제도적 장치로서 지역대표형 상원제에 관한 논의이다.

2000년대 이후 단원제 국회의 한계와 단원제하에서의 소선거구제 운영에 있어 1인 대표 선출에 따른 국민의 투표 가치의 상실 등 많은 문제가 지적되어 왔다. 이러한 상황에서 2006년 한국헌법학회 헌법 개정안에서 2018년 국회 헌법개정특별위원회 자문단의 헌법개정보고서에 이르기까지 지역대표성 확보 차원에서 상원제 도입에 대한 논의와 지방분권형 개헌논의가 활발하게 전개되어 왔다. 최근에는 대통령 중임제, 사회권 보장, 헌법정신에 대한 재조명 등 여러 가지 이유로 개헌에 대한 목소리가 높아지고 있다. 따라서 상원제 도입 등 지방분권형 개헌에 대한 논의도 다시 본격화할 필요가 있다.

상원제의 형태는 미국처럼 의석수를 주별 동수로 배정하든, 독일처럼 인

---

[67] 박세라·김수연, "지역대표형 상원제: 국내·외 사례와 도입의 필요성", 「분권레터」, Vol. 84, 대한민국시도지사협의회, 2021.

구 가중치를 반영하든, 정도의 차이는 있지만, 인구가 적은 지역도 인구비례보다는 많은 의석이 배분되어 지역대표성을 강화하고 입법과정에서 농촌지역을 비롯한 비수도권의 국정 참여를 촉진시킬 수 있다. 이 밖에 지역대표형 상원은 승자독점의 다수결 민주주의가 야기하는 지역 할거주의를 예방하고 지역갈등을 해소하는 데도 도움을 준다.[68] 또한 정당 간의 대립과 갈등을 완화하고, 평화통일과 한반도 통일의 국민통합을 도모할 수 있는 제도로 활용될 수도 있다. 아울러 지역대표형 상원은 정치체제의 견제와 균형을 강화함으로써 국회 위상은 물론 한국 정치의 선진화에도 기여할 수 있다.

---

68 안성호, "지방분권의 논거와 성과 그리고 과제", 「지방분권연구회 제5차 워크숍 자료집」, 충남발전연구원, 2011.

제2부
한국대학의 위기, 21세기형 대학 모델 구상

대학은 학문을 탐구하는 집단이다. 순수학문이든 실용학문이든 대학은 지식을 체계적으로 전수하고 익히면서 새로운 세계의 문을 열어 가야 한다. 그러나 언제부터인가 우리의 대학은 오로지 취업만을 목표로 하는 집단으로 변질되었다. 대학은 학문을 연구하고 교육하는 일에 충실하고, 취업은 학문의 성취자를 채용하는 선순환 구조는 사라졌다. 게다가 학령인구 감소에 따른 충원난과 재정난, 대학의 풍토, 대학 구성원의 의식, 교육 방법의 혁신, 직업 생태계의 급변 등 복합 위기에 직면해 있다. 그래서 한국대학 체제에 대한 근본적인 변화가 요구된다.

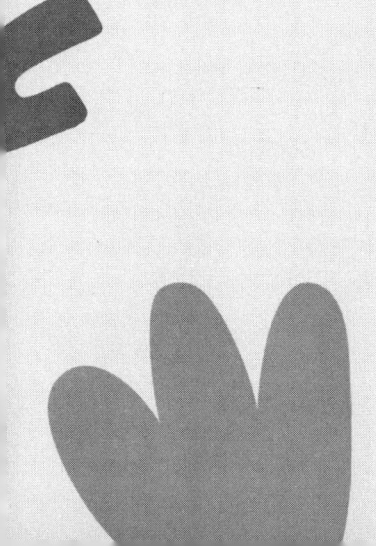

06
1층이 부실하면 2층은 불안하다. 인문학의 부활!

1 잊혀진 인문학, 다시 생각하는 인문학

2000년대 접어들면서 한동안 대학사회를 뜨겁게 달궜던 이슈 중 하나는 인문학 위기를 둘러싼 논란이었다. 그동안 관심 밖으로 밀려나 있었지만, 챗GPT, 로봇과 같은 인공지능(AI)의 등장으로 인하여 다시금 인문학의 중요성을 강조하지 않을 수 없다. 잘 드는 칼이 요리사의 손에 쥐어지면 맛있는 음식을 만들지만, 강도의 손에 들어가면 사람을 해치는 흉기가 될 수 있기 때문이다. 인문학이 튼튼하게 받쳐 줘야만 상상도 하지 못했던 능력을 발휘하고 있는 인공지능이 바람직하게 쓰일 수 있다는 말이다. 1층이 부실하면 2층은 불안할 수밖에 없다.

인문학이란 자연과학의 상대적인 개념으로 주로 인간과 관련된 근원적인 문제나 사상, 문화 등을 중심적으로 연구하는 학문을 지칭한다. 자연과학이 객관적인 자연현상을 다루는 학문인 것에 반해 인문학은 인간의 가치와 관련된 문제를 연구의 영역으로 삼는다. 미국 국회법에 규정된 내용을 바탕으로 볼 때, 인문학은 언어·언어학, 문학, 역사, 법률, 철학, 고고학, 예술사, 비평, 예술의 이론과 실천 그리고 인간을 내용으로 하는 학문을 일컫는다. 즉, 인문학은 인간의 삶, 사고 또는 인간다움 등 인간의 근원 문제를 탐구하는 공부다. 인간 본질에 대해 분석적이고도 비판적으로 접근하면서 인간의 사상과 문화에 대한 종합적 성찰과 이해를 목표로 한다.[69]

이러한 인문학이 설 자리를 잃었다. 한국사회와 대학에서는 인문학 저변의 약화, 인문학 전문가 그룹의 축소, 인문학 후속세대 양성 차질 등 전반에서 위기를 겪고 있다. 우리나라는 그동안 과학입국을 통해 압축적 고도성장에 성공했고, 경제적인 측면에서는 선진국 수준에 근접하게 되었다. 한국의 경제발전에 있어서 과학기술의 공로가 컸고, 이러한 역할과 기여는 앞으로도 지속될 것으로 보인다. 그러나 반세기를 훨씬 넘기는 동안 무한경쟁과 성장 위주의 국가발전을 도모해 오면서 존엄하고 품위 있는 삶을 담보할 가치들은 홀대받았고 사회안전망은 무너졌으며, 학문의 균형발전은 붕괴되었다.

더구나 취업 지상주의와 경제 논리가 지배하면서 대학은 삶의 현장이 아닌, 취업 현장으로 나가는 단계적이고 한시적인 수단으로 전락해 버렸다. 자연스럽게 인문학도 그 지위와 영향력에서 약세를 면치 못하게 되었다. 기업이 문과 졸업생을 외면하고, 정부가 취업률을 기준으로 대학 구조조정을 밀어붙이고, 대학들이 이를 수동적이고 적극적으로 받아들인 결과이다.[70] 기업의 외면은 그렇다 치더라도 대학 스스로가 학문적 기반을 무너뜨렸다는 점에서 동정의 여지도 없다. 이렇게 대학의 급격한 시장주의화가 인문학 공동화를 초래한 것이다. 강조하건대 인문학의 바탕 위에 공학과 과학은 발전해야 하고, 그것이 자칫 방향을 잃었을 때, 다시 방향을 물어볼 수 있는 곳 또한 인문학일 수밖에 없다.

---

69 이명균, "인문학의 중요성, 필요성, 교육방법", 경북매일, 2022. 9. 7.
70 인문학 위기 인과관계는 '기업의 외면→정부의 구조조정→끌려가는 대학→인문계열 공동화'로 볼 수 있다.

2 정부 대학구조개혁은 인문학 몰아내기

전국 모든 대학을 같은 잣대로 평가

인문학 위기는 어떻게 확인되고 있는가? 대학 내 인문계열 학과가 사라지거나 통폐합되는 것, 인문학 대학원에 진학하는 학생이 줄고 있는 것, 인문학에 대한 정부의 연구비 지원체계가 미미한 것 등 인문학에 관련된 어느 하나 원활한 것이 없다. 가장 눈에 띄는 것은 대학에서 인문계열 학과가 자취를 감추었다는 점이다. 취업시장에서의 소외와 대학들이 구조개혁을 단행하면서 최우선으로 없애 버렸기 때문이다. 공학계열 중심의 구조조정이 강화되면서 기초·순수 학문 전공학과의 입학정원이 대폭 감소했다. 전국 대학의 인문계열 학과 수와 입학정원은 2012년 976개 학과 4만 6,108명에서 2020년 828개 학과 3만 7,352명으로 8년 사이 148개 학과가 사라지고, 입학정원은 8,756명 줄었다. 서울소재 대학에서는 2019년 이후 3년간 인문·사회 계열 17개 학과가 사라진 반면, 공학계열은 23개 학과가 신설된 것으로 나타났다.[71] 인문학 쇠퇴 현상은 국립대도 다르지 않고 서울소재 대학들도 마찬가지다.

이는 정부의 대학구조개혁 평가와 직접적으로 관련되어 있는데, 평가결과에 따라 하위 등급에 속하는 대학은 정부의 재정지원을 받을 수 없다. 여기서 중요하게 작용하는 것이 바로 취업률이다.[72] 정부가 청년 취업난을 대학의 탓으로 돌리고 결과 중심의 잣대를 들이밀었다. 재정지원을 받아야만 하는 대학의 입장에서 초연하기란 쉽지 않을 수 있다. 결국 취업률이 낮은 인문계열 학과들은 눈엣가시 같은 존재가 되었고, 대학은 그 명칭에

---

71 한국대학신문, "서울소재 대학 3년간 학과 통폐합 현황 봤더니 인문학 17개과 폐과, 공대 23개과 신설", 2022. 9. 28.
72 교육부, "2023학년도 정부 재정지원제한대학 평가 및 2022~2024년 일반재정지원 대학 추가 선정 가결과 발표", 보도자료, 2022. 5. 17.

걸맞지 않게 학문으로써의 인문학을 포기해 버렸다.

2023학년도 정부 재정지원 제한대학 평가지표

항 목	평가지표
교육여건	교육비 환원율
	전임교원 확보율
교육성과	신입생 충원율
	재학생 충원율
	졸업생 취업률
행·재정 책무성	법인 책무성
	대학 책무성

자료: 교육부(2022. 5. 17.)

정부의 연구비 지원도 인문학 차별

연구비도 이공계에 비하면 보잘것없다. 2020년 기준 이공계 분야의 전임교원 1인당 연구비는 1억 1,470만 원인 데 비하여 인문·사회 분야는 1,430만 원에 불과하다.[73] 이공계 교수의 연구비가 인문·사회보다 8배 이상 많다. 교수 1인당 과제 수도 이공계는 0.9건, 인문·사회는 0.1건으로 9배 차이가 난다. 역대 정부마다 학문 연구·개발(R&D)의 중요성을 강조해 왔지만, 기초과학·기술 분야에 밀려 인문·사회 분야에 대한 지원은 거의 이뤄지지 않았다. 한국연구재단 자료에 따르면, 2021년 정부 R&D 예산 27조 4,005억 원 중 인문·사회 순수 R&D 예산은 1.2%인 3,226억 원에 그쳤다. 5년 전인 2017년 인문·사회 R&D 예산은 전체 R&D의 1.6%에 불과했는데, 그보다 더 줄어든 것이다. 정부의 R&D 예산 자체는 2017

---

73 인문·사회 분야 R&D 예산은 인문·사회기초연구, 인문학진흥, 한국학진흥, 사회과학연구지원, 고전문헌국역지원, 글로벌연구네트워크, 한중연구, 고전번역원출연 등이다. 중앙일보, "정부 R&D예산 중 인문학은 1%", 2023. 3. 24.

년 19조 4,615억 원과 비교해 40.8%나 증가했지만, 대부분 예산이 이공계에 집중되었기 때문이다.

정부 R&D 예산과 인문·사회 예산 비교

(단위: 억 원, %)

구 분	2017	2018	2019	2020	2021	연평균 증가율
전제 R&D 예산(A)	194,615	196,681	205,328	242,195	274,005	8.9
인문·사회 R&D 예산(B)	3,064	2,980	3,340	3,203	3,226	1.3
B/A	1.6	1.5	1.6	1.3	1.2	-

자료: 과학기술정보통신부·교육부·국회교육위원회(2023), 중앙일보(2023. 3. 24.)

연구과제 수도 이공계에 집중되었다. 2021학년도 전국대학 연구실태조사에 따르면, 정부의 인문·사회 연구비 과제 수는 5,967건으로 이공계 과제 수 38,485건의 1/6 수준이다. 얼마나 많은 교원들이 연구비 사업에 참여했는지 나타내는 연구과제 수혜율도 인문·사회 계열 교수는 13.1% 수준으로 이공계 교수 42.1%에 비해 1/3 수준에 불과하다.[74]

연구비 예산의 한계는 학문 후속세대 양성에도 큰 장애물이다. 당장 연구학생 인건비부터 인문·사회와 이공계는 출발점이 다르다. 학생 인건비 지급 기준에 따르면, 인문·사회 연구학생은 학사과정이 월 100만 원, 석사과정이 월 180만 원, 박사과정이 월 250만 원 이하로 규정돼 있다. 반면 이공계 학사과정 연구학생 인건비는 월 250만 원 이상을 지급했다. 인문·사회 연구학생이 받을 수 있는 최대치가 이공계에선 최소 금액인 셈이다.

---

74 한국연구재단, 「2021년도 대학연구활동 실태조사 분석보고서」, 2022.

인문·사회 및 이공계 연구과제수 및 연구비 비교

구분	연구과제수 (건)	연구비 (만 원)	연구책임자수 (명)	연구비 수혜율(%)	1인당연구비 (만 원)
인문사회	5,967	46,718,100	4,281	13.1	1,430
이공계열	38,485	483,814,700	32,688	42.1	11,470

자료: 과학기술정보통신부·교육부·국회교육위원회(2023), 중앙일보(2023. 3. 24.)

3 인문학 쇠퇴, 정부·대학·인문학자의 책임

대학의 기업화, 시장논리가 대학을 지배

오늘날 한국대학이 처한 문제 중 가장 심각한 것은 자본에 종속되었다는 점이다. 신자유주의의 확산으로 자본 권력이 대학을 점령하고, 시장 논리가 우위를 점하면서 기업화가 급속히 진행되었다. 중앙대 김누리(2023) 교수 주장처럼 대학은 이미 진리와 정의를 추구하는 학문 공동체로서의 역할을 잃었다.[75] 돈을 벌지 못하는 학과는 존재할 수 없으며, 기업이 선호하는 인재를 양성하는 고등직업훈련소만 남아 있다. 대학의 물리적인 환경과 정신적인 면도 완전히 변질되었다. 대학 캠퍼스는 기업의 건물, 홍보물, 취업 안내판으로 가득 차 있다. 자본은 건물을 지어 주거나 연구비를 지원하는 방식으로 대학을 지배해 왔으며, 시장은 경쟁력, 수익성, 효율성 등 경영 논리를 강요하면서 대학을 통제해 왔다.

모 대기업은 S대학 인수를 통해 반도체 시스템 공학과와 휴대폰 학과 등을 개설했으며, 재단 전입금 대부분을 해당 학과와 의대, 병원 운영비에 사용하고 있다. 비슷한 사례로 C대학의 경우도 모 대기업이 인수하면서 교양 교과목을 대폭 축소했으며, 회계과목을 졸업 필수과목으로 지정하고

---

75 김누리, "자본에 점령당한 한국대학", 한겨레, 2014. 2. 2.

취업률을 기준으로 학과를 개편하고 경영대 정원을 크게 늘린 바 있다.[76)]

한편에서는 시장논리에 의해 무장한 재벌언론이 대학평가의 권력을 휘두르면서 대학을 그들의 포로로 만들어 버렸다. 대학은 자신을 지키는 언어, 담론, 이념을 형성하지 못하고 자본 권력과 시장 논리에 맞추어 굴복하고 끌려다니고 있다. 국립대학도 예외가 아니다. 기초학문에 대한 교원 충원과 지원에는 소홀히 한 반면, 경영학이나 공학계열과 취업에 유리한 학과나 의대, 병원 등 직접적인 수익을 가져오는 분야에는 전폭적으로 지원하고 있다. 이처럼 시장 논리가 인문학의 자리를 잃게 한 첫 번째 원인이라고 볼 수 있다.

시장을 추종하는 정부, 대학을 통제하는 정부

정부는 시장의 잣대로 대학 구조조정을 자행해 왔다. 이명박 대통령은 후보시절 취업률을 높이는 대학에 재정지원을 확대하겠다며 '취업률 100% 대학 프로젝트'를 대선 공약으로 내세운 바 있다. 집권 첫해부터 각종 대학재정 지원사업을 '대학교육역량 강화사업'이라는 미명하에 통합하고, 사업대상 선정과정에서 취업률을 무려 25%나 반영했다. 물론 독립 예술인이나 시인, 소설가, 개인사업자 등 프리랜서는 취업에 포함시키지 않았다. 이렇게 취업률이 핵심 평가지표로 사용됨에 따라 비인기 학과들은 서슴없이 통폐합 또는 폐과되었고 인문학, 문화예술과 기초학문 기반은 붕괴되었다.

이명박 정부뿐만 아니라 역대 정부가 추진해 온 일련의 대학구조조정 시책은 대학의 본질을 훼손하고 교육기반을 붕괴 위기로 내모는 등 부작용만 초래했다. 무엇보다 대학과 그 구성원 모두를 무한경쟁으로 내몰았

---

76 대학신문, "기업에 사로잡힌 대학, 대학의 공공성과 독립성은 어디로", 2014. 4. 13.

다. 대학은 정부의 재정지원사업으로, 교수와 직원은 업무실적으로 평가받아야만 했고, 평가결과에 따라 국고지원금이나 연봉이 달라지기도 했다. 학생들은 떠밀리다시피 입학과 동시에 취업을 준비하면서 스펙경쟁, 성적경쟁에 시달려야 했다.

학생들이 졸업할 시기가 되면 자신은 물론 대학 본부와 교수·직원 등 대학의 행정시스템이 오로지 졸업생들의 취직 여부에 맞춰졌다. 이 과정에서 취업이 안 되는 학과는 통폐합시키거나 과감하게 폐과시키는 대학들이 줄을 이었다. 이처럼 취업률을 기준으로 대학을 평가하는 나라는 대한민국 외에 전 세계 어디도 없다. 그렇다 보니 한국대학에 대한 국제사회 평가는 저조할 수밖에 없다. 지난 2022년 세계대학랭킹(ARWU)에서 중국대학은 세계 1~100위 안에 9개 대학, 101~200위 안에 21개 대학이 포진했다. 세계 100위 안의 한국대학은 서울대(98위)가 유일했다. 300위권으로 내려와야만 연세대, 고려대, 성균관대, 한양대, KAIST, UNIST 정도가 눈에 띈다.[77]

새로운 언어와 몸짓을 거부한 인문학자

복잡다기한 시대상황의 구조적 변화에 적극적으로 대처하지 못한 인문학자들 스스로의 책임도 적지 않다. 또 사회현실을 입체적으로 설명할 수 있는 학제 간 연구방법론의 개발에 소홀했던 것도 사실이다. 인문학 특유의 느긋함이 도를 지나쳐 변화를 무시하고 나태와 무사안일로 흐르지 않았는지도 성찰해 볼 일이다.

---

77 세계대학랭킹(ARWU: Academic Ranking of World Universities) 순위는 노벨상·필즈상 수상실적(30%), 최상위 피인용 연구자수(20%), 네이처·사이언스 학술지 게재실적(20%), 과학인용색인·사회과학인용색인 논문(20%), 1인당 학술평가(10%) 등의 지표로 정한다. 각 지표에 대해 최고 득점 대학에 100점이 부여되고 다른 기관은 최고 점수에 대한 백분율로 점수를 부여한다. 김종영, "대학이 국가의 운명을 결정한다", 교수신문, 2023. 2. 8.

새로운 세기의 키워드는 문화라고 한다. 우리의 문화와 다른 세계의 문화를 이해하려는 태도 또한 인문정신과 밀접하게 관련된다. 만일 이러한 시대적인 추세에서 대학의 인문학자들이 국외자로 머물러 있다면, 그것은 그들이 독자층을 염두에 둔 글쓰기에 게을리했거나 또는 텍스트에서 이미지와 영상으로 무게중심이 이동하는 디지털 시대의 급속한 변화에 대응하지 못한 결과다.[78] 인문학 종사자들 스스로 깊은 인문학적 정신과 상상력을 즐기고, 또 타인들이 즐기는 모습을 보면서 저절로 감탄할 수 있는 맛과 문화를 창출했어야 했는데, 이것을 다하지 못했다는 뜻이다.

개인주의와 물신숭배가 아무리 만연한다고 하더라도, 오늘의 젊은이들 역시 이전 세대와 마찬가지로 더 나은 삶과 바람직한 이상사회를 희구한다. 더 나은 인간의 삶과 이상사회는 무엇일까? 인문학 정신은 이러한 물음을 끊임없이 던지고 그 해답을 추구한다. 오늘날 디지털 시대, 스마트 시대의 대학생들도 이러한 질문에 대한 해답을 갈망하고 있을 것이다. 다만 그들은 이전과는 다른 언어와 몸짓으로 이 문제를 추구하고 대안을 탐색할 뿐이다. 인문학 연구자들이 그들의 언어와 몸짓을 이해하는 것은 당연한 의무다. 구시대의 언어로 그들을 끌어들이려 하기보다는 그들의 언어를 내세워 다가서야만 인문학은 일어설 수 있다.

4 인문학이 살아나야 하는 이유

과학기술의 난제 해소는 인문학의 몫

과학기술 분야는 1960년대 이래의 과학입국 패러다임하에서 우리나라 경제성장에 크게 기여해 왔으며, 삶의 여러 영역에 대한 과학기술의 영향

---

78 이영석, "인문학 위기 선언 어떻게 볼 것인가?", 「대학교육」, 대학교육협의회, 2007. 1.

이 갈수록 커지고 있다. 생태, 기후, 팬데믹 등 빈발하는 문제들에 대해 과학기술은 문제 발생의 일정한 책임을 문책당하고 있기도 하지만, 문제 해결자로서 역할도 요청받고 있다. 이제는 과학기술에게 사회적 문제나 국제적 난제 해결에 기여할 것을 요구하고 있다는 것이다. 인문학은 과학기술의 이러한 역할을 뒷받침함과 동시에 선도할 책임이 있는 학문이다.

그러므로 인문학이 무엇을 할 수 있고, 어디까지 할 수 있으며, 무엇을 하고자 하며, 마땅히 해야 할 것은 무엇인지에 대한 성찰 위에서 인문·사회과학이 과학기술과 함께 국가사회 발전의 한 축을 담당해야 한다. 특히 4차 산업혁명이 야기하는 산업양상과 생활방식의 변화에 대한 국가적 대처 능력을 증강하고, 높은 자살률이나 산업재해 및 학교폭력 등 우리 사회가 안고 있는 근본적인 문제 해결을 위해서는 인문학의 역할이 지대하다. 이것은 통섭(consilience)의 개념으로 이해할 수 있다.[79] 통섭은 '지식의 통합'이라고도 일컫는데, 자연과학과 인문학을 연결하고자 하는 통합학문 이론이다. 예를 들어 원자물리학은 화학과 관련이 깊으며 화학은 또한 생물학과 관련이 깊다. 생물학을 이해하는 것 역시 신경과학이나 사회학, 윤리학 등의 이해가 중요하다. 결국 인문학으로 수렴된다는 의미다.

한 나라의 소프트 파워는 인문학에서 나온다

한 나라의 소프트 파워(soft power)는 견실한 인문교육에서 나오고, 그 기초 위에 전문적인 지식을 쌓아야 국제적인 경쟁력을 갖게 된다. 여기서 소프트 파워는 국제관계에 있어서 다른 나라를 자발적으로 움직이게 만드는 매력 또는 영향력을 의미한다. 조지프 나이(Joseph S. Nye)는 소프트 파워 자원을 세 가지 형태로 발현된다고 설명했다. 먼저, 사회구성원

---

79 Edward Osborne Wilson, *Consilience; The Unity of Knowledge*, Vintage, 1999.

개개인의 정신 속에 학습된 도덕, 사회규범, 윤리, 민주주의 등 정신적 가치이고, 두 번째는 사회구성원들이 실제로 삶 속에서 행동하는 방식으로서 문화다. 그리고 국가차원에서의 외교정책을 들었다.[80] 하드 파워(hard power)가 군사력, 경제력, 자원 등 상대의 이익을 위협하여 강압하는 능력인 반면에, 소프트 파워는 상대 스스로 하여금 그렇게 행동하고 싶게 만드는 능력이다.

국제사회에서 소프트하게 상대방을 움직이려면 문화·사상·예술 같은 국가의 인문학적 깊이와 넓이가 절대적으로 중요하다. 과거 우리가 유럽 선진국에 끌렸던 이유는 그들의 경제력·군사력 때문만이 아니라, 그들이 그들의 시각에서 또 다채롭게 장식해 퍼뜨린 문명의 힘 때문이다.[81] 그들은 근대 들어서 강한 인문학을 키우고 활용해 세계가 부러워하는 수많은 전통을 재발견하고, 풍부하게 만들었다. 역사에 대한 깊은 연구, 역사를 풍부하게 만드는 참신한 시각과 이론, 역사에 스며든 예술과 철학 그리고 품위 있는 정치와 시민사회를 만드는 철학과 예술은 인문학의 힘으로부터 발현된다.[82] 그것이 이들 국가를 무시하지 못하게 만드는 소프트 파워로 작동하는 것이다. 따라서 국민 개개인이 인문학적 소양을 갖도록 하는 게 중요한 교육목표가 되어야 하며, 그것이 결과적으로 개인과 나라의 품격을 높이는 것이다.

인류공동체의 과제, 탐욕과 무절제 제어

세계 각국은 1990년 유엔기후변화협약(UNFCCC)을 체결한 이후, 기후변화 대응을 위한 국가 간 협력을 모색해 왔으며, 파리협정 채택 이후

---

80 조지프 나이, 「소프트 파워」, 세종연구원, 2004.
81 고영구, "1층이 부실하면 2층은 불안하다. 인문학의 부활!", 충청매일, 2024. 9. 9.
82 중앙선데이, "소프트 파워로서의 인문학", 2007. 10. 27.

에는 모든 국가들이 이산화탄소 배출량 감축에 관심을 기울이고 있다. 그럼에도 불구하고 기후변화로 인한 재난이 심각한 정도로 빈발하고 있으며, 지구상에 존재하는 모든 생명체를 위협하고 있다. 과학기술의 발전으로 인한 과잉 소비가 지금의 생태문제를 야기했다는 점에는 이견이 있을 수 없다. 또 이런 문제에 대한 과학적 이해, 탄소배출 감축 기술의 개발, 에너지자원의 효율적 이용 기술 등 과학이 기술혁신을 통해서 생태문제의 많은 부분을 해결할 것이라는 점에도 이견이 없을 것이다. 그러나 인간의 탐욕과 무절제가 생태문제 야기의 핵심적 원인이라는 점과 인류세(Anthropocene)의 경고를 상기한다면,[83] 인문학이 문제 해결에 충분히 기여할 수 있어야 한다.

인간중심주의, 성장중심주의, 기술편향주의 등이 야기한 전 지구적 차원의 위기는 단편적이거나 근시안적인 분석과 접근으로는 해결하기가 어렵다. 특정한 역사, 사회, 문화적 맥락에서 형성된 인간의 가치체계와 선택 그리고 사회제도가 빚어낸 결과로 지금 인류가 맞닥뜨리고 있는 위기 상황에 비춰 본다면, 이러한 문제들이 발생하고 전개되는 양상과 인류의 대응에 이르는 전 과정을 다루는 인문학의 중요성은 아무리 강조해도 지나치지 않을 것이다.

5 인문교육: 소통의 인문학, 학문 후속세대 양성

인문학은 세상이 아무리 변해도 세상의 중심은 마땅히 인간이어야 하고,

---

[83] 인류세란 지구의 역사에서 인류가 지구 환경에 큰 영향을 미친 시기를 구분한 지질시대를 말한다. 공식적인 지질시대는 아니며 2016년 기준 국제층서위원회(ICS)에서 검토한 바 있다. 인류세의 시작 시점은 화석연료 사용이 급증한 1800년대 산업혁명 또는 제2차 세계대전이 끝난 1950년경으로 얘기되고 있다.

모든 학문과 예술의 최고 목적 역시 인간이어야 한다는 것을 본질로 한다. 그러므로 휴머니즘을 공부하는 건 미래를 예측하는 것인 만큼 인문학을 경시하는 건 휴머니즘의 붕괴와 같다고 볼 수 있다. 인간 사회의 질서와 윤리를 배우지 않으면 미래를 알 수 없고, 길을 잃게 된다. 사상과 기술은 함께 가야 한다. 조선은 성리학을 숭배하면서 배타적이고 차별적인 사농공상(士農工商) 신분 질서를 고집하다 패망하지 않았던가. 지금 대한민국은 그 반대의 순으로 경도되고 있다.

학문의 경계를 허무는 소통의 인문학

오늘날 우리 사회를 살고 있는 사람들이 고민과 어려움에 대하여 인문학자들의 태도와 사회 구성원들과 소통을 위한 노력에 대해 되돌아볼 필요가 있다. 만약 사회와의 소통을 무시하고 고립된 인문학 연구만을 지속한다면, 우리 사회의 현실을 무시하고 유럽, 미국의 최신 학문 동향을 수입하는 데에만 관심을 갖는다면, 한국적 인문학은 자리를 잃을 수밖에 없다. 인문학의 위기는 인문학 연구자들 스스로 노력이 있어야만 극복이 가능하다는 뜻이다.

다행히 인문학에 대한 사회적 수요는 비관적이지 않다. 빠르게 변화하는 현대사회에 적응하기 위해서는 오히려 인문정신에 기반을 둔 지식과 교육이 더욱 필요할 것으로 전망된다. 그렇다면 대학교육에 있어서도 인문학의 비중은 오히려 커질 수 있다. 또한, 인공지능 시대와 다양한 문화와 가치관이 교차하는 현대에 있어서 인문학은 그 다양성을 소통시키는 역할을 맡고 있다. 인문학의 정신은 차이를 넘어서는 소통에서 비롯되며, 이 시대의 요구에 부응하는 개방적이고 유연한 능력은 인문학적 소양을 갖추어야만 가능하다.[84]

---

84 이영석, "인문학 위기 선언 어떻게 볼 것인가?", 「대학교육」, 대학교육협의회, 2007. 1.

따라서 인문학은 다른 학문영역의 경계를 허물고 서로 소통하여 세계를 종합적으로 바라볼 수 있는 능력을 키워야 한다. 소통은 이 시대 교육의 중요한 주제이며, 인문학 연구자들은 이 주제를 주도적으로 실천해야 한다. 또 인문학은 대학 교양교육에 적극적으로 참여하고 주도해야 하며, 인문학자의 본분을 재정립해야 한다. 그리고 인문학자들은 오늘날 우리 사회와 인류가 직면한 문제에 대해 적극적으로 발언하고 개입해야만 본분을 되찾을 수 있다.

인문학 연구 후속세대 안정적 양성

인문학의 또 다른 문제는 대학에서 학생들로부터 외면을 받고 있다는 점이다. 이는 대학의 취업 위주 교육에 어느 정도 기인한 것도 있지만, 인문학 분야에서 학생들의 눈길을 끌 만한 양질의 교육이 이루어졌는지 돌아봐야 한다. 그리고 많은 대학에서 복수전공, 부전공, 융합전공, 이중전공 등을 강조하는 분위기는 인문학 분야에 새로운 기회가 될 수 있다는 점을 놓쳐서는 안 된다. 많은 학생들이 취업 경쟁으로 인해 주전공으로는 인문학을 택하기를 꺼리지만, 부전공 등 작은 단위의 전공에 대해서는 관심을 보이는 경향이 있다. 다전공생을 확보함으로써 인문학의 저변을 넓힐 수 있으므로 이에 대해 특별한 관심을 기울일 필요가 있다.

그리고 우수한 학문 후속세대를 안정적으로 양성하는 것은 대학교육이나 국내 학계 차원에서 절대적으로 중요한 과제다. 특히, 인문학 분야에서는 대학원 진학률이 매우 낮은 수준으로 지속되고 있으며, 그중에서도 일부는 미래에 학문 자체의 유지가 힘들어질 수 있을 정도로 재학생이 저조한 실정이다. 이는 사회적 분위기나 현재 대학생들의 성향과 상당 부분 관련이 있다고 볼 수도 있지만, 오늘날 대학생들의 취향에 부합하도록 적절한 지원이 이루어지고 있는지 검토할 필요가 있다.

　예를 들어 학부·대학원 연계 과정생들에게 과감한 장학제도를 운영한다면, 어느 정도는 대학원으로의 유입효과를 기대할 수 있다. 인문학 분야에서 재정적인 문제 때문에 학문을 지속하지 못하는 일이 발생되지 않도록, 대학원생의 학비나 기본적인 생활비에 대해 정부나 대학이 적극적으로 지원할 필요가 있다.[85] 특히, 인문학 분야는 전문가를 양성함에 있어서 다른 분야에 비해 많은 시간이 요구되는 학문이다. 따라서 중장기적으로, 안정적으로 학맥을 이어 갈 수 있도록 지원하는 것이 매우 중요하다.

---

85 권홍우 외, "변화와 위기의 인문학 연구와 교육의 역할에 대한 연구", 「ISSUE REPORT」, 제18호, 한국연구재단, 2022.

07
'의대 쏠림' 현상과 왜곡된 사회적 인센티브

1 낯설지 않은 '초등생 의대반'

우리나라 대학입시의 특징을 설명하는 내용 중에 유명한 말이 하나 있는데, 바로 '의대 쏠림'이다. 학원가의 '초등생 의대반 모집' 현수막은 더 이상 낯선 풍경이 아니다. 과학고·영재학교 졸업생, 이과 최상위권 학생, 상위권 자연대 재학생들의 의대 진학이 갈수록 심화되고 있다. 심지어는 초·중학생까지도 상당수가 의대 진학을 꿈꾸고 있다는 통계가 나왔다. 2023년 5월, 초등학생과 중학생 학부모 1,400명을 대상으로 한 설문조사 결과를 보면, 초등학생 학부모의 92.3%, 중학생 학부모의 84.4%가 자녀의 '이과' 진로를 희망한 것으로 나타났다. 이 중 다시 65%가 자녀의 의대 진학을 원했다고 한다. 반면 자녀가 문과로 진학하길 희망하는 비율은 11.8%에 그쳤다.[86]

실제 성적 상위권 수험생들은 순서대로 전국 의대 정원을 채운다. 선망의 대상인 명문대학 인문·사회, 자연·공학계열 학과들조차 전국 의대를 채우고 나서야 채워진다. 대학 입학 후에도 의대 미련을 버리지 못한다. 재학 중 자퇴하고 다시 의대로 진학하는 경우가 허다하다. 적성에 맞든 안

---

86 고영구, "묻지 마 의대? 문학의 미풍이 분다", 충청매일, 2024. 10. 21.

맞든 어디든 상관없이 의대라면 무조건 간다. '묻지 마 의대'다.

2024학년도 의대 정시합격자 중 재수생을 포함한 'N수생' 비율이 무려 80%에 달한 것으로 나타났다. 의대 지원을 위해 4수, 5수를 불사하는 '수능 낭인'이 생겨나고, 대학의 인문계와 이공계 학과는 학생 중도탈락으로 어려움을 겪고 있다.[87] 문과를 등지고 이과로, 다시 의대로 가는 것을 당연한 선택처럼 여겨지고 있다. 특히 2025학년도는 윤석열 정부가 의대 정원을 무턱대고 늘린 탓에 고3 수험생은 물론 반수생, N수생, 직장인까지 대거 몰려들었다.[88] 이 정도면 '열풍'을 넘어 '광풍' 수준이다.

또 다른 웃지 못할 풍경이 있는데, 국내 의대에 못 들어가면 해외로 나간다. 2023년 6월 기준, 보건복지부 장관이 인정하는 외국 의대는 38개국, 159개 대학이다. 한국보건의료인국가시험원(2023) 자료에 따르면,[89] 2003년부터 2020년까지 17년간 국내 의사·치과의사 국가고시에 합격한 외국 대학 졸업자는 365명이며, 국가별로 보면, 미국(97명), 필리핀(68명), 헝가리(49명), 독일(33명), 일본(29명), 영국(22명) 등의 순이다. 이밖에 우즈베키스탄(12명), 우크라이나(2명)도 있다. 합격자 수만 따지면 이 정도지만, 실제 해외 의대에 도전하는 학생들은 이보다 훨씬 많다.

---

87 노컷뉴스, "SKY 자퇴하고 의대 갈래요, 의대공화국이 된 대한민국", 2023. 9. 12.
88 고영구, "묻지 마 의대? 문학의 미풍이 분다", 충청매일, 2024. 10. 21.
89 중앙일보, "한국 2등급이면, 일본의대 간다, 새 루트 뚫는 닥터로드", 2023. 5. 30.

최근 3년간 의대 정시합격자 중 N수생 비율(2020~2022)

(단위: 명, %)

대학명	고교 졸업예정자	졸업생				N수생 비율
		재수	삼수	사수 이상	소계	
가천대	4	19	15	7	41	91.9
강원대	3	12	12	7	31	91.2
경북대	21	47	37	20	104	83.2
경희대	31	44	26	8	78	71.6
고려대	18	44	16	7	67	78.8
부산대	18	41	23	7	71	76.3
성균관대	14	27	14	8	49	77.8
서울대	30	39	11	11	61	67.0
아주대	16	21	12	4	37	69.8
연세대	29	38	22	9	69	69.7
이화여대	26	86	44	17	147	84.0
인하대	15	9	11	3	23	60.5
전남대	28	76	32	20	128	78.5
전북대	31	71	52	32	155	83.3
제주대	15	33	15	18	66	81.5
충남대	22	74	36	28	138	84.7
충북대	11	38	20	18	76	86.4
한양대	48	80	37	20	137	72.9
합계	380	799	435	244	147	78.7

주: 수험생 선호도가 높은 9개 국립대와 9개 수도권 사립대 의대임. 경상국립대, 가톨릭대, 중앙대 등 자료는 취합되지 않았음.
자료: 민형배의원실(2023), 머니투데이(2023. 3. 2.)

    의대 쏠림 현상의 단면을 잘 나타내 주는 한겨레신문 기사가 있어 인용해 보겠다.[90] "대학생 ㄱ은 사립대 인문계열에 입학했다가 반수를 해서 한의대로 갈아탔다. 수능 점수가 오르면서 '의·치·한·약·수'로 진로를 바꾼 경우였다. 원래 그는 철학 전공에 흥미가 있다고 했다. 한의대가 적성에 맞

---

90 황보연, 성적 좀 나오면 의대? 기형적 쏠림의 부메랑, 한겨레신문, 2023. 11. 17.

느냐고 물었더니 '다니다 보면 적응하지 않겠느냐'는 답이 돌아왔다. 또 다른 대학생은 4수 끝에 의대 합격증을 받았다. 그는 3수 만에 한의대에 합격했을 때 '이 정도면 됐다'고 생각했다. 그런데 의대를 다니는 친구들이 한의대를 한 단계 낮은 등급으로 여기는 것을 보면서 수능을 한 번 더 봤다고 했다. '의·치·한·약·수' 내에서도 서열은 다시 촘촘히 매겨지고 있었다." 모두가 그렇지는 않겠지만 적성은 따지지도 않는다. 다른 전공에 관심이 있더라도 수능성적이 좀 나온다 싶으면 의대를 권유받는다. 입시학원에서 성적이 상위권이면 의대 지망이 아니더라도 의대반에 편입되는 식이다. 의대 준비의 시작 연령은 점차 내려가고 의대 입시에 도전하는 연령은 올라가고 있다.

  어느 시대이건 경제적 보상이 나오는 학과에 성적이 높은 학생이 진학했다. 1960~70년대에는 화학공학 및 토목공학, 1980~1990년대에는 전기·전자 및 기계공학 관련학과 입학성적이 높았다. 그것이 지금은 의대가 된 것이다. 의대 쏠림 현상이 개인으로선 문제가 아닐 수도 있다. 그러나 어떤 한 사람이 의사가 되는 것보다 각종 산업부문이나 창작활동 등 다른 직종에서 일하는 것이 국가적으로 더 많은 부가가치를 창출하고 새로운 일자리를 마련해 줄 수 있음에도 불구하고 쏠림 현상 때문에 의사의 길을 선택했다면 사회 전체로는 큰 문제가 아닐 수 없다.[91] 또한, 의료서비스는 산업이기 이전에 국민의 건강과 생명을 지키는 공적 역할이 크다는 점에서 더욱 심각하다. 한마디로 의대 집중 현상은 국가 인적자원 활용의 측면에서 결코 바람직하지 않다. 유능한 인재들이 농업, 과학기술, 문학, 음악, 미술 등 다양한 분야로 진출해서 능력을 발휘해야 한다.

---

91 이수형, 「대한민국 부모님께」, 김영사, 2023.

2   왜 '의대' 쏠림인가? 안정적 고소득 보장

왜 그토록 의대로 가려고 할까? 의과대 재학생들에게 물었다. 왜 의대에 들어왔는가? 인류애를 실천하고, 국민의 건강을 지키기는 숭고한 사명을 가지고 왔다는 답변은 듣기 어렵다. 학생과 학부모들의 솔직한 답변에서 이런 기현상을 해결할 수 있는 실마리를 찾을 수 있다. 의사라는 직업이 가지는 높은 수익과 안정성이다.

보건복지부의 보건의료인력 실태조사에 따르면 2020년 기준, 의사의 평균 연봉은 2억 3,069만 원이다. 같은 해 통계청이 발표한 일반 정규직 근로자의 연봉 4,431만 원에 비하면 5배가 넘는다. 임금 상승률도 높다. 일반 근로자의 소득은 2010년에 비해 37.95% 올랐지만 같은 기간 의사 소득은 66.71% 상승했다. 의사 소득이 워낙 높다 보니 이공계 박사급 연구원이나 개발자 소득도 명함을 못 내미는 수준이다. 한국일보가 대기업 직장인을 대상으로 한 조사자료에 따르면, 입사 후 임원을 달고 퇴직할 때까지 총 기대소득은 58억 정도라고 한다. 물론 임원이 안 된다면 이보다 훨씬 적을 것이다.[92] 반면, 2020년 기준 개원한 전문의 평균 연봉은 3억 137만 원이며, 개원해서 25년 일한다고 가정하면 소득이 오르지 않아도 총 기대소득은 75억 원을 넘는다.

다른 나라와 비교해도 우리나라 의사의 연봉 수준은 OECD 최상위권이다. 전문의 중 봉직의 임금소득은 연간 19만 5,463달러(2억 5,566만 원), 개원의는 연간 30만 3,000달러(3억 9,632만 원)로 봉직의와 개원의 모두 OECD 국가 중 가장 높다. OECD 평균은 10만 8,481달러(1억 4,189만 원)다. 사회주의권이 아닌 대부분 선진국에서 의사들 소득이 근로자 평균 소득보다 높은 건 사실이나 한국의 그 정도가 심하다.

---

92 한국일보, "정년 없고, 돈 잘벌고, 사회적 지위도… 이런 직업, 의사말고 또 있나요?", 2023. 5. 2.

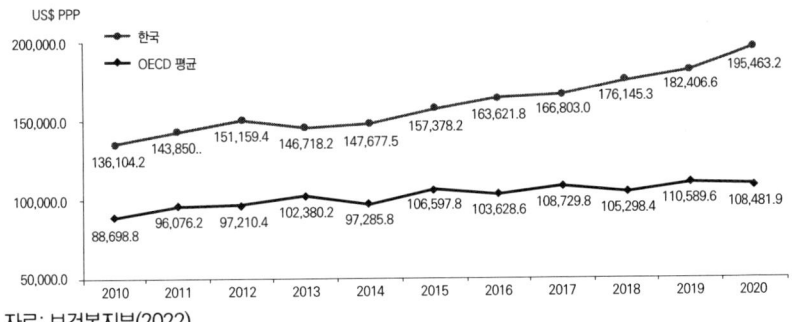

전문의(봉직의) 임금소득 추이 (2010~2020년)

자료: 보건복지부(2022)

의사 임금소득 국제비교(2020)

구 분	봉직의		개원의	
	임금근로자 소득대비(%)	임금소득 (US$ PPP)	임금근로자 소득대비(%)	임금소득 (US$ PPP)
벨기에	2.6	140,624.8	5.4	299,060.3
프랑스	2.2	98,992.6	-	-
독 일	3.4	187,703.3	5.4	287,505.4
한 국	4.6	195,463.2	7.1	303,007.3
이스라엘	3.7	138,703.1	4.1	152,674.4
네덜란드	3.2	190,656.0	3.4	189,302.9
OECD평균	2.7	108,481.9	4.6	234,864.3

주: 봉직의 프랑스 수치와 개원의 독일, 네덜란드 수치는 2019년 수치임.
자료: 보건복지부(2022)

게다가 의사는 정년이 없기 때문에, 의사와 대기업 직원이 누릴 수 있는 노후 삶의 질 차이는 더 벌어지게 된다. 의사는 면허 유효기간이 없어 대학병원에서 정년퇴임을 해도 개원가로 나오거나 중소형 병원에 재취업해 의사 활동을 계속할 수 있다. 독점적 면허를 가진 의사는 60세를 넘겨서도 일자리를 찾기 어렵지 않지만, 대기업 직장인은 정년까지 가기도 쉽지 않다.

대한의사협회 의료정책연구소가 실시한 '2020 전국의사조사'에 따르면 의사의 평균 은퇴 연령은 65.2세, 본인이 생각하는 적정 은퇴 연령은 67.7세로 나타났다. 은퇴 의사와 60세 이상 현역 의사의 59%는 "은퇴 후에도 의사 일을 계속할 생각이 있다."라고 응답했다.[93] 일반 직장인들은 나이가 들면 경제활동에 대한 고민이 깊어지는데, 의사는 아무런 걱정이 없다.

그리고 의대만 입학만 하면 의사면허가 사실상 보장되는 것도 특별한 장점이다. 의사 국가고시 합격률은 94% 정도로 대부분 통과한다. 입학이 곧 면허를 보장한다는 것인데, 이 또한 유혹의 요인이 된다. 변호사는 로스쿨에 들어가도 경쟁이 치열하고, 변호사시험 합격률도 50% 안팎이다.

3 인기 진료과 및 수도권으로의 쏠림

피·안·성·정·재·영 쏠림 현상

'의대 쏠림'의 문제는 여기서 그치지 않고 의대 안에서 다시 부익부 빈익빈으로 나타난다. 피부과, 안과, 성형외과, 정형외과, 재활의학과, 영상의학과 등 인기 과목은 넘쳐 나는데, 다른 기피 진료과는 씨가 마르는 기현상이 이어지고 있다. 힘들고 부담이 많은 흉부외과, 돈 많이 벌지 못하는 소아과, 산부인과는 선택하지 않는다. 선호 진료과 집중은 전공의 선택 과정에서 여실히 보여 주고 있다. 2022년도 전공의 모집결과, 경쟁률이 가장 높은 과는 성형외과였다. 성형외과는 전공의 63명 모집에 110명이 몰려 경쟁률 1.75 대 1을 기록했다. 이는 2021년 경쟁률인 1.70 대 1보다 상승한 수치다.[94] 이어 안과(1.67 대 1), 피부과(1.62 대 1), 성형외과(1.58

---

93 대한의사협회 의료정책연구소, 2020 전국의사조사, 2021.
94 2021년 8월, 청년의사에서 55개 주요 수련병원을 대상으로 한 2022년도 전공의(레지던트 1년 차) 모집결과를 분석한 것이다. 청년의사, "진료과별 부익부 빈익빈 심화, 필수의료 기피하는 의사들", 2021. 12. 9.

대 1), 영상의학과(1.57 대 1)가 뒤를 이었다.[95] 반면 외과, 응급의학과, 흉부외과 등 외과계와 출산율 저하로 직격탄을 맞은 소아청소년과, 산부인과는 미달을 면치 못했다.

인기 많은 진료과목은 당연히 소득이 높다. 한국고용정보원(2021) 자료에 따르면, 연봉 기준으로 인기 진료과인 이비인후과(1억 3,934만 원), 성형외과(1억 3,230만 원), 피부과(1억 3,053만 원) 등의 의사 평균소득은 전체 진료과 가운데 톱 3에 나란히 들었다.[96] 반면 기피 진료과로 꼽히는 소아청소년과(1억 807만 원) 의사의 평균소득은 전체 의사 가운데 10위에 그쳤다. 설상가상으로 기피 진료과 의사들의 소득은 시간이 지날수록 줄고 있다. 산부인과(1억 2,123만 원)와 비뇨의학과(1억 1,108만 원), 방사선과(9,607만 원), 마취병리과(9,250만 원)의 2020년 평균소득은 2019년보다 각각 439만 원, 1,425만 원, 1,212만 원, 2,791만 원씩 감소했다. 이와 달리 최상위 소득 3개 진료과인 이비인후과, 성형외과, 피부과의 경우는 같은 기간 평균소득이 각각 308만 원, 100만 원, 1,560만 원씩 증가했다.

---

95 소위 잘나가는 인기과를 '피안성 정재영'이라고 지칭하고 있다.
96 한국고용정보원, 「2020 한국의 직업정보」, 2021.

진료과별 평균소득 순위

순위	진료과	2019	2020	증감 (2019~2020)
01	이비인후과	1억 3,626	1억 3,934	308
02	성형외과	1억 3,130	1억 3,230	100
03	피부과	1억 1,483	1억 3,043	1,560
04	외과	1억 2,562	1억 2,667	105
05	안과	1억 2,503	1억 2,280	-223
06	산부인과	1억 2,562	1억 2,123	-439
07	정신과	1억 3,626	1억 1,883	-1,743
08	비뇨의학과	1억 2,533	1억 1,108	-1,425
09	내과	1억 47	1억 1,073	1,026
10	소아청소년과	7,950	1억 807	2,857
11	한의사	9,100	1억 255	1,155
12	가정의학과	1억 2,047	9,943	-2,104
13	방사선과	1억 819	9,607	-1,212
14	일반	7,387	9,307	1,920
15	마취병리과	1억 2,041	9,250	-2,791
16	치과	9,060	9,233	173

자료: 한국고용정보원(2021)

수도권 쏠림으로 지방은 의료 공백

전문 과목뿐만 아니라 지역 간에도 큰 격차를 보인다. 병원 개업도 대부분 수도권에서 이루어지고 있다. 최근 5년간 서울과 경기·인천 등 수도권 지역에 문을 연 의원은 2,303개소로, 전국에 문을 연 의원 71.1%를 차지했다. 국민건강보험공단 자료에 따르면, 2022년 치과의원과 한의원을 제외한 동네의원(의원급 의료기관)은 전체 34,958개소로 2018년 31,718개소보다 3,240개소 늘었다.[97] 이 기간 서울에 1,095개소가 새로 개업해 가장 많이 늘었으며, 다음 경기도가 1,012개소로 뒤를 이었다. 이어 부산

---

97 국민건강보험공단, 「지역별 의료이용 통계연보」, 2023. 12.

220개소, 인천 196개소, 대구 164개소, 광주 88개소, 경남 81개소, 대전·충북 각 55개소, 제주 46개소, 세종 45개소, 전북 43개소, 충남 36개소, 강원 32개소, 전남·경북 각 26개소, 울산 20개소 순이다.

지방은 의료 공백, 의료 소외가 매우 심각하다. 수도권이나 대도시에서는 의사 만나기가 쉬울 수 있으나, 지방에서는 만나기가 어렵다. 인구 1천 명당 의사 수를 기준으로 보면, 서울 종로는 16.27명인 데 비해 경북 영양은 0.72명으로 무려 22배 격차가 난다. 지방에서는 진료받지 못해 사망에 이르는 경우도 허다하다. '치료가능한 사망률'의 경우 2015년 기준 인구 10만 명당 서울 강남구는 29.6명인 데 비해 경북 영양군은 107.8명으로 3.6배나 차이 난다. 그리고 지방에서는 급성심근경색, 뇌졸중, 중증외상 등 3대 중증응급환자의 발병 후 응급의료센터 도착시간이 평균 4시간에 달하고, 응급취약지는 99개 시·군·구이며, 응급의료기관이 전혀 없는 시·군·구도 32개에 달하는 것으로 나타났다.

4 왜곡된 사회적 인센티브, 사회적 성찰

직업의 선택지 다양화, 사회보상시스템 개선

사람은 자유의지에 따라 직업을 선택하기 때문에 인위적으로 직업 선택의 자유를 제한하기는 어렵다. 다만 유능한 인재들이 사회적으로 바람직한 방향을 선택할 수 있도록 사회 보상시스템이 만들어지면 개인도 사회도 목적을 달성할 수 있다. 그래서 선택지를 다양하게 해서 의대로 몰리는 학생들의 선호를 분산시켜야 한다. 국가사회 발전에 더욱 쓰임이 있는 인재가 좋은 대우를 받을 수 있도록 사회적·재정적 인센티브 시스템을 만드는 것이다. 일반적으로 국가 인적자원 활용 전략의 실행은 사회보상시스템으로 구현된다.

　세계는 이미 도래한 4차 산업혁명으로 디지털 기술을 통한 초연결과 인공지능 AI를 특징으로 한 자율주행, 로봇공학, 드론, 생명공학 등 첨단기술이 융합된 빅데이터, 3D프린터, 블록체인, 사물인터넷 등으로 모든 분야에서 혁신적인 변화가 이루어지고 있다. 이처럼 직업의 선택지가 확장되고 있음에도 불구하고 고소득을 좇아 오직 의사만 되고자 하는 것은 바람직하지 않다. 청년들이 선호하는 직업을 보면 그 사회와 국가의 미래를 짐작할 수 있다. 세계가 주목하는 인도의 천재들은 의대로 가지 않고 공대로 간다. 구글, MS, IBM, 어도비, 마이크론, 트위터, 스타벅스 등 글로벌 기업의 CEO들은 대부분 인도 출신이다.[98] 인도의 젊은 엘리트들이 공대를 지원하여 글로벌 리더로 세계를 움직이고 있다는 점은 우리에게 시사하는 바가 크다.

　인문학의 위기는 물론 이공계 위기라는 말이 나온 지도 꽤 오랜 시간이 지났다. 우수 인재들이 몰려들던 공대, 이과대는 의대로 가는 중간 정거장으로 전락했다. 이공대학에 적을 둔 채 의대 진학을 위해 재수하는 대학생들이 늘고, 미국 등 외국에서 박사학위를 받은 이공계 인재들은 귀국하지 않고 현지에서 취업하고 있다. 이들이 지식을 쌓지도 못하고, 지식을 발휘할 수도 없는 상황이니 안타까운 일이다.[99] 그러므로 우수한 인재들이 다양한 분야에 진출할 수 있는 인센티브를 국가가 만들어 줘야 한다. 과학기술인재 육성을 위한 예산 확대와 실질적인 집행, 이공계 진로에 대한 사회적 인식 개선 등이 시급하다. 아인슈타인이 의대로 갔다고 생각해 보자.

---

98 마이크로소프트의 사티아 나델라, 구글의 순다르 피차이, IBM의 아르빈드 크리슈나 CEO 등이 그 대표적인 인물이다. 이들 외에도 스타벅스, 버라이즌, 바클레이스, 딜로이트, 페덱스, 마이크론, 어도비, 펩시콜라, 갭 등 유명기업 CEO도 모두 인도계가 차지했다. 포춘 500대 기업 중에서 인도계 CEO는 60명가량이다. '인디아디아스포라' 자료에 따르면, 현재 미국 대학에 재직 중인 인도계 교수는 무려 2만 명에 이른다.
99 코메디닷컴, "전교 1등 남편의 실직 충격, 애들은 의대 보내야", 2023. 2. 14.

수학·물리학을 해야 하는 천재가 성형외과, 피부과에서 레이저를 쏘고 있다면 엄청난 손실이 아닐 수 없다.

직업관에 대한 사회적 성찰 필요

서울 강남에는 의사를 포함하여 아무나 진입할 수 없는 직업장벽이 존재한다. 이 장벽은 한국의 '1%'들이 만들었고, 정치·경제·문화의 각 분야에서 그들은 서로 얽히고설켜서 기득권을 유지하고 기득권에 의한 모든 특권은 교육을 통해 그들의 자녀와 그 자녀들에게로 고스란히 대물림된다. 전국 의대 정시등록자 가운데 강남 3구 출신 비중이 2022년 기준으로 22.7%에 달했는데, 강남 3구의 고교생 수는 전국의 3.2%에 불과한 점을 감안하면 놀라운 일이다.

개인이나 사회가 직업에 대해 가지고 있는 가치관이나 태도를 직업관이라고 하는데, 이것은 특정한 개인이나 사회를 지배하는 가치체계가 직업에 직접 반영되어 나타난다. 이 같은 직업관을 논할 때는 개인과 사회라는 두 가지 측면에서 언급된다. 개인적 측면이란 직업에 종사하는 각 개인이 직업을 선택하고 직무를 수행함에 있어서 어떤 의식이나 가치관을 가지고 임하는가를 의미하는 것이고, 사회적 측면은 사회발전 과정에서 역사적으로 어떻게 변천되었는가를 의미한다. 그래서 개인이나 사회가 어떠한 직업관을 가지고 있는가는 개인의 직업 결정 및 수행뿐만 아니라 그 사회발전에도 지대한 영향을 미치게 된다.[100] 이러한 관점에서 의대 쏠림을 보면, 개인적으로나 사회적으로 바람직하지 않다. 안정적이고 고소득이 보장된다는 이유만으로 적성에도 맞지 않고, 애착도 없는 의사 직업을 선택하는 것은 잘못된 직업관이 아닐 수 없다. 일반적으로 직업관은 크게 자기 본위

---

100 송병국, "직업관 및 직업윤리", 「직업과 윤리」, 정민사, 2022.

직업관, 일 본위 직업관, 사회 본위 직업관 등 세 가지로 나뉜다. 생계유지를 위한 활동이나 출세를 위한 수단으로 삼는 것을 자기 본위 직업관이라고 하고, 자기 재능을 마음껏 발휘하고 그 자체를 즐기는 자아실현의 기회로 보는 것을 일 본위 직업관이라고 할 수 있다. 다른 하나, 사회 본위 직업관은 단순히 자신의 이익보다는 사회적 역할 분담을 강조하는 직업관이다. 이 중에 어느 하나의 관점만이 옳다고 볼 수는 없고, 세 가지 직업관이 잘 조화되는 것이 바람직하다. 다만, 오늘날 우리 사회가 지나치게 승자우월주의가 만연하다 보니 사회본위 직업관이 어느 때보다 강조하지 않을 수 없다.

강조하여 말하면, 의대 쏠림 현상은 인적자원 불균형 문제를 넘어 사회의 활력과 결부된 사안이다. 한국사회가 도전을 꺼리고 실패를 두려워하게 됐음을 단적으로 보여 주는 것이다. 이런 분위기가 계속된다면, 숨 가쁘게 변화하는 과학기술의 시대에 대처할 수 없고, 혁신적 사고를 가진 이들이 인류의 삶을 송두리째 바꿔 낼 미래에 대비할 수 없다. 우리 사회 구성원들이 바람직한 직업관을 갖기 위해서 개인의 성찰은 물론 사회적 성찰이 요구된다. 우리의 미래세대 학생들이 농과, 공과, 문과, 이과 다양한 분야에서 잠재력을 발휘하고, 소설가의 꿈, 역사가의 꿈, 화가의 꿈, 음악가의 꿈을 마음껏 펼칠 수 있는 세상을 만들어 나가길 소망한다.

5   의대 증원 필요, 무조건 증원은 위험

초고소득 낮추기 위해 의사 수 증원

윤석열 정부는 2025학년도부터 전국 40개 대학의 의대 정원을 기존 3,058명에서 5,058명으로 2,000명 늘려 5년간 유지하겠다고 발표했다.

정부는 2035년 의료 수요분석을 토대로 의사가 1만 5천 명 부족하다는 추계를 내놓았다. 반면, 의사협회에서는 출생아 수가 줄고 전체적인 인구 감소 폭을 감안하면 의사 수는 적지 않다고 주장한다. 그렇다면 다른 나라들과 비교할 때 어떤가? 실제 OECD 국가들과 비교하면 우리나라가 최하위 수준이다. 'OECD 보건통계 2022'을 토대로 분석한 보고서에 따르면 [101] 한의사를 포함해서 2020년 국내 임상의사 수는 인구 1천 명당 2.5명으로 OECD 국가 중 멕시코(2.4명)에 이어 두 번째로 적다. OECD 평균(3.7명)보다는 1.3명 적다. 그것도 한의사를 제외하면 2.0명에 그친다.

OECD 국가 임상의사수 비교(2020)

(단위: 명/인구 1천 명)

주: 미국, 아이슬란드, 덴마크, 스웨덴은 2019년, 핀란드는 2018년 수치임.
자료: 보건복지부(2022)

---

101 보건복지부, "OECD 보건통계 2022로 보는 우리나라 보건의료 현황", 보도자료, 2022. 7. 26.

의사 수가 적으니 1인당 진료환자 수는 많을 수밖에 없다. OECD 자료에 따르면, 2021년 한국의 의사 1인당 진료 건수는 6,113명으로 관련 통계가 있는 OECD 32개국 가운데 가장 많았다. OECD 평균인 1,788명의 3.4배에 달했으며 2번째로 많은 일본 4,288명보다도 1,800여 명이 많았다. 한국의 의사는 1인당 진료 건수가 가장 적은 그리스 428명의 의사보다 14.3배나 많은 환자를 진료하고 있다.[102] 또 의사가 진료를 본 환자 수가 많으니 진료 시간은 짧을 수밖에 없다. 한국보건사회연구원 발표 자료에 따르면[103] 2019년 기준, 한국의 1차 의료 진료 시간은 평균 4.3분으로 OECD 평균(16.4분)의 4분의 1 수준으로 짧았다. 의사와 진료 중 충분한 시간을 보냈는지에 대한 지표(2020년 기준)에서 한국은 OECD 19개 회원국 중 15위로 나타났다.

다른 한편, '의대 쏠림'의 원인이라고 하는 의사의 고소득 현상도 의사 수 부족 때문이다. 만성적인 의사 부족으로 인해 의사들의 고소득이 형성되었다는 말이다. 사회주의권이 아닌 대부분의 선진국에서도 의사 소득이 근로자 평균소득보다 높은 것은 사실이지만, 한국의 경우 그 정도가 유난히 크다. 의대 정원을 확대해야 하는 여론이 높은 이유가 여기에 있다. 의대 증원으로 의사 수가 늘어나면, 일시적으로는 의대로 진학하려는 학생이 많아질 수는 있지만, 장기적으로 보면 의사들 소득이 낮아져 다른 직군과의 소득격차가 줄어들 것이다. 고소득이 보장되지 않는다면 의대 매력이 떨어지고, 쏠림 현상도 완화될 것으로 기대된다. 과거 한의대 선호도가 매우 높았으나 소득이 낮아지면서 한의대 경쟁률이 하락하고 대신 다른 이공계 학과들의 경쟁률이 높아진 사례도 있다. 이처럼 의사 소득이 하락세를 보이면 적성에 맞지 않는 학생들의 의대 선호도는 자연스럽게 줄어들 것으로 보인다.

---

102 OECD, *Health at a Glance 2023*, 2023. 11. 16.
103 여나금·이재은, 「주요국의 보건의료정책 개혁동향」, 한국보건사회연구원, 2023.

무조건 증원은 위험, 서울 강남 성형외과로 몰릴 것

의대 쏠림 현상을 완화하고 진료과목의 편중, 지역 간 격차 등의 문제를 해소하기 위해서는 의사 수를 늘려야 한다는 주장은 설득력이 있다. 다만 윤석열 정부의 의대 증원은 이러한 문제의식을 간과하고 무조건적 증원 방침을 밀어붙였다.

심각한 문제는 진료과 편중과 지역의료 공백에 대한 대책이 없다는 점이다. 의사들의 특정 진료과 집중 현상은 심각하다. 대다수가 높은 수익을 기대할 수 있는 분야인 성형외과나 피부과를 선택하면서, 필수의료와 지역의료 분야는 사각지대 문제를 드러내고 있다. 윤석열 정부는 이 점을 간과하고 무턱대고 의대 정원만 늘리는 방식을 강제했다. 이런 식으로는 의료 인력이 긴요하고 절실한 필수 의료나 지역의료 분야의 인력 부족 문제가 개선되지 않는다. 오히려 증원된 의사들이 수익성이 높은 진료과로 몰려드는 현재의 구조가 그대로 유지될 가능성이 높다. 더구나 의료 인프라가 수도권에 집중되어 있기 때문에 인력 증원이 되더라도 지방의 의료진 부족 문제를 해결하지 못할 것이다. 지방은 여전히 근무 환경이 열악하고, 생활 인프라가 부족하여 의사들이 기피하는 상황이다. 즉, 의대 정원을 늘리더라도 신규 의사들 대다수는 서울 강남의 성형외과나 피부과와 같은 고소득 진료과로 유입될 가능성이 크다는 것이다.

그리고 의대 정원을 단기간에 2,000명 늘리는 것은 실로 위험한 발상이 아닐 수 없다. 무엇보다 현재 의대의 교육시설과 교원 수로는 감당이 불가능하다. 현재 의과대학들이 보유하고 있는 교육인프라는 특정 규모의 학생만을 수용할 수 있도록 설계되어 있다. 그래서 강의실, 실습실, 기숙사 등 교육 환경이 과포화 상태가 될 것이 분명하고 그래서 교육의 품질을 담보할 수 없다. 해부학 실습이나 임상 실습 같은 필수 과정에서는 학생 개개인의 집중 학습이 요구되는데 이것이 가능하겠는가. 그리고 교수가 감당할 수 있는 학생 수를 초과하게 되면, 교수들은 학생 개개인에게 충분한 관심과 피드백을 제공하기 어려워진다. 결국, 충분한 임상 실습이 이루어지지 않은 상태로 졸업한 의사들이 현장에 투입된다면, 의료의 질 저하로 이어질 수밖에 없다. 한 해에 5,000명 넘는 의사 인력이 배출될 경우, 의료 현장에 필요한 전문성과 경험을 갖춘 인력 양성에 어려움을 겪게 되며, 이는 중장기적인 의료 인력의 안정적 수급에도 악영향을 미칠 수 있다.

정리하자면, 윤석열 정부의 의대 정원 확대 정책은 의료 인프라, 교육의 질, 의료 인력 균형 등 여러 문제를 심화시킬 우려가 크다. 이러한 문제들은 궁극적으로는 국민 건강과 안전에까지 영향을 미친다. 의대 증원이 단순히 숫자의 문제가 아닌, 적절한 교육인프라와 임상 경험 그리고 사회적 수용 능력을 함께 고려한 장기적이고 체계적인 접근이 필요하다. 의사 수를 늘리는 일은 단순히 덧셈하는 산수 문제가 아니다. 정원 확대 목적을 분명하게 하고, 그것이 성과로 이어질 수 있도록 치밀하게 합의, 조정해 나가야 한다.

08
외국인 유학생, 인구위기 극복과 대학발전의 기회

1   국제적 위상과 국내의 인구위기

　개발도상국의 산업화와 국제무역을 지원하기 위해 만든 유엔 상설기관인 유엔무역개발회의(UNCTAD)에서는 지난 2021년, 한국을 선진국으로 분류했다. 이는 UNCTAD 설립 이래 첫 사례라고 한다. 또한 미국 주간지 '뉴스 & 월드 리포트'는 2022년 가장 강력한 국가 순위에 한국을 6위로 올렸다.[104] 2021년 기준 한국의 GDP는 세계 10위이고, 1인당 GNI는 24위, 무역 규모는 8위를 차지했다. 이렇게 볼 때, 유엔 195개 회원국 가운데 한국이 32개 선진국 그룹에 들어간 것은 이상하지 않다.

　우리의 국격을 두고 자주 듣는 말이 또 하나 있다. 한국은 "원조받던 수혜국에서 원조를 주는 공여국이 된 유일한 국가"라는 찬사다. 주요 20개국 정상회의인 G20 회원국이 되었고 국방비 규모에 있어 세계 8위에 달하는 군사 강국이며 타의 추종을 불허하는 IT 강국이기도 하다. 대중문화 수준도 가히 세계적이다. 전기가 들어오지 않는 오지에서도 한국 영화와 드라마를 보기 위해 태양광 패널을 깔고, K-pop을 따라 부르고 있다. 대

---

104 유엔무역개발회의(UNCTAD)는 그 나라의 무역과 경제규모를 계량화하여 선진국의 기준으로 삼았고, 뉴스&월드 리포트는 경제적 영향력뿐만 아니라 정치와 군사력 등 여섯 가지 지표를 두고 설문으로 점수화했다. 이 응답에서 프랑스가 7위이고 일본은 8위로 평가되었다.

학 진학률 또한 70%를 웃돌아 OECD 회원국 중 최상위다. 경제활동의 근간인 산업인프라도 한국만큼 고루 갖춘 나라가 많지 않다.

한 나라의 국제적 위상을 짐작할 수 있는 또 다른 하나는 30-50클럽이다. 1인당 국민소득이 3만 달러 이상이면서 인구가 5천만 명이 넘는 국가들을 말하는데 여기에 속한 나라는 미국, 독일, 영국, 일본, 프랑스, 이탈리아 등인데 한국이 일곱 번째로 들어갔다. 여행자유도 역시 중요한 지표다. 지구상에는 193개 유엔 정회원국을 비롯해 대략 200개 정도의 국가가 있는데, 이 중에서 한국 여권 소지자는 191개국을 무비자로 여행할 수 있다. 세계 최상위 여권 파워를 가진 나라가 한국이다. 이만하면 목에 힘이 들어갈 만도 하다.

하지만 눈을 나라 안으로 돌아보면 매우 심각한 현실에 부딪히고 만다. 바로 저출산, 고령화와 인구급감이다. 미국의 경제학자 해리 덴트(Harry Dent)는 2014년 저서 『인구절벽』에서 인구감소로 인한 경제활동 위축으로 경제위기가 올 수 있다고 경고했다.[105] 생산과 소비의 주축인 40대가 급감한다는 의미에서 인구절벽이라는 신조어를 썼다. 그는 2018년 한국은 인구절벽에 부딪힐 것으로 예측했는데, 실제 우리나라의 생산가능인구는 2017년에 정점을 찍은 뒤 감소하기 시작했다. 이렇듯 대한민국은 선진국으로서 한 단계 도약해야 하는 과제와 함께 내부적으로는 인구 위기의 문제를 극복해야 하는 상황이다. 종합적이고 구조적인 대책을 마련해야 하겠지만, 여러 대안 중 하나로 외국인 유학생 정책을 검토할 필요가 있다.

최근 들어 국내 대학의 외국인 유학생 수는 매년 급증하고 있다. 이러한 가운데 정부는 외국인 유학생 유치는 물론, 적극적인 이민정책을 통해서 이주민들의 교육과 국내 취업·정착까지 체계적으로 지원하겠다고 밝힌 바 있다.[106] 정부는 2023년 8월, 지방소멸 위험과 지역 대학의 위기를 유학

---

105 해리 덴트 지음, 권성희 옮김, 『2018 인구절벽이 온다』, 청림출판, 2019.
106 교육부, "교육개혁 대한민국 재도약의 시작: 2023년 교육부 연두 업무보고", 보도자료, 2023. 1. 5.

생 유치로 극복하겠다는 취지에서 'Study Korea 300K Project'를 발표했다.[107] 하지만 유학생 숫자를 단순히 양적으로 늘려 부족한 입학생 수를 채우는 수단으로 삼아서는 안 된다. 여기에 그친다면 국내 대학교육의 질적 수준 하락과 부실대학 양산의 부정적 결과만 초래할 가능성이 크기 때문이다. 외국인 유학생 증대는 이들이 한국사회의 구성원으로서도 인정되고 고등교육의 질적 발전과 글로벌 경쟁력 강화로 이어져야 한다.

2 외국인 유학생, 고등교육기관 학생 5.4%

'2022년 교육기본통계' 조사에 따르면, 국내 외국인 유학생 수는 166,892명에 이른다.[108] 426개 고등교육기관[109] 재적학생 수가 311만 7,540명이라고 하니까 고등교육기관 재적학생 5.4%를 외국인 유학생이 차지하고 있는 셈이다. 2021년도 152,281명에 비하면 9.6% 증가한 것이다. 학위과정[110] 유학생 수는 124,803명(74.8%)으로 전년에 비해 4,785명, 비학위 과정은 42,089명으로 전년 대비 9,826명 증가했다. 향후 이민정책이 적극적으로 추진된다면, 학위과정은 물론 어학연수생 등 비학위 과정의 외국인 유학생 수도 크게 늘 것으로 보인다.

전체 유학생 중에 가장 큰 비율을 차지하는 중국인은 2022년 40.4%

---

107 교육부, "글로벌 교육선도국가 실현을 위한 유학생 교육경쟁력 제고 방안", 보도자료, 관계부처합동, 2023. 8.
108 교육부, 「2022년 교육기본통계」, 2022. 8.
109 고등교육기관에는 일반대학, 산업대학, 교육대학, 전문대학, 방송통신대학, 사이버대학, 기술대학, 각종학교, 대학원, 전공대학, 원격대학 형태의 평생교육시설, 사내대학 형태의 평생교육시설, 기능대학을 포함한 것이다.
110 학위과정 외국인 유학생은 국내 대학에 소속을 두고 학사와 석사, 박사 학위과정을 밟고 있는 학생들을 의미한다.

(67,439명)로 2021년 44.2%(6만 7,348명) 대비 3.8%p 낮아졌다. 다음으로는 베트남 22.7%(37,940명), 우즈베키스탄 5.2%(8,608명), 몽골 4.4%(7,348명), 일본 3.4%(5,733명) 순으로 아시아 국가의 비율이 높게 나타났다. 학위과정 유학생의 경우는 중국인이 가장 많은 48.5%(60,521명)를 차지하고 있으며, 2021년 대비 1.2%(747명) 증가한 것으로 나타났다. 다음 베트남 유학생이 21.6%로 지속적인 증가 추세를 보이고 있으며, 우즈베키스탄 6.6%(8,249명), 몽골 3.8%(4,800명), 일본 1.9%(2,430명) 순으로 나타났다. 비학위 과정 유학생 중에는 베트남인 유학생이 가장 많은 26.2%(11,025명)로 2021년 대비 1.5%(166명) 상승했다. 다음 중국 16.4%(6,918명), 일본 7.8%(3,303명), 몽골 6.1%(2,548명), 프랑스 5.3%(2,247명) 순이다.

국내 외국인 유학생 현황

(단위: 명, %)

구 분		2010	2015	2020	2021	2022
학위과정	전문학사/학사	43,709(52.1)	32,972(36.1)	74,851(48.7)	80,597(52.9)	80,988(48.5)
	석 사	12,480(14.9)	16,441(18.0)	24,996(16.3)	25,169(16.5)	26,923(16.1)
	박 사	3,811(4.5)	6,326(6.9)	13,156(8.6)	14,252(9.4)	16,892(10.1)
	합 계	43,709(52.1)	55,739(61.0)	113,003(73.5)	120,018(78.8)	124,803(74.8)
비학위과정	어학연수생	17,064(20.4)	22,178(24.3)	32,315(21.0)	23,442(15.4)	27,194(16.3)
	기타연수생	6,778(8.1)	13,415(14.7)	8,377(5.5)	8,821(5.8)	14,895(8.9)
	합 계	23,842(28.4)	35,593(39.0)	40,692(26.5)	32,263(21.2)	42,089(25.2)
총 계		83,842	91,332	153,695	152,281	166,892

주: 1) 유학생 비율(%) = (해당 과정 외국인 유학생 수 / 전체 외국인 유학생 수) × 100.
   2) 기타연수생은 어학연수생, 교환연수생, 방문연수생을 제외한 기타 연수생을 의미함.
자료: 교육부(2022)

출신국가별 외국인 유학생 현황

(단위: 명, %)

구 분	2010	2015	2020	2021	2022
중 국	59,490(71.0)	54,214(59.4)	67,030(43.6)	67,348(44.2)	67,439(40.4)
베트남	1,919(2.3)	4,451(4.9)	38,337(24.9)	35,843(23.5)	37,940(22.7)
우즈벡	427(0.5)	1,066(1.2)	9,104(5.9)	8,242(5.4)	8,608(5.2)
몽 골	3,335(4.0)	3,138(3.4)	6,842(4.5)	6,028(4.0)	7,348(4.4)
일 본	4,090(4.9)	3,492(3.8)	3,174(2.1)	3,818(2.5)	5,733(3.4)
기 타	14,581(17.4)	24,971(27.3)	29,208(19)	31,002(20.4)	39,824(23.9)
합 계	83,842	91,332	153,695	152,281	166,892

주: 1) 유학생 비율(%)= (출신국가별 외국인 유학생 수 / 해당년도 총외국인 유학생 수) × 100.
2) 기타에는 중국, 베트남, 우즈베키스탄, 몽골, 일본 이외의 모든 국가가 포함됨.
자료: 교육부(2022)

지역별 유학생 현황

(단위: 명, %)

구 분		인 원	비 중
수도권	서울특별시	71,970	43.1
	인천광역시	2,966	1.8
	경기도	22,221	13.3
	소 계	97,157	58.2
지 방	부산광역시	10,391	6.2
	대구광역시	5,911	3.5
	광주광역시	5,076	3.0
	대전광역시	9,732	5.8
	울산광역시	1,238	0.7
	세종특별자치시	1,026	0.6
	강원특별자치도	3,245	1.9
	충청북도	3,290	2.0
	충청남도	8,603	5.2
	전북특별자치도	7,595	4.6
	전라남도	2,708	1.6
	경상북도	6,531	3.9
	경상남도	2,672	1.6
	제주특별자치도	1,717	1.0
	소 계	69,735	41.8
합 계		166,892	100.0

자료: 교육부(2023)

주요 대학 유학생 현황

(단위: 명, %)

학교명	학위과정				어학연수	기타연수 (교환학생 등)	합계
	대학	대학원		소계			
		석사	박사				
한양대	3,275	1,577	590	5,442	854	703	6,999
경희대	3,206	2,202	258	5,666	799	447	6,912
성균관대	2,487	1,290	433	4,210	297	2,169	6,676
연세대	2,351	961	343	3,655	1,092	1,179	5,926
고려대	2,037	577	224	2,838	1,066	835	4,739
중앙대	2,819	959	291	4,069	284	358	4,711
한국외대	1,829	474	134	2,437	227	511	3,175
가천대	1,928	520	406	2,854	156	47	3,057
동국대	1,200	752	150	2,102	416	270	2,788
건국대	1,364	333	85	1,782	696	211	2,689
숭실대	1,413	557	61	2,031	483	160	2,674
명지대	1,549	150	115	1,814	675	152	2,641
국민대	1,439	472	327	2,238	297	96	2,631
우송대	1,450	329	297	2,076	15	513	2,604
서울대	208	658	377	1,243	902	455	2,600
서강대	910	487	33	1,430	837	250	2,517
홍익대	1,287	538	121	1,946	412	88	2,446
서정대	2,142	–	–	2,142	297	–	2,439
세종대	899	494	441	1,834	315	150	2,299
이화여대	766	639	117	1,522	292	339	2,153

자료: 교육부(2023)

3 호주 사례: 경제적 효과, 학문적 명성

외국인 유학생 정책의 대표적인 사례는 호주다. 유학산업이 광물산업, 관광산업에 이은 세 번째 수출 효자산업이라고 할 만큼 비중이 크다. 실제 2019년 기준, 유학산업 규모는 403억 달러에 이른다. 오래전 자료이지만, 호주국제교육협회(IEAA)는 2008년 유학산업이 기록적인 166억 달러의 경제유발효과를 가져왔다고 밝힌 바 있다.[111]

호주의 외국인 유학생 정책은 1951년 아시아 국가들에 대한 경제 및 교육 원조를 목적으로 시작되었다. 당시 유학생들은 영연방 장학금 제도의 혜택을 받거나 현지 학생과 동일한 등록금을 적용받았다. 1966년 유학생 비율은 8.9%였고 이 비율은 꾸준히 상승했다. 호주 체류 5년 이상 유학생에게 시민권을 부여하는 이민법도 한몫을 했다. 이후, 1990년 호주 정부는 유학생 등록금정책을 전격 도입했다. 대학교육을 수출산업으로 정착시킬 기회를 포착하고 인원 제한 없이 문호를 전면 확대했다.

호주 고등교육의 외국인 유학생은 2010년 이래로 계속 증가하는 추세를 보이고 있는데 특히, 2010년 245,737명으로 2015년까지 20만 명대를 유지하다가, 2016년부터 급격하게 증가하여 2019년에는 436,305명으로 급증했다.[112] 같은 기간 동안 고등교육 과정에 입학한 호주 국적 입학생 역시 지속해서 증가했음에도 불구하고, 외국인 유학생의 증가세가 상당히 두드러짐에 따라 고등교육에서 외국인 유학생의 비율은 2010년 20.6%에서 2019년 27.1%로 대폭 상승했다.[113]

---

111 세계한인신문, "호주 유학산업은 4대 수출산업", 2009. 12. 11.
112 곽윤경 외, 「포용사회를 위한 외국인 유학생의 실태와 사회보장의 과제」, 연구보고서 2021-08, 한국보건사회연구원, 2021.
113 Ferguson, H., & Spinks, H., *Overseas students in Australian higher education: a quick guide*. Parliament of Australia, 2021. 4. 22.

호주 고등교육 외국인 유학생 현황

(단위: 명, %)

구 분	외국인 유학생 (임시비자)	전체 등록학생	고등교육 등록비율
2010	245,737	1,192,657	20.6
2015	273,817	1,410,133	19.4
2016	304,957	1,457,209	20.9
2019	436,305	1,609,798	27.1

자료: Ferguson, H., & Spinks, H.(2021. 4. 22.), 한국보건사회연구원(2021) 재인용.

2019년과 2020년 기준 출신 국가별 외국인 유학생의 수를 살펴보면, 호주 역시 대부분 아시아 국가 출신인 것으로 나타났다. 2020년 기준으로 가장 많은 유학생을 송출하고 있는 나라는 중국으로 160,430명으로 전체 유학생 38.4%를 차지한다. 다음은 인도 79,410명(19.0%), 네팔 34,149명(8.2%), 베트남 15,632명(3.7%), 말레이시아 11,212명(2.7%) 등의 순이다.

호주 고등교육 외국인 유학생 출신국가별 현황

(단위: 명, %)

구 분	2019	2020
중 국	164,306(37.3)	160,430(38.4)
인 도	90,240(20.5)	79,410(19.0)
네 팔	34,372(7.8)	34,149(8.2)
베트남	16,299(3.7)	15,632(3.7)
말레이시아	13,074(3.0)	11,212(2.7)
인도네시아	11,678(2.7)	10,524(2.5)
스리랑카	11,045(2.5)	10,331(2.5)
홍 콩	8,878(2.0)	10,127(2.4)
싱가포르	7,120(1.6)	9,027(2.2)
기 타	73,047(16.6)	6,552(1.6)
합 계	440,667(100.0)	418,168(100.0)

자료: Ferguson, H., & Spinks, H.(2021. 4. 22.), 한국보건사회연구원(2021) 재인용.

호주 대학들이 세계적으로 학문적 명성을 얻을 수 있었던 중요한 이유 중 하나는 외국인 유학생을 적극적으로 유치한 덕분이다. 유학생들은 호주 대학의 경제적 안정성에 큰 역할을 하고 있다. 2021년 기준으로 호주 대학들은 유학생 등록금으로 92억 2천만 호주달러를 벌어들였으며, 이는 전체 대학 수익의 약 22.5%를 차지한다. 시드니대학(Univ. of Sydney)과 같은 주요 대학들은 이보다 더 많은 수익을 창출하며, 유학생 등록금이 전체 수익의 38.4%를 차지하기도 했다. 이와 같은 유학생들의 유입은 호주 대학들이 세계대학 순위에서 높은 자리를 차지하는 데 중요한 역할을 했고, 대학의 다양성과 글로벌 네트워크 확장에도 기여했다.

그런데 최근 들어 호주 대학들의 학문적 명성이 떨어지고 있다. 타임스가 발표한 '고등교육 세계 대학 순위 2025'에서 호주의 상위 5개 대학 순위가 큰 폭으로 하락한 것으로 나타났다. 2,000개 이상의 대학 순위가 매겨진 2024년 심사에서 호주는 총 38개의 대학이 선정되었는데, 이 중 상위 50위 안에 1개, 상위 100위 안에 6개, 상위 200위 안에 10개가 포함됐지만, 지난 2023년보다는 하락한 것이다.[114]

호주 대학들은 순위 하락의 원인으로 '유학생 상한제' 도입을 꼽았다. 호주 정부가 2025년부터 연간 새로 등록할 수 있는 유학생 수를 27만 명으로 제한키로 했다. 분야별로는 공립대학 14만 5천 명, 직업교육 및 훈련 부문 9만 5천 명, 사립대학과 비대학 고등교육 기관 3만 명 등이다. 27만 명은 2024년 새로 등록한 유학생의 85% 수준이다. 이에 대학들은 크게 반발하고 있다. 대학 재정의 상당 부분을 외국인 유학생 등록금에 의지

---

114 가장 높은 순위를 받은 멜버른대(Univ. of Melbourne)는 2024년보다 두 계단 낮은 39위로 21년 역사상 가장 낮은 순위를 받았으며, 두 번째로 높은 순위에 오른 모나쉬대(Monash University)는 4계단 하락한 공동 58위에 그쳤다. 시드니대(Univ. of Sydney)는 60위에서 61위로 떨어졌고, 호주국립대(Australian National University)는 67위에서 73위로, 퀸즐랜드대(Univ. of Queensland)는 전년도 70위에서 하락한 77위로 호주 상위 5개 대학 모두 순위가 떨어졌다. MIDAS, "호주 유학생 제한, 내년부터 연 27만 명", 연합뉴스 동북아센터, 2024. 9. 26.

하고 있는데, 이들의 수를 제한하면 수입이 급감할 수 있기 때문이다. 또 유학생 수가 줄어들면서 전통적으로 강점을 가지고 있던 국제 연구협력과 국제인재 유치에서 점수를 잃었다.

이렇게 유학생 비율이 감소하면서 대학 순위를 매기는 지표 중 하나인 유학생 점수는 2년 연속 하락했으며, 논문의 국제 공동저자 점수도 낮아졌다. 경제적 측면에서도 큰 비중을 차지하고 있던 유학생의 비중이 낮아지면서 국가경제에도 큰 위협요소로 작용하고 있다. 이렇듯 외국인 유학생 유치가 국제적 연구경쟁력은 물론 국가경제에도 크게 기여할 수 있다는 점은 우리에게 중요한 시사점이 아닐 수 없다.

4 인구위기·대학위기 극복과 새로운 동력

한국의 국제적 위상과 영향력은 크게 향상되었고, 한류 붐도 널리 확산되고 있다. 외국인 유학생 추이를 봐도 한류 붐이 일면서 급격히 증가했음을 알 수 있다. '겨울연가'로 시작된 1차 한류 붐(2003년~2004년)의 영향으로 2005년부터 유학생 수는 서서히 증가하기 시작했고, 동방신기, 소녀시대, 카라 등 2차 한류 붐(2010년~2011년)이 일어난 이후 2012년, 2013년의 그래프는 뚜렷한 상승세를 보였다. 치즈 닭갈비가 유행한 3차 한류 붐(2016년~2017년) 시기도 눈에 띄게 증가했음을 확인할 수 있다. 2020년대는 4차 한류 붐이라고 불리는 시기로, 넷플릭스를 통해 글로벌 시청자들에게도 큰 관심을 받은 '사랑의 불시착', '오징어 게임'으로 인해 한국 드라마 인기는 고조되고 있으며, 방탄소년단을 비롯한 K-pop 영향이 세계 곳곳에 침투하고 있다.[115] 따라서 이 같은 분위기로 유학생 정책을

---

115 박하영, "한국 유학 꿈꾸게 하는 한류 붐", 「WelCon」, 한국국제문화교류진흥원, 2022. 3. 28.

체계적으로, 적극적으로 펴 나갈 필요가 있다.

저출산·고령화 인구위기 극복, 양질의 인력 유입

한국은 노동력 부족 문제를 해결하기 위해 외국인 인력의 수급을 고민해야 할 시점에 있다. 그러나 결혼이민자나 외국인 근로자의 수는 2010년 이후 정체 상태에 있으며, 그 대다수는 저숙련 직업군에 속하고 장기 체류자가 아닌 단기 인력에 의존하고 있다. 이로 인하여 단순히 외국인 근로자만을 통해서 인구위기 문제를 해결하는 데 한계가 있다는 분석이 나온다.

그렇다면 유학생은 이 문제를 해결할 수 있는 중요한 대안이 될 수 있다. 유학생은 한국어와 한국 문화에 대한 이해도가 높고, 사회 적응력 또한 뛰어나기 때문에 노동시장에 빠르게 적응할 수 있다. 예를 들어, 유학생들은 졸업 후 한국에 계속 남아 전문인력으로 성장할 수 있는 잠재력을 가지고 있다. 한국의 IT와 반도체 산업, 비즈니스 분야는 이미 글로벌 수준의 경쟁력을 자랑하며, 유학생들이 해당 분야에 들어설 가능성도 크다. 실제로, 유학생들이 졸업 후 한국에서 정착하고 전문직으로 활동하는 비율은 꾸준히 증가하고 있다. 2022년 기준으로 한국에 있는 외국인 학생 중 약 60% 이상이 한국에서 취업을 원한다고 응답했으며, 그중 상당수가 한국의 기술 산업과 관련된 직업에 관심을 보였다. 따라서 유학생들이 한국에서의 경력을 통해 전문인력으로 성장할 수 있도록 하는 정책적 지원이 필요하다.

대학위기 극복과 세계대학으로 발전하는 계기

유학생 유치는 한국 대학의 재정적 어려움을 해결할 수 있는 중요한 방안이 된다. 외국인 유학생은 등록금 외에도 다양한 경제적 기여를 하며,

2021년 기준으로 한국 경제에 유학생들이 미친 경제적 효과는 약 380억 달러에 달한다. 그러나 유학생 유치가 단기적인 재정 보완 수단에 그쳐서는 곤란하다. 앞으로는 유학생 유치 정책을 재정립하고, 이를 체계적으로 확장하는 방향으로 나아가야 한다. 단기적 재정적 부담을 넘어, 글로벌 경쟁력 강화를 위한 전략적 접근이 필요하다. 현재 유입되는 유학생은 주로 아시아 지역에서 온 학생들이 많다. 이는 한국 대학이 아시아 국가들과의 학문적, 문화적 관계를 강화하는 데 유리하지만, 동시에 지역적 편중이라는 한계를 안고 있다. 이를 해결하기 위해, 미주와 유럽 등 선진국 출신 유학생을 유치하는 정책적 변화가 필요하다. 이것은 대학의 국제적 위상을 높이는 데 중요한 관건이 된다.

한편, 외국인 유학생이 유입되면, 이는 단순히 학생 수를 늘리는 데 그치지 않는다. 선진국에서 온 유학생들은 한국 대학의 교육 수준을 높이고, 글로벌 네트워크를 확장하는 데 중요한 역할을 한다. 예를 들어, 한국의 명문대학들은 이미 다국적 연구팀을 구성하고 있으며, 이를 통해 세계적 수준의 연구 성과를 내고 있다. 따라서 한국 대학들은 유학생 유치 전략을 단기적 재정 해결책으로만 삼는 것이 아니라, 글로벌 경쟁력을 높이고 세계적 수준의 교육 환경을 구축하는 장기적인 계획으로 삼아야 한다. 이를 통해 한국 대학들은 양적 팽창을 넘어 질적 성장을 이룰 수 있으며, 세계 유수 대학들과 어깨를 나란히 할 수 있다.

국제적 위상에 걸맞은 역할, 포용국가로 도약

외국인 유학생 정책을 강화함으로써 국제사회에서 한국의 위상을 더욱 높일 수 있다. 미국이 세계 최강 국가로 발전할 수 있었던 이유 중 하나는 유학생들의 역할이다. 유학생들은 미국 대학의 학문적 성과와 경제적 성장에 기여했으며, 미국의 국제적 영향력을 확장하는 데 중요한 역할을 했다. 2023년 기준, 미국에는 약 1백만 명 이상의 국제 학생이 등록되어 있으며, 이는 전 세계 국제 학생의 약 15%를 차지한다. 이들은 미국 대학의 글로벌 네트워크 확장과 혁신적인 연구개발을 촉진하고, 학문적 교류의 중심으로 자리 잡았다. 또한 다양한 분야에서 인재 풀을 확장하고, 미국의 기술혁신 및 글로벌 경제 리더십을 지속적으로 강화하는 데 기여하고 있다.

이 외에도 졸업 후 미국에서 취업하는 비율도 높아, 연구 및 기술 개발 분야에서 중요한 인재들을 공급하고 있다. 이런 과정을 통해 미국은 전 세계에서 인재를 끌어들이고, 이를 활용해 경제적, 학문적 우위를 지속적으로 확대할 수 있었다. 우리나라도 이미 산업경제, 과학기술, 문화예술 등 많은 분야에서 높은 수준에 와 있다. 뒤쫓아 가는 나라에서 선도하는 나라로 역할이 바뀐 것이다. 따라서 이제는 다른 나라로부터 배우는 나라에서 벗어나 가르치는 나라로 바뀌어야 한다. 우리도 유학생 정책을 통하여 국제사회에서 자신 있는 포용국가로 도약할 수 있다.[116]

---

116 2018년 9월 문재인 정부는 '포용국가 전략회의'에서 '모두를 위한 나라, 다 함께 잘사는 포용국가'를 사회정책 분야 국가비전으로 제시한 바 있다. 포용국가의 기본조건은 사회안전망과 복지 안에서 국민이 안심할 수 있는 나라, 공정한 기회와 정의로운 결과가 보장되는 나라, 누구도 차별받지 않는 나라다.

09
공영형 사립대학,
대학운영의 공공성과 투명성 확보

1   사립대학 체제의 한계

　학령인구가 급격히 감소 됨에 따라 대학과 고등교육 개혁은 중요한 과제가 되었다. 우리나라 대학 입학정원은 2021년 47만 4,000명이다. 2024년에는 학령인구(만 18세)가 43만 명으로 줄어들면서, 대학입학 인원도 37만 3,000명으로 줄어 정원 11만여 명을 채우지 못할 것으로 예측된다. 2021년 총출생아 수가 26만 562명이니 18년 후인 2040년 대학입학 학령인구는 26만여 명, 현재 대학입학정원의 55% 수준으로 크게 줄어든다. 지방대학과 사립대학의 위기는 이렇게 시작되었다.

　차제에 한국대학의 고질적인 문제를 해소하고 질적 발전의 기회로 삼아야 한다. 세계 최고 수준의 등록금, 경제협력개발기구(OECD)에서 가장 높은 사립대학 학생 비율, OECD 평균에도 미치지 못하는 공교육비 비율, 수도권과 지역의 격차 등 우리나라 고등교육 문제의 핵심에는 사립대학 체제가 있다. 이러한 구조적인 한계를 덮어 둔 채 대학 정원만 감축한다고 문제가 해결될 리 만무하다. 따라서 사립대학을 '공영형'으로 전환하는 것을 대학개혁의 밑바탕으로 삼을 필요가 있다. '공영형 사립대학'은 낮선 제도가 아니다. 지난 문재인 정부 때 이미 논의된 바 있는데, 2017년 7월 국정기획자문회의가 발표한 '국정운영 5개년계획'에 담겨 있고, 100대 국정과제로 채택된 바 있다.[117]

'공영형 사립대학'이란 OECD의 대학 분류체계 중 하나인 '정부 의존형 사립대학'을 우리나라 교육 상황에 적합하게 개념화한 것으로, 정부가 발전 가능성이 큰 사립대에 재정과 운영을 지원해 공공성을 높이는 것을 목표로 하는 대학이다. 대학 운영비의 50%를 정부가 책임지는 대신 이사 정수의 50% 이상을 공익이사로 구성토록 하여 사학의 공공성을 강화하는 방식이다. 이사 추천도 대학 구성원과 지역사회 인사 등을 포함할 수 있고, 이사장 친족의 총장 임명을 제한하고 국공립대 수준의 재정·회계 투명성 장치를 마련할 수도 있다.[118] 한마디로 지배구조 개선과 투명성 강화를 통해 그동안 사립대학의 폐단으로 지적된 족벌 경영 등의 문제를 해소할 수 있는 정책으로 볼 수 있다.

이 같은 공영형 사립대학은 두 가지 중요한 의미를 가지고 있다.[119] 하나는 대학의 성격과 역할이 바뀌어야 한다. 즉, 사학비리를 저지르지 않는 대학, 구성원들이 자유롭게 참여하고 민주적으로 운영되는 대학, 지역사회와 함께 대학을 운영하면서 지역과 대학이 상생 발전하는 대학이 필요하다는 것이다. 또 하나는, 이러한 대학에 대하여 정부가 재정을 지원함으로써 대학발전을 촉진시킨다. 재정이 취약한 사립대학을 정부재정으로 지원함으로서 안정적인 교육투자와 대학운영이 가능해진다. 한마디로 대학다운 대학을 국가가 지원 육성함으로써 대학의 발전과 지역발전, 궁극적으로는 국가발전을 도모하자는 것이다.

---

117 변기용, "공영형 사립대 도입으로 과연 교육의 공공성이 높아질까?", 대학지성, 2020. 11. 22.
118 정대화, "공영형 사립대학이 꼭 필요한 이유", 「청년다방」, 국제NGO 한국투명성기구 청년위원회, 2020. 9. 24.
119 김명연, "공영형 사립대학, 교육 받을 권리와 국가책임론", 「행복한 교육」, Vol. 485, 교육부, 2022. 12.

2   사립대학, 대학교육 84% 담당, 75% 적자운영

　OECD 국가들 대부분 정부가 대학을 직접 운영하고 있는 것과는 달리 우리나라는 대학교육 대부분을 민간에 떠넘기고 있는 실정이다. 대학교육에 대한 국가의 책무성 결여, 정부지원 감소는 고등교육의 질 저하로 이어질 수밖에 없다. 설상가상으로 학령인구 급감과 미충원 충격까지 더해지면서 지방의 사립대학은 대학 본연의 기능마저 상실한 위기에 놓여 있다. 우리의 대학은 해방 당시인 1945년 29개교에 불과했지만, 국민적 교육열에 힘입어 2019년 335개교(일반, 산업, 전문, 교육대학)로 늘었다. 문제는 대학 증가의 대부분이 사립대학이라는 점이다. 2019년 기준, 전체 대학 335개교 중 사립대학이 281개교로 83.9%를 차지하고 있다. 1980년 70.1%에 비하면 13.8%p 증가한 것이고, 입학정원은 48만 6천 명 중에 사립대학이 41만 명을 차지하고 있다. 정부의 재정 부담을 이유로 최소한의 국립대학만 설립하고 나머지는 민간에 위탁하면서 사실상 대학교육을 방치했다고 해도 과언이 아니다.[120]

---

120 고영구·조택희, "지역의 관점에서 본 대학정책의 문제점과 개선방안 연구", 「한국지역경제연구」, 제16권 2호, 한국지역경제학회, 2018.

1980~2019년 사립대학 수 및 입학정원 현황

(단위: 개교, 명, %)

구 분		1980	1985	1990	1995	2000	2005	2010	2015	2019
대학수	전체	224	237	241	304	349	360	345	339	335
	국공립	67	53	54	54	61	59	50	54	54
	사립	157	184	187	250	288	301	295	285	281
	사립비율	70.1	77.6	77.6	82.2	82.5	83.6	85.5	84.1	83.9
입학정원	전체	201,055	319,000	339,511	495,300	646,275	625,541	570,927	520,664	485,592
	국공립	49,569	63,511	65,180	84,345	97,829	95,869	82,649	83,161	77,540
	사립	151,486	255,489	274,331	410,955	548,446	529,672	488,278	437,503	408,052
	사립비율	75.3	80.1	80.8	83.0	84.9	84.7	85.5	84.0	84.0

주: 일반 4년제 대학, 산업대학, 전문대학, 교육대학을 포함한 것임.
자료: 대학교육연구소(2020)

우리나라 고등교육 재원은 수익자 부담의 원칙에 의한 사적 지원에 의존하고 있다. 그러나 이제는 학생등록금, 재단수입사업, 사회적 기부 등 어느 것에도 대학재정을 기대하기 힘들다. 특히, 정부의 고등교육 분야 투자 규모는 OECD 평균에도 훨씬 못 미치는 수준이다. GDP 대비 교육단계별 공교육비를 비교해 보면 초·중등 교육단계에서는 높은 편이지만, 고등교육 단계에서는 매우 낮다. 정부가 부담하는 비중이 0.6%이고 민간 부담은 0.9%이다. OECD 평균은 정부 0.95%, 민간 0.55%이다.

한편, 등록금 수입에서 인건비가 차지하는 비율은 재정건전성의 척도가 되는데, 여기서 대학재정의 어려움을 여실히 보여 주고 있다. 등록금 대비 인건비 비중이 80%를 초과하는 대학이 2010년 21개 대학에서 2019년 55개 대학으로 급증하고 있다.[121] 대학운영수지 현황에서도 잘 나타나 있

---

121 등록금 대비 인건비 비중이 80%를 초과할 경우 재정건전성이 심각하게 위협받는다고 볼 수 있다.

는데, 한국교육개발원(2018) 조사에 따르면 2012년 전국 141개 사립대학 중에 97개 대학이 흑자, 44개 대학이 적자였는데, 2018년에는 36개 대학만이 흑자이고 105개 대학 75%가 적자로 나타났다. 특히 지방대학은 대부분 적자 상태를 면치 못하고 있다.

사립대학 운영수지 비교

(단위: 개 대학)

구 분		2012	2013	2014	2015	2016	2017	2018
흑자	수도권	47	33	29	26	20	18	21
	지 방	50	36	33	26	23	18	15
	전 체	97	69	62	52	43	36	36
적자	수도권	13	27	31	34	40	42	39
	지 방	31	45	48	55	58	63	66
	전 체	44	72	79	89	98	105	105

주: 141개 사립대학 대상임.
자료: 교육개발원(2018), 김병주(2022) 재인용.

3 등록금 비싸고, 사학재단은 부정과 비리

서울이나 지방 할 것 없이 대학 등록금은 세계 최고 수준이다. 등록금 의존도가 높은 사립대학이 대부분을 차지하고 있기 때문이다. 대학 등록금이 13년째 동결되었음에도 불구하고 2019년 기준, 경제협력개발기구(OECD) 국가 중에서 국공립대학은 8번째로, 사립대학은 7번째로 높

2019년 현재 200%가 넘는 곳이 7개 대학, 100% 넘는 곳이 12개 대학, 90% 넘는 곳이 5개 대학, 80% 넘는 곳이 16개 대학으로 나타났다. 김병주, "독자적인 재원을 갖는 대학교육을 지원할 특별회계의 신설을 기대하며", 「대학균형발전특별회계법안, 고등평생교육지원특별회계법안, 고등교육재정교부금법안에 대한 공청회」, 국회교육위원회, 2022. 11. 22.

다.[122] 교육부가 발표한 'OECD 교육지표 2021'에 따르면, 국공립 기준 학부 수험료가 가장 많은 대학은 영국(1만 2,330달러)으로 나타났다 이어 미국(9,212달러), 칠레(8,317달러), 아일랜드(8,304달러), 일본(5,177달러), 캐나다(5,060달러), 호주(5,024달러) 순이며, 우리나라는 이들 국가에 이어 8위를 차지했다. 사립대학을 비교하면, 우리나라 학부 평균 등록금은 8,582달러(약 745만 원, PPP환율 적용)로 자료를 제출하지 않은 국가를 제외하고, 미국(3만 1,875달러), 칠레(7,368달러), 호주(9,266달러), 일본(8,798달러)에 이어 7번째로 높았다. 이 밖에 노르웨이, 프랑스, 핀란드, 독일 등을 포함하여 OECD 가맹국 36개국 중 유럽 16개 국가는 대학 무상교육을 시행하고 있다.[123]

이렇게 본다면 사실상 대학 무상교육을 적극 검토하는 것이 바람직하다. 반값 등록금이 아니라 무상교육이어야 하며, 국공립과 사립을 구분해서도 안 된다. 헌법 32조 제1항에 "모든 국민은 능력에 따라 균등하게 교육을 받을 권리를 가진다."라고 명시되어 있다. 대학 무상교육을 시행하고 있는 독일의 경우, 2차 세계대전 이후 경제 상황이 매우 좋지 않은 1946년에 무상교육을 실현했다.[124] 세계 경제 규모 10위, 1인당 국민소득 3만 5천 달러에 이르는 우리나라에서 시행하지 못할 이유가 없다. 다만 무상교육에 대한 사회적 공감대가 형성되려면 더 많은 논의와 시간이 필요할 것이다. 어떻든 최근 들어 대학교육은 국가가 책임진다는 사명으로 대학 재정을 정부가 지원하는 것이 바람직하다는 목소리가 커지고 있다. 경제적 부담 능력에 따라 교육에 대한 접근성과 교육의 질이 결정되어서는 안 된다

---

122 OECD는 회원국 38개국, 비회원국 8개국을 대상으로 학생, 교원, 재정, 교육참여 및 성과 등 교육 전반에 관한 사항을 조사해 발표하고 있다. 교육부, "경제협력개발기구(OECD) 교육지표 2021 결과발표", 보도자료, 2021. 9. 16.
123 김상규, "의무무상교육에 대한 국제적 동향", 「행복한 교육」, 8월호, 교육부, 2019. 8.
124 김누리, "자본독재시대의 대학: 위기의 한국대학과 학문", 「대학정책, 어떻게 바꿀 것인가?」, 소명출판, 2017.

는 인식이 확산되고 있다. 대학교육의 목적과 가치가 무엇이든 간에 개인의 경제적 능력에 따라 교육이 좌우된다는 것은 공평하다고 볼 수는 없기 때문이다.[125]

설립유형별·국가별 연평균 등록금(2019년)

(단위: $)

국공립대			사립대		
국가별	2017~2018	2019~2020	국가별	2017~2018	2019~2020
영 국	12,038	12,330	미 국	29,478	31,875
미 국	8,804	9,212	스페인	7,926	10,342
칠 레	7,361	8,317	호 주	9,223	9,226
아일랜드	8,708	8,304	에스토니아	–	9,161
일 본	5,090	5,177	이스라엘	6,890	9,004
캐나다	5,493	5,060	일 본	8,541	8,798
호 주	4,961	5,024	한 국	8,578	8,582
한 국	4,785	4,792	칠 레	6,577	7,368

주: 1) 대학등록금은 2년 주기로 조사되며, 2019/2020년 등록금 조사의 한국 조사기준은 2019년임.
　　2) PPP 환율 : (2018년) 870.77원/$ → (2019년) 868.57원/$으로 환산되었음.
자료: 교육부(2021. 9. 16.)

한편, 사립대학의 또 하나 문제는 재단의 비리와 전횡이다. 대학교육을 지나치게 민간에 의존하다 보니 우리나라 대학의 문제라고 하면 곧 사립대학의 문제라 해도 과언이 아니다. 대한민국 정부가 수립된 이후 국가가 교육의 책임을 방기한 채 민간에게 떠맡긴 결과 전국에 수많은 사학이 설립되었다. 학교법인은 개인이 재산을 사회에 환원하는 것으로 규정함에 따라 재산을 출연한 설립자에게는 많은 세제 혜택은 물론 사학의 경영권도 보장되었다. 결과적으로 각종 사학이 난립하게 되었고 그중에는 학교

---

125 김창엽, "대학교육의 공공성", 대학신문, 2010. 9. 19.

법인의 본래 목적과 취지와는 달리 개인의 사유재산처럼 여기는 사례가 허다했다. 2013년부터 2018년까지 5년간 이루어진 교육부 감사 결과를 살펴보면, 설립자 일가의 족벌체제로 이사장, 총장을 번갈아 가며 맡으면서 교비를 횡령하고, 대학 구성원을 탄압하는 등 많은 대학에서 부정과 비리를 저지른 것으로 나타났다.[126]

사립대학 재단 부정·비리 사례

구 분	부정·비리 사례
교비 및 법인 회계	- D대: 구속된 이사장에게 급여 지급, 법인회계 부담비용 교비로 처리 - D대: 강의실을 외부업체에 임대하고 임대수입을 법인수익으로 처리 - S대: 학교발전명목 기부금을 법인회계로 세입처리
법인운영	- K대: 설립자 며느리이자 전)이사장이 재단자금 수억 원 횡령 - K대: 설립자 아들 이사회 회의록 허위작성, 법인 부동산 부당처분 - S대: 해임된 전)총장이 대학을 대표해 협약체결, 학교업무 직접개입
교직원 인사	- S대: 교원 재임용 탈락 시 이의를 제기하지 못하게 불리한 임용계약 - H대: 이사장이 교원채용과정에서 이사회 의결 없이 부당하게 개입 - D대: 서류심사, 자격심사, 면접심사 등 채용절차 무시 교원 특채
구성원 탄압	- S대: 대기업 대학인수 반대하는 교원에 대한 재임용 거부, 해임 - S대: 이사장 비판 교수에 대해 파면, 재임용거부, 해임 등 징계조치 - S대: 총장과 학교법인의 비리 의혹 내부고발 교원에 대해 파면

자료: 아주경제(2019. 4. 14.)

4 OECD 국가 중 대학 공영화율 최하위권

20세기 접어들면서 세계적으로 대학교육 성격에 많은 변화가 일어났다. 즉 특정 계층이나 개인의 필요가 아니라 복잡한 근대사회 전체의 운영을 위해 대학교육이 국가적 차원에서 보편적으로 이루어져야 할 필요성이

---

126 아주경제, "사립대 비리 천태만상", 2019. 4. 14.

커졌다. 또한 대다수의 일반시민층에서도 사회적인 요구에 부응할 지식과 자질을 함양하기 위한 고등교육이 필요하게 되었다. 많은 나라들에서 대학교육이 보편화된 것이다.

그동안 우리나라에서 대학교육의 공공성에 대해 사회적 합의가 어려웠던 이유는 미국 사립대학의 영향을 받아 왔던 이유도 크지만, 대학은 의무교육이 아닐뿐더러 개인의 삶을 위한 선택인 점에서 진학은 개인의 차원이지 반드시 공공의 이익에 부합하는 것으로 볼 수 없다는 논리였다. 이러한 관점에서 대학에 정부재정이 지원된다면, 대학 진학을 선택하지 않은 국민과의 형평성에 문제가 된다는 것이다. 사실 1990년대 이전까지는 대학 진학이 고교졸업생 중 30%를 조금 상회하는 정도였다. 그러나 2000년대 이후 80%대를 넘어서는 수준에 이르렀다. 이제는 대학교육이 특별한 엘리트 교육이 아니고 보편적인 국민교육의 단계에 진입했다는 의미다.[127]

한국의 사립대학 편중은 OECD 국가들과 비교했을 때 더욱 두드러진다. 2019년 'OECD 교육지표'에 따르면 대다수 국가에서 사립대학보다 정부 의존형 사립교육기관을 포함한 국공립 고등교육기관의 학생 비율이 월등히 높게 나타났다. 캐나다의 경우 100%, 덴마크 99%, 프랑스는 82%에 이른다. 국공립 비중이 절반도 되지 않는 국가는 한국(25%), 일본(25%), 칠레(20%)뿐이다. 자유시장 논리가 지배적인 미국도 국공립대학 비율이 63%나 된다. 미국은 1862년 주립대 설립을 위해 국유지 무상증여를 규정한 '모릴(Morill)법' 제정 이후 공공지원을 받은 주립대들이 높은 수준의 교육을 비교적 저렴하게 제공하고 있다.[128] 미국 주

---

127 윤지관, "대학교육의 공공성과 민주화의 과제; 대학 공영화 운동을 제안하며", 「토론회 발표자료집」, 수원대학교 교수협의회, 2013. 12.
128 미국의 하원의원 모릴(Morill, J. S.)이 제안한 두 개의 법률로서 1862년의 것과 1890년의 것이 있다. 특히 1862년의 토지허여법(土地許與法)은 주립대학의 설립을 위해 국유지 무상 불하를 규정한 법으로, 많은 주립대학의 설립에 기여했다.

립대의 한해 등록금은 지역주민 기준으로 6,000~15,000달러, 사립대는 40,000~50,000달러 수준이다. 영국, 프랑스, 독일 등 유럽 국가들은 교육을 공공서비스로 보기 때문에 전체 대학의 80% 이상이 국공립대학, 정부 책임형 또는 공영형 사립대학이다.[129]

국가별·설립주체별 대학교 수 비중

(단위: 개교, %)

구 분	미 국	영 국	프랑스	독 일	일 본	한 국
국공립대	689 (22.8)	159 (99.4)	74 (86.0)	156 (85.7)	177 (22.8)	54 (16.1)
사 립 대	2,337 (77.2)	1 (0.6)	12 (14.4)	26 (14.3)	600 (77.2)	281 (83.9)
합 계	3,026	160	86	182	782	335

자료: 전주대학교 교수회(2018)

    현실적으로, 공영형 사립대 체제의 도입하기 전 단계로 사립대학들의 공공성을 확대해 나가는 노력도 필요하다. 예를 들어 '글로컬 30'이나, '라이즈'(RISE) 같은 정부의 재정지원 사업에 적극 끌어들일 필요가 있다. 공적인 지원을 늘려 가면서 대학운영의 투명성을 요구한다면 결국은 수용해야 하는 단계에 이를 수 있다. 오늘날 사립대학의 재정위기는 대학의 존립을 위협할 만큼 심각한 상황에 이르렀다. '공적 지원을 안 받고 문을 닫느냐?', '지원을 받고 투명 운영을 약속하느냐?'의 갈림길에서 사학재단들은 판단할 것이다. 그동안 정부의 정책사업 대부분 국립대 중심으로 추진해 왔다. 그래야 공공성을 담보할 수 있다고 믿는 것 같다. 정부가 주인인 국립대만이 고등교육의 보편성을 높이고, 경쟁력을 담보할 규모의 경제를 이루고,

---

[129] 전주대학교 교수회, "공영형 사립대는 무엇인가?", 「공영형 사립대 공론화를 위한 토론회」, 전주대학교, 2018. 10. 24.

의심스러운 사적 이익이 아닌 정의로운 공적 이익을 추구할 수 있다는 인식 때문이다.[130] 거점국립대학이라는 개념도 여기서 비롯되었을 것으로 짐작된다. 대학을 개인 소유물처럼 이용해 온 사학재단의 전횡과 비리로 인하여 그런 인식이 당연하기도 하다. 그러나 오히려 재정지원을 통하여 사립대학을 살리고 공공성을 확보해 나감으로써 오늘날 대학 문제해결의 열쇠가 될 것이다.

5   대학운영의 투명성과 공공성 확보

우나라는 다른 나라에 비해 사립대 비중이 압도적으로 높다 보니 대학 등록금은 늘 사회적 쟁점 사항이 되고 있다. '반값 등록금', '등록금 동결' 등의 이슈가 그 사례다. 이런 상황이 지속되면서 고등교육 질은 전체적으로 하락하고 있다. 그러므로 이제는 정부가 적극 나서야 한다. 전체 대학의 80% 이상이 사학인 우리 현실에서 '공영형 사립대학'이 그 대안일 수밖에 없다. 공영형 사립대학은 다음과 같은 중요한 의미를 갖는다.

첫째, 공영형 사립대학은 사학의 부정과 비리, 전횡을 차단할 수 있다. 이사회 운영의 민주성, 개방성, 투명성을 보장해 주기 때문이다. 현행 체제 하에서는 사학이 비리를 저질러도 대책이 없다. 그동안 사립학교법을 개정해야 한다는 목소리가 높았으나 전혀 진전이 없다. 기본적으로 사학재단이 비리를 저지르면 책임지고 대학에서 물러나 다시는 교육현장에 복귀하지 못하도록 해야 한다. 그리고 비리가 적발되면 교육부나 사법기관이 적극적으로 대처했어야 함에도 불구하고, 오히려 은폐했다는 지적을 받아 왔다. 일부에서는 사립대학 운영에 정부가 관여하는 것은 사학의 독립성

---

130 홍재우, "사립대학의 공공성 확보는 어떻게 상상할 수 있는가?", 교수신문, 2024. 5. 27.

과 자율성을 침해하는 것이라며 공영화를 반대하기도 하는데 이는 잘못된 생각이다. 학교는 사적 소유물이 아니다. 사립대학 설립자가 대학의 주인이 아니며, 재단 이사회는 주인이 아니라 운영 주체일 뿐이다.[131]

둘째, 공공성이 강화된 다수 사립대학을 육성함으로써 고등교육의 공공성을 확대할 수 있다. 공공성은 공공의 이익에 기여하는 것이다. 결국, 국가에 도움이 되고, 국민 개개인에게 도움이 되는 것을 의미한다. 이를 위해서는 무엇보다 대학을 민주적으로 운영해야 한다. 몇 사람이 좌지우지하는 족벌체제가 되어서는 안 된다. 여러 사람이 참여할 수 있도록 문호를 열고, 재정을 투명하게 공개해야 한다. 이것이 공공성을 확대하는 길이다. 공영형 사립대학 정책을 통하여 그 가치를 실현할 수 있다. 우리나라 사학들은 거의 예외 없이 이사장을 비롯한 한두 사람의 목소리에 의해 좌지우지되고 있다. 공영형 사립대학의 핵심이라고 할 수 있는 공익이사가 이사회에 참여하는 것만으로도 이러한 부조리를 차단할 수 있다.

셋째, 공영형 사립대학은 대학과 지역의 연계를 촉진함으로써 지역사회 협력을 강화하고 지역발전을 촉진할 수 있다. 그동안 균형발전 정책이 지역발전 원동력으로 작동되지 못한 이유 중 하나를 꼽자면, 지방 교육이 취약하고 지역발전 전략과 경쟁력 확보에 요구되는 인재를 양성하지 못했기 때문이다. 따라서 지역대학의 관점에서도 사립대학의 공영화는 매우 중요한 의미가 있다. 권역 내 국공립대학과 연합하고 기능과 역할을 분담함으로써 지역인재 유출을 방지하고 지역발전 전략에 부합하는 인재를 키워낼 수 있는 토대가 될 수 있다. 그러므로 지방 사립대학이 공영화의 우선 대상이 되어야 한다. 다음 정착단계에서 수도권 대학 다수도 공영형 사립대로 전환한다면 사학 위주의 한국대학이 안고 있던 약점을 극복하고 고등교육의 공공성을 높일 수 있다.

---

131 정대화, "사학비리 척결 없이 교육발전 불가능해", 서울대학교 저널, 2020. 6. 26.

넷째, 고등교육의 수준을 한 단계 높일 수 있다. AI, 로봇 등 인공지능 시대에 능동적으로 대처하고 문화적·사회적 발전을 위해서는 고등교육의 여건을 획기적으로 개선하기 위한 투자가 요구된다. 다만 모든 대학이 대상이 될 수는 없을 것이다. '밑 빠진 독'과 같은 문제 대학은 예외로 하더라도, 지방의 고등교육 기회를 보장하는 차원에서 투명하게 운영하는 대학이라면 살려야 한다. 즉, 대학정책은 단순히 대학의 숫자를 줄이는 것이 아니라 견실하게 재구성하는 데 초점을 맞추어야 한다. 한편, 사립대학의 공영화는 무상교육으로 가기 위한 전 단계이기도 하다. 대학교육의 공공성은 교육비용의 공적 부담 원리가 핵심이다. 대학교육은 그동안 공공재적 성격으로 변화해 왔으며, 고등교육의 수익자는 교육받은 개인보다는 사회라는 점이 분명해지고 있다.

10
국내대학의 한계, 21세기형 세계대학으로 전환

1 20세기형 대학의 한계

2020년 국내총생산(GDP) 1조 6,309억 달러, 세계 10위 그리고 반도체 수출액, 조선 수주실적, 블룸버그 혁신지수 세계 1위 등은 국제사회에서 대한민국을 수식하는 지표다. 글로벌 경제를 덮친 코로나19 팬데믹 속에서도 가장 빠르고 강한 경제적 반등을 이룬 모범국가로 평가받은 바 있다. 그러한 성취동기와 성장의 동력은 무엇보다 대학교육에 힘입은 바 크다. 1970년만 해도 8.4%에 불과하던 한국의 고등교육 취학률은 2022년에 70.1%로 늘어났다. 이처럼 고등교육의 기회가 유례없이 확대되면서 사회 각 분야에서 필요로 하는 전문인력을 적절히 공급할 수 있었다. 그런 점에서 한국의 대학은 고도성장의 시대가 요구했던 사회적 역할을 어느 정도 충족시켰다고 평가할 수 있다.

그러나 지금은 상황이 많이 달라졌다. 오늘날 우리는 지식기반사회, 인재경쟁 시대에 살고 있다. 우수한 교육을 받은 인적 자원과 이들이 생산하는 지식이 곧 한 나라의 정신적, 물질적 자산의 원천이 되고 있으며, 유형 무형의 부와 가치를 창출하는 원동력이 직접적인 상품생산에서 지식의 생산으로 바뀌고 있다. 사회 어느 분야에서나 과거의 평생직장 통념이 무너지고 있는 오늘날, 개개인의 입장에서 보더라도, 종전처럼 정형화된 지식을 전수받는 것만으로는 미래사회의 복잡한 변화에 대처할 수 없게 되었다.

이렇게 볼 때, 대학은 더 이상 기성 지식의 전수기관이 아니라 미래를 창조할 수 있는 지적 능력을 길러 내는 곳으로 바뀌어야 한다. 학생들이 장차 어떤 직종에 종사하든, 평생 시대의 변화에 적응하며 지속적으로 학습할 수 있는 든든한 잠재 역량을 키워 주어야 한다. 세계 유수 대학들과 견주어 뒤처짐이 없어야 한다. 그러기 위해서 한국의 대학은 그동안의 양적 팽창에서 벗어나 질적 성장으로 거듭나야 한다. 이것을 전제로 대학이 어떻게 바뀌어야 하는가를 고민해야 한다. 산업화 시대를 주도해 온 '20세기형 대학'은 수명을 다했다. 이제 인공지능 시대를 이끌 '21세기형 대학' 모델을 확립해야 한다.

또 다른 관점에서 대학의 고민은 불가피하다. 세계에서 가장 오래된 대학은 1880년에 설립된 이탈리아 볼로냐대학(Università di Bologna)인데,[132] 이 대학은 귀족들이 독점하고 있는 지식을 공유하고자 중산층이 주도하여 설립했다. 동경대 요시미 순야(Shunya Yoshimi) 교수가 주장한 바와 같이, 이것은 인쇄술의 발달로 성경이 번역되는 등 지식 대중화에 따른 1차 충격에 의한 것이다. 오늘날도 마찬가지로 디지털과 인공지능 시대를 맞아 모든 교육 콘텐츠가 온라인으로 옮아 가면서 대학들은 2차 충격을 받고 있다.[133] 이 같은 물질문명의 진전에 따라 오늘날 대학도 새로운 길을 요구받고 있다.

---

[132] 볼로냐대학교는 이탈리아 에밀리아-로마냐 지역 볼로냐에 있는 공립 종합대학이다. 1088년에 학생조합이 설립한 이 대학은 세계에서 가장 오래된 대학으로서, 이탈리아 국내는 물론 유럽과 전 세계적으로 최고 수준의 평가를 받는 우수한 대학이다. '대학교(Universitas)'라는 명칭을 처음으로 사용한 대학이다. www.unibo.it

[133] 문화일보, "AI 스탠더드, 한국이 만들자", 2023. 11. 15.

더구나 한국의 대학은 학령인구 급감에 따른 학생충원 문제로 심각한 위기에 직면해 있다. 교육부(2024.2.) 입학자원 추계 자료를 보면 2014년 국내 입학자원은 57만여 명으로 대학 입학정원 55만여 명보다 많았지만 10년이 지난 2024학년도에는 입학자원이 39만 8천여 명으로 크게 줄면서 입학정원 49만 3천 명에 미치지 못했다. 현 추세라면 2040년 입학자원은 26년 전의 절반 이하인 28만 명으로 줄게 된다. 수도권 대학과 지방 국립대 입학정원만 26만여 명인 점을 감안할 때 지방 사립대 전체가 몰락의 위기에 처한 셈이다.[134] 많은 대학들이 문을 닫아야 할 상황이다.

그런데 한국의 대학은 세계적인 대학평가에서 수년간 퇴보를 면치 못했다. 외형상의 규모를 불려 왔지만, 교육과 연구의 질을 만족할 만한 수준으로 끌어올리는 데는 소홀했다. 또 극도로 예민해진 사회적 굴레에 갇혀 최고 지성으로서 상상력도, 창의력도 발휘하지 못하고 있다. 이런 문제의 심각성을 제때 간파하지 못한 채 오늘에 이르렀다. 한국대학의 변화는 대학의 생존을 위해서도 더 이상 미룰 수 없는 절박한 과제로 다가와 있다.[135]

2 국제경쟁력 비교, 한국대학은 제자리걸음

중국대학의 급부상, 한국대학의 부진

대학은 세계적으로 약 17,500여 개 대학이 있으며, 고등교육의 수준과 질에 대한 국제적 논의가 진전됨에 따라 대학 간의 경쟁은 자국 내의 경쟁

---

134 2024학년도 대입 정시 모집에서 전국 190개 대학 4,889개 학과 지원 현황을 분석한 결과 총 35개 대학 163개 학과에서 정원 미달이 발생했다. 이 중 34개 대학 162개 학과는 모두 비수도권 대학이었다. 서울신문, "지방대 빨라진 벚꽃 엔딩, 신입생 미달 쇼크가 지역경제 덮쳤다", 2024. 2. 20.
135 고영구, "한국대학의 위기와 혁신방향: 국내대학에서 세계대학으로", 대전환기 새로운 지역균형발전 패러다임의 변화와 방향 컨퍼런스, 한국지역사회학회·부산경실련, 2024. 4. 19.

을 넘어 전 세계를 대상으로 가속화되고 있다. 대학경쟁력이 국가경쟁력의 척도가 되는 만큼 대학의 역할에 대한 중요성과 범위는 더욱 확대되고 있다. 세계대학 순위평가 기관들은 전 세계대학 중 3% 내외의 대학들에 대한 순위를 발표하고 있고, 그 결과는 대학의 국제경쟁력을 나타내는 대표적인 지표로 인식되고 있다.[136]

이 같은 순위평가에 대한 비판적인 견해도 적지 않지만,[137] 현실적으로 세계대학들의 우열을 가르는 잣대로 유용하게 활용되고 있을 뿐만 아니라 내용 면에 있어서도 많은 부분 설득력을 지니고 있기 때문에 주목하지 않을 수 없다. 특히 국내대학들이 세계적으로 어느 위치에 도달하고 있는가 판단할 수 있는 요긴한 지표가 되고 있다. QS 세계대학순위의 경우, 1994년부터 영국의 대학평가기관 QS(Quacquarelli Symonds)가 주관하는 순위로서, 학계 평판도(40%), 졸업생 평판도(10%), 교수 1인당 학생 비율(20%), 논문 피인용수(20%), 외국인 교수 비율(5%), 외국인 학생 비율(5%) 등 6개 지표를 통해 이루어진다.

2013년, 2023년의 QS 세계대학순위를 보면 두드러진 특징이 있다. 그 가운데 하나는 중국대학의 급부상이다. 2013년까지만 해도 20위권에 들어온 대학이 하나도 없었으나, 10년 후 2023년에는 베이징대와 칭화대가 순위권 안으로 들어왔다. 100위권까지 본다면 푸단대, 저장대, 상하이 자오퉁대, 중국과학기술대 등도 상위권을 점하고 있다. 중국이 미국과 패권 경쟁을 할 수 있는 자신감이 여기서 나오는 것이 아닌가 싶다. 윌리엄 커비(William C. Kirby) 하버드대 교수는 "위대한 대학 없이 위대한 국가

---

[136] 대표적인 세계대학 순위는 QS세계대학순위, THE 세계대학순위, 세계대학 학술순위(ARWU), CWTS라이덴순위, CWUR세계대학평가 등 다양한 평가 주체가 존재한다.

[137] 최근에는 국내 주요대학들이 지표산출의 불합리성을 제기하면서 평가에 참여거부 선언을 한 바 있다. 세계대학 평가체제가 미국과 영국 등 일부 국가에 유리한 반면, 비영어권 국가에게는 불리하고, 연구중심대학 위주의 평가에 치중하다 보니 교육중심 및 소규모 특성화 대학들이 소외되고 있다는 지적이다. 대학지성 In&Output, "전국 52개 대학, QS 세계대학평가 거부 선언", 2023. 7. 8.

는 불가능하다"라고 역설한 바 있다.[138] 독일의 대학들은 1810년 대학혁명을 일으켰고 100년 이상 세계 최고 대학을 유지했다. 대학 덕분에 독일은 2차 산업혁명의 주체가 되었고 19세기 세계 최강국이 되었다. 20세기 세계 최강국은 미국이었고 미국대학 특히, 캘리포니아 대학들은 3차 산업혁명을 일으켰다. 대학의 글로벌 헤게모니가 19세기 독일, 20세기 미국, 21세기 중국으로 옮겨 갈 것이라는 예측이 맞아 가는 듯하다.

QS 20위 이내 세계대학과 국내대학 위상(2013, 2023)

순위		2013년	2023년
상위 20위		매사추세츠공대(미), 케임브리지대(영), 하버드대(미), 유니버시티칼리지런던(영), 옥스퍼드대(영), 임페리얼칼리지런던(영), 예일대(미), 시카고대(미), 프린스턴대(미), 캘리포니아공대(미), 컬럼비아대(미), 펜실베이니아대(미), 취리히연방공대(스), 코넬대(미), 스탠퍼드대(미), 존스홉킨스대(미), 미시간대(미), 맥길대(캐), 토론토대(캐), 듀크대(미)	매사추세츠공대(미), 케임브리지대(영), 스탠퍼드대(미), 옥스퍼드대(영), 하버드대(영), 캘리포니아공대(미), 임페리얼칼리지런던(영), 유니버시티칼리지런던(영), 취리히연방공대(스), 시카고대(미), 싱가포르국립대(싱), 베이징대(중), 펜실베이니아대(미), 칭화대(중), 에든버러대(영), 로잔연방공대(스), 프린스턴대(미), 예일대(미), 난양공대(싱), 코넬대(미)
국내대학	100위 이내	서울대, 한국과기원(KAIST), 포항공대(POSTECH)	서울대, 한국과기원(KAIST), 포항공대(POSTECH), 연세대, 고려대, 성균관대
	101~200위	연세대, 고려대, 성균관대	한양대, 울산과기원(UNIST)
	201~300위	한양대, 경희대	경희대, 광주과기원(GIST)
	301~400위	이화여대, 한국외대, 서강대	이화여대, 중앙대
	401~500위	부산대, 가톨릭대	한국외대, 서강대, 동국대, 아주대, 가톨릭대

자료: QS(2013, 2023)

---

138 William C. Kirby, *Empires of Ideas: Creating the Modern University from Germany to America to China*, Belknap Press, 2022.

또 다른 특징은 한국대학의 부진이다. 중국대학들은 미국대학들과 사실상 경쟁에 들어가고 있는데, 한국대학들은 10년 전이나 지금이나 별 차이를 보이지 않는다. 500위 이내로 4개 대학만이 추가되었을 뿐이다. 노벨상과 필즈상 수상실적을 평가지표로 하는 ARWU(Academic Ranking of World Universities)에서는 100위권 내에 진입한 대학이 하나도 없다. 중국은 전국에 세계적인 대학들을 세웠고 한국은 국내대학 간의 경쟁에만 몰두해 온 탓이다. 중국 정부가 대대적으로 대학에 투자할 때 한국 정부는 아무것도 하지 않은 듯하다.

다만, 특이할 만한 것은 특성화된 과기대가 선전하고 있다는 점이다. 2013년 한국과학기술원과 포항공대에 이어 울산과기원, 광주과기원이 300위 이내로 진입했다. 오래된 대학이 아님에도 불구하고 의미 있는 성과를 나타내고 있다. 이는 작은 대학, 특성화된 대학이 강해질 수 있다는 것이고, 세계적인 경쟁력을 갖추기 위해서는 연구기능에 역점을 두어야 함을 시사한다. 또한 재정투자가 대학발전에 핵심적 요소임을 여실히 보여 주고 있다.

노벨상 수상자 배출대학 1개 대학에 불과

지구촌 최고의 상이자 명예는 단연 노벨상이다. 1901년부터 2024년까지 1,000명이 넘는 사람들이 노벨상 수상자로 선정되었는데, 2024년까지 전체 975명의 개인과 25개의 단체가 수상했다. 이들 국적은 모두 79개국이다. 노벨상 수상자가 가장 많은 나라는 미국으로, 417명의 수상자를 배출해 압도적 1위를 차지했다. 이어 영국이 수상자 141명으로 2위에 올랐으며, 3~5위는 각각 독일(115명), 프랑스(75명), 스웨덴(34명) 순이다. 아시아 국가로는 일본이 6위로 가장 높은 순위에 자리했다. 일본은

31명의 노벨상 수상자를 배출했다. 8~10위는 캐나다(28명), 스위스(27명), 오스트리아(25명) 순으로 나타났다. 이 밖에 주요 국가로는 이탈리아 21명(12위), 호주 및 인도가 12명(공동 18위), 중국 9명(23위), 스페인 8명(24위) 등이다. 우리나라는 2000년 평화상을 받는 김대중 전 대통령과 2024년 문학상을 수상한 한강 작가로 두 명이다.

상위 10위 국가별 노벨상 수상자 수(2024)

(단위: 명)

순위	국가명	물리학상	화학상	생리학·의학상	경제학상	평화상	문학상	합계
01	미 국	105	88	115	75	23	14	417 (420)
02	영 국	29	36	37	13	13	14	141 (142)
03	독 일	36	36	26	1	6	10	115
04	프랑스	17	13	13	4	12	17	75 (76)
05	스웨덴	5	5	9	2	5	8	34
06	일 본	12	9	5	-	2	3	31
07	러시아	12	3	2	3	5	5	30
08	캐나다	7	7	6	4	2	2	28
09	스위스	7	7	8	-	3	2	27
10	오스트리아	4	7	8	1	2	3	25

주: 러시아는 구소련 포함.
자료: 노벨위원회(2024)

세계대학별로 보면, 2019년 기준, 졸업생 및 수강생, 장기 교원, 단기 교원 등을 포함하여 하버드대가 160명으로 압도적인 1위를 차지하고 있다. 다음이 케임브리지대가 120명으로 2위, 미국 캘리포니아대가 107명으로 3위다. 4위는 시카고대, 5위는 컬럼비아대와 매사추세츠공대, 7위는 스탠퍼드대 등의 순이다. 영국 케임브리지대와 옥스퍼드대를 제외하고는 10위권 모두 미국의 대학들이 휩쓸고 있다. 이 밖에 남아공 케이프타운대, 이집트 카이로대, 아르헨티나 부에노스아이레스대, 멕시코 국립자치대 등이 한 명을 배출했다. 한국은 한강 작가의 수상으로 2024년에 연세대가 겨우 이름을 올렸다. 이처럼 국제사회에서 한국의 대학은 학문적 위상이 미미하다.

한국이 짧은 시간 내에 눈부신 경제성장을 이룬 데에는 국민들의 높은 교육열과 대학에서 배출한 우수 인재의 역할이 컸다. 하지만 장기적인 연구가 필요한 기초과학이나 인간 본질에 대한 탐구에는 상대적으로 소홀했다는 평가를 받을 수밖에 없다. 노벨상은 천재 한 명이 갑자기 어떤 아이디어가 떠올랐다고 해서 받을 수 있는 것이 아니다.[139] 또 노벨상 수상자들은 애초부터 노벨상 수상을 목표로 연구하지는 않았을 것이다. 자신들 스스로 흥미롭고 관심이 있는 주제를 오랫동안 깊이 연구하다 보니 성과로 나타난 것이다. 노벨상을 휩쓴 국가들의 공통된 특징을 보면, 장기간 꾸준한 투자와 관심을 가졌다는 점을 확인할 수 있다.

---

139 조선일보, "노벨상 8명 배출 비결? 천재 1명 아이디어보다 동료 협업과 국제교류", 2023. 6. 3.

상위 30위 대학별 노벨상 수상자 수(2019)

순위	대학교명	물리학상	화학상	생리학·의학상	경제학상	평화상	문학상	합계
01	하버드대(미)	33	36	43	32	8	8	160
02	케임브리지대(영)	36	30	31	15	5	3	120
03	캘리포니아대버클리(미)	33	30	17	24	3	1	108
04	시카고대(미)	32	19	11	33	3	2	100
05	컬럼비아대(미)	33	15	22	15	5	6	96
05	매사추세츠공대(미)	33	16	12	34	0	1	96
07	스탠퍼드대(미)	26	13	16	26	2	1	84
08	캘리포니아공대(미)	30	17	21	6	0	1	75
09	옥스퍼드대(영)	14	19	19	10	5	6	73
10	프린스턴대(미)	28	9	4	21	5	1	68
11	예일대(미)	8	11	14	22	4	3	62
12	코넬대(미)	21	12	14	5	4	2	58
13	베를린훔볼트대(독)	14	21	12	1	4	3	55
14	파리대(프)	15	9	10	4	6	7	51
15	괴팅겐대(독)	19	16	8	0	1	1	45
16	뮌헨대(독)	13	19	9	0	1	1	43
17	존스홉킨스대(미)	4	8	18	5	1	3	39
17	코펜하겐대(덴)	19	7	8	3	2	1	40
19	뉴욕대(미)	3	4	12	14	2	2	37
20	록펠러대(미)	1	10	25	0	0	0	36
20	펜실베이니아대(미)	4	10	11	11	0	0	36
22	유니버시티칼리지런던(영)	4	7	19	2	1	0	33
23	취리히연방공대(스)	11	17	4	0	0	0	32
24	일리노이대어배너-샴페인(미)	11	5	11	3	0	0	30
24	미네소타대(미)	7	4	4	12	2	1	30
26	캘리포니아대샌디에고(미)	5	9	10	3	0	1	28
26	하이델베르크대(독)	11	8	5	0	1	2	27
28	맨체스터대(영)	11	9	2	3	0	0	25
28	미시간대(미)	9	3	6	5	2	0	25
28	위스콘신대매디슨(미)	5	7	10	2	1	0	25

주: 수상자는 해당 대학의 졸업자 및 수강생, 장기교원, 단기교원 포함.
자료: 위키백과(검색일 2023. 11. 3.)

3   국내대학을 넘어 세계대학으로 도약

국내대학, 양적 팽창과 무분별한 모방

한국의 대학들은 두 가지 특징을 보인다. 양적 팽창과 무차별한 모방이다. 그동안 한국대학들은 교육의 질과는 관계없이 양적 팽창에 주력해 왔다. QS 500위 이내 국내대학 중에 특수목적대학을 제외하고, 학부 재적 학생 수를 보면 대부분 2만 명이 넘는 대형 대학들이다. 서울대를 제외하고는 모두 사립대학인데, 이들 대학의 재정은 전적으로 학생등록금에 의존하고 있다. 이는 대학의 재정 능력이 학생 수에 달려 있다는 얘기다. 규모의 경제(economies of scale)가 대학 운영에도 적용된다는 착각에 대학들은 학생 수를 최대한 늘려 왔다.[140]

그리고 무차별적으로 모방하는 수준을 벗어나지 못했다. 다른 대학이 하는 대로 따라서 해야 손해를 안 본다는 잘못된 경쟁의식에 사로잡혀 왔다.[141] 예를 들어 정부의 고급기술 인력양성 정책에 따라 한 대학이 공과대학 학생정원을 늘리면 전국 모든 대학이 다 같이 공대 정원을 늘렸다. 기술인력 양성도 소홀히 할 수 없는 중요한 일이지만 모든 대학에서 똑같은 방식으로 비슷한 인력을 배출한다면 고급인력을 길러 낼 수 없다. 정부가 재정지원사업을 추진하면서 이 같은 분위기를 조장한 측면도 있지만, 고등교육을 담당하는 대학 스스로가 중요한 가치를 저버린 것으로 볼 수도 있다.

---

140 고영구, "균형발전과 공공성 확보를 위한 대학정책의 전환", 「지역사회연구」, 제29권 2호, 한국지역사회학회, 2021. 6. 30.
141 정운찬, "한국의 미래와 대학의 과제", 「연설모음집」, 서울대학교, 2006. 5. 4.

QS 500위 이내 국내대학 주요지표(2022)

구 분		재적학생수(명)	전임교원 1인당학생수(명)	학생 1인당 교육비(천 원)	외국인 학생수(명)
	가톨릭대	9,440	29.76	26,257.9	499
	경희대	33,980	21.27	16,471.7	4,439
	고려대	26,766	20.58	29,628.7	3,432
	동국대	18,489	24.25	16,275.4	1,652
	서강대	11,679	32.11	17,889.6	1,941
	서울대	21,286	13.50	52,866.4	1,410
	성균관대	25,049	16.69	27,011.3	4,751
	아주대	13,541	18.39	24,883.6	925
	연세대	27,270	17.52	36,215.3	4,084
	이화여대	18,994	23.18	19,398.2	1,353
	중앙대	25,243	21.72	16,068.8	2,616
	한국외대	22,720	28.80	11,655.8	2,567
	한양대	22,284	20.01	23,407.9	3,147
특수 목적 대학	광주과기원	1,009	15.90	86,311.9	18
	울산과기원	2,411	17.66	69,270.0	141
	포항공대	1,675	17.40	108,991.9	50
	한국과기원	4,775	20.19	86,200.9	449

주: 전임교원 1인당 학생수는 학생정원 기준임. 학생 1인당 장학금은 연간임.
자료: 대학알리미(2023. 7.)

세계대학, 소수정예와 안정적 재정투자

QS 20위 이내에 드는 대학들과 비교하면 한국의 대학 규모는 기형적으로 크다. 세계 주요 대학들 대부분 학부 학생 수가 1만 명이 채 안 된다. 우수한 학생만을 선발하여 고등교육의 위상에 걸맞은 양질의 교육을 실시하기 때문에 대학 수준도 높아진 것으로 분석된다. 그러나 이미 비대해진 우리 대학들은 섬세한 교육이 불가능한 구조다. 그래서 QS 500위권에 속하는 대학부터라도 비만 증세에서 벗어나 슬림화하고 강한 대학으로 거듭나야만 한다. 국내대학 수준에서 안주할 것이 아니라 세계적인 연구중심대학으로 거듭나야 할 때이다.

한편, 고등교육 경쟁력 제고를 위해서는 재정지원이 무엇보다 중요한 요소다. 정부가 대학교육에 많은 재정을 배분한다는 것은 그만큼 고등교육에 대한 투자가 원활함을 의미한다. 2017년 기준, 한국의 학생 1인당 공교육비 수준은 OECD국가 38개국 가운데 28위다. 미국, 캐나다, 영국, 프랑스 등의 학생 1인당 공공재원 투입액과 비교하면 50% 수준에도 미치지 못하고 있다.[142] 따라서 안정적이고 지속적인 재정지원 방안을 조속히 마련해야 한다.

QS 20위 이내 해외 주요대학 현황(2022, 2023)

(단위: 명)

구 분	학부 재학생수	대학원 재학생수	합 계
매사추세츠공대(미)	4,638	7,296	11,934
케임브리지대(영)	13,645	8,965	22,610
스탠퍼드대(미)	7,761	9,565	17,326
옥스퍼드대(영)	12,683	13,324	26,007
하버드대(미)	7,153	14,495	21,648
캘리포니아공대(미)	987	1,410	2,397
임페리얼칼리지런던(영)	11,722	11,069	22,791
유니버시티칼리지런던(영)	23,800	23,030	46,630
취리히연방공대(스)	8,775	12,117	20,892
시카고대(미)	7,011	10,459	17,470
싱가포르국립대(싱)	30,748	11,539	42,287
베이징대(중)	16,372	29,741	46,113
펜실베이니아대(미)	10,412	13,147	23,559
칭화대(중)	16,320	42,950	59,270
에든버러대(영)	26,000	15,245	41,245
로잔연방공대(스)	6,338	6,238	12,576
프린스턴대(미)	5,321	2,631	8,478
예일대(미)	6,590	5,314	11,904
난양공대(싱)	24,630	9,182	33,812
코넬대(미)	15,735	10,163	25,898

주: 2022년 또는 2023년 자료임.
자료: 해당대학 홈페이지 및 네이버 검색(2023. 7.)

---

142 대학지성 In&Output, "세계대학순위 평가를 통해 본 고등교육 경쟁력 제고 방안", 2021. 7. 25.

학생 1인당 고등교육부문 투자규모 비교(2017)

(단위: $, PPP환산액)

구 분	OECD 평균	한국	미국	캐나다	영국	일본	프랑스
고등교육 공교육비	16,327	10,633	33,063	24,671	28,144	18,839	16,952
공공재원 투입	11,102	4,041	11,572	13,322	7,036	5,840	13,053

자료: OECD, Education at a Glance(2020)

　전문가들은 대학의 재정확보가 대학의 역량을 결정하는 관건이라고 한결같이 주장하고 있다. 세계대학의 원조 격인 유럽 대학의 쇠퇴도 따지고 보면 재정 부족에서 원인을 찾을 수 있다. 프랑스 경제학자 토마 피케티(Thomas Piketty)는 프랑스 대학의 침체가 학생 1인당 재정지원 감소 때문이라는 사실을 지적했다. 하버드대 경제학과 교수를 지낸 바 있는 필립 아기온(Philippe Aghion)은 유럽 대학과 미국 대학의 연구력이 크게 차이가 나는 이유를 분석하면서, 그 첫 번째 이유를 대학이 사용하는 지출 규모의 차이임을 확인했다. 2001년을 기준으로 유럽연합 25개국이 대학에 사용하는 지출이 GDP 대비 1.3%인 데 비해 미국은 3.3%이며, 대학생 1인당 지출을 보면, 유럽은 8,700유로, 미국은 3만 6,500유로로 더욱 큰 차이가 난다는 사실을 그 근거로 제시했다.[143]

4　세계적인 대학: 작은 대학, 특성화, 재정투자

　대학과 정부, 사회가 긴밀한 동반자적 관계를 바탕으로 인공지능과 지식

143　허준, "유럽대학의 쇠락에서 얻은 교훈, 재정확보가 중요하다", 「동아사이언스」, 2020. 11. 17.

기반사회의 도전에 부응하지 않으면 밝은 미래를 기약할 수 없다. 대학은 단지 사회의 기능적 일부가 아니라 국가발전을 선도하고 우리 사회를 바람직한 방향으로 이끌어 갈 인재를 길러 내는 곳이라는 사명감을 가져야 한다. 대학이 바뀌기 위해서는 대학 스스로 현실을 직시하고 자구적인 노력을 기울여야 한다. 그러나 대학만의 힘으로 그런 목적을 이루기에는 역부족인 것도 사실이다. 한국대학이 세계적 수준의 교육과 연구를 성취하기 위해서는 대학의 규모를 줄이고 특성화할 필요가 있으며, 정부와 사회의 전폭적인 지원이 필수적이다.

비대해진 대학들, 작아져야 강해진다

대학교육의 질적 내실화를 위해 효율적인 교육체계를 갖추려면 먼저, 대학의 재학생 수를 대폭 줄이는 것으로부터 변화의 실마리를 찾아야 한다. 학생 수를 줄이는 대신 교수 수는 늘려야 한다. 한국대학의 교수 대 학생 비율은 우리와 비슷한 경제력을 가진 다른 나라들에 비해 현저히 높다. 국내대학의 교원 1인당 학생 수가 세계 수준에 미치지 못한다는 점은 과거에도 꾸준히 지적되어 왔다. 서울 소재 44개 대학의 전임교원 1인당 학생 수는 평균 31.6명으로 OECD 평균인 15.6명의 두 배가 넘는다. 세계 1위 대학은 일본의 지케이의대(東京慈惠会医科大学)이다. 교원 1인당 학생 수는 0.6명이다. 톱 100 안에 들어가는 대학으로 보면 일본이 34개 대학으로 가장 많았고 미국이 25개 대학으로 뒤를 이었다. 학령인구 급감 위기를 겪었으나 대학을 통합하거나 없애지 않고, 작은 대학, 우수한 대학을 지향하면서 발전의 전기로 만든 일본의 사례는 우리에게 많은 시사점을 주고 있다.

한 명의 교수가 담당해야 하는 학생 수가 많을수록 교육의 질은 떨어지기 마련이다. 이런 열악한 환경에서는 강의실에 많은 학생을 모아 놓고 일방적으로 지식을 전달하는 구태의연한 교육방식에서 벗어날 수 없으며, 지식의 창출은커녕 지식을 전수하는 역할조차 제대로 해내기 어렵다. 학생들은 단지 익명의 수강생 가운데 한 명으로 수업에 임하기 때문에 자발적이고 능동적인 자세로 수업에 참여할 수 없고, 창의적인 학습과정을 체험할 기회를 가질 수 없다. 교수도 긴장감 없는 교육방식에 익숙해질 수밖에 없다. 학생 수가 적을수록 학생들이 교수와 더 긴밀한 관계를 구축하고 과제 피드백을 더 빨리 받을 수 있으며 쌍방향 토론이 가능해진다.

대학 특성화: 연구중심, 교육중심, 직업중심

대학별 특성화를 지향해야 한다. 오늘날 한국의 대다수 대학은 거의 유사한 학제로 운영되고 있으며, 유사한 교육 내용을 제공하고 있다. 전국의 모든 대학이 동일한 성격과 동일한 규모를 유지한다면 소모적인 경쟁과 자원의 낭비만 초래할 것이다. 각 지역의 입지 조건과 특성에 맞게 서로 다른 분야에서 경쟁 우위를 가질 때만 의미 있는 성과를 거둘 수 있다. 연구중심대학, 교육중심대학, 직업중심대학 등 각 대학의 특성을 명확히 하는 것이 매우 중요하다. 특히, 학문중심과 직업중심을 분명하게 재구조화해야 한다. 연구중심대학은 학부 정원을 대폭 감축하고, 세계적 수준의 연구그룹으로서 훌륭한 인재를 양성할 수 있어야 한다. 또한 직업교육의 정체성을 확보하여 학벌 중심이 아닌 직무능력중심 사회로 전환하도록 하고 생애맞춤형 평생직업교육체제를 구축하여 국가의 미래를 준비해야 한다. 그러나 현재 우리 대학들은 연구, 교육, 직업 교육을 모두 수행하고 있으며, 교육프로그램도 유사하다. 종합대학이라고 무조건 나쁘다는 것은 아니다. 다만 어떤 종합대학도 모든 계열과 학과를 일류로 만들 수는 없다는 것이 문제다. 모든 사람이 다니고 모든 것을 다 하려는 대학이라면 그것은 이미 대학이 아니다.

대학원 과정도 한계에 이르렀다. 한 대학이 대학원 인원을 늘리면 다른 대학들도 인원을 증가시키는 과정을 반복해 왔다. 결국 국내 대학원 학생 수가 기하급수적으로 증가했다. 그렇다 보니 원서만 내면 들어가는 대학원, 누구나 갈 수 있는 석사과정, 박사과정으로 전락했다.[144] 한때, 외국대학의 가짜 학위증 문제가 사회적으로 큰 논란이 된 적 있었다. 디지털 시대에 들어와 정보공유의 정도가 높아지면서 이 문제는 크게 줄어들었으나, 이제는 국내 학위의 부실 문제가 심각해졌다. 학문에 꿈을 둔 학생들이 국내대학을 등지고 미국이나 유럽 대학으로 떠나 버리는 이유이기도 하다. 따라서 연구중심대학이라고 자부하는 대학이라면 세계적인 학자, 노벨상 수상자를 배출한다는 의지로 교육체계를 갖추어야 한다. 연구역량이 부족한 대학이라면 대학원을 폐지하고, 교육 또는 직업중심대학으로 집중하는 것이 현명할 것이다.

대학교육에 대한 과감한 투자 절실

대학교육에 대한 투자가 국가의 미래를 좌우한다는 관점에서 정부의 과감한 재정지원이 요구된다. 경제협력개발기구(OECD) 국가들은 평균적으로 대학 재정의 70%를 정부가, 30%를 민간이 부담한다. 한국은 정부가 20%, 민간이 80%를 책임지는 구조다. 작금의 상태를 방치한다면 교육 부실화로 이어져 경쟁력 있는 인재양성이 어려워질 것이다. 그럼에도 불

---

144 한때, 외국학위 가짜 논란이 불거진 적이 있다. 아날로그 시대에 확인이 어렵다는 허점을 이용해서 외국대학 명의의 가짜 학위증을 가지고 활동해 온 유명 인사들이 줄줄이 밝혀졌다. 그중에는 현직 교수들도 적지 않았다. 디지털 시대로 오면서 외국대학 정보도 쉽게 노출됨에 따라 이 문제는 크게 줄었지만, 국내 부실학위 문제는 여전하다.

구하고 전국 사립대학의 72%인 85개 대학이 2020년 적자를 기록했다. 이 적자 규모는 매년 눈덩이처럼 불어나고 있다. 2019년 2,727억 원에서 2020년 4,200억 원으로 1년 사이 54%나 증가했다. 지방소재 대학의 도산은 오래전부터 예고되었지만, 최근에는 서울 소재 대학에서도 불안감이 고조되고 되었다.

우리나라 미래를 좌우할 인재 양성을 위한 교육재정 개편과 대학에 대한 전략적 투자 확대는 더 이상 미룰 수 없는 시대적 소명이다. 우리나라는 OECD 회원국 가운데 고등교육 이수율은 가장 높은 반면, 정부가 투입하는 재원 비중은 하위권에 머물러 있다. 2022년 기준, 한국 청년층(25~34세)의 고등교육 이수율은 69.6%로 1위인데, 고등교육 분야에서 국내총생산(GDP) 대비 정부 투자는 0.7%(2020년 기준)로 38개국 중 29위에 그쳤다. 2021년(0.6%)과 비교하면 소폭 늘었지만 민간투자(0.9%)보다도 낮다.[145] 대학재정은 이제 정부의 몫이 되었다.

세계적인 대학으로 도약하기 위한 조건

세계적 수준의 대학이 되기 위한 우리나라 대학들의 도전은 이미 시작되었다. 특히 포스텍, 카이스트, 유니스트 등 특수목적 대학들과 서울대, 연세대, 고려대 등 대학들은 글로벌화와 대학 경쟁력 강화 방안을 마련하고 국내외 순위경쟁을 하고 있다.[146] 하지만 아직 짧은 시간에 세계 Top 20 수준으로 올라가기 위한 과정은 험난한 것이 사실이다. 앞서 언급한 내용과 중복되는 얘기도 있지만, 우수한 인재의 집중, 풍부한 재정, 적절한

---

145 대학에 대한 정부의 투자 비중이 가장 높은 국가는 노르웨이(1.8%)였다. 칠레(1.6%), 덴마크(1.6%), 벨기에(1.4%), 핀란드(1.4%) 등도 정부의 투자비중이 비교적 컸다. OECD, "교육지표 2023", 보도자료, 2023. 9. 13.
146 포항공대신문, "세계적 수준의 대학의 길", 2024. 10. 30.

지배구조가 세계적 수준 대학의 필수 요소다. 우선 우수한 교수와 학생을 전 세계적으로 유치하고 집중해야만 우수한 연구 집단이 형성된다. 또한 양질의 학습과 첨단 연구가 될 수 있도록 풍부한 재정 지원이 뒷받침되어야 한다. 그리고 대학의 리더십 전략과 비전이 정립되고, 혁신과 유연성에 입각한 의사결정과 자원관리를 할 수 있는 지배구조가 만들어져야 한다.

그리고 한국의 대학들이 세계 20위권 대학으로 나아가기 위해서는 우선 대학 구성원 간의 대화와 소통을 통해 이에 대한 위기의식의 공유가 중요하다. 위기에 기회가 오고, 변화를 통해 지속 가능한 체제를 만들 수 있기 때문이다. 또한 대학의 획기적 재정확충이 절실하며, 이를 위해 지재권 확보, 기술이전, 대학벤처의 육성, 그리고 기부금 조성 등 전방위적인 노력이 요구된다. 미국의 스탠퍼드, MIT와 영국의 케임브리지, 옥스퍼드 등 세계 최고 수준 대학교에 버금가는 연구 지원만이 세계 일류 교수와 인재를 유치할 수 있고, 최상의 연구성과 창출, 연구비 및 우수 학생 확보, 대학의 명성 제고, 최고 교수 추가 유치로 이어지는 선순환 구조를 만들 수 있다.

제3부
자연과 사람, 사람과 사람이 공존하는 사회

세상은 혼자 살아갈 수 없다. 모든 사람은 서로 다른 존재자들과 더불어 살아간다. 꽃과 나무, 새와 짐승, 강과 바다, 작은 풀벌레 하나까지 조금만 눈을 돌리면 나와 무관하지 않은 자연의 존재자들이 무궁무진하다. 또 홀로 살 수 없는 인간은 서로 크고 작은 무리를 지으며, 그 무리 내의 이질적인 다른 사람과도 함께 살아간다. 그런데 이 자명하고도 평범한 말이 쉽지만은 않다. 경쟁과 갈등, 불평등과 차별이 공존을 방해한다. 우리에게 자연과 사람, 사람과 사람이 함께 살아가는 공존의 지혜를 모으는 노력이 요구된다.

11
끝없이 만들고 버리는 패스트 패션, 덜 사야 더 산다

1 과잉생산·과잉소비, 패스트 패션

지구에는 80억 명의 인류가 살아가고 있다. 우리는 그간의 경제활동을 통해 끊임없이 생산하고, 소비했다. 삶을 보다 편리하고 윤택하게 해 주는 상품들이 날마다 쏟아져 나왔고, 필요한 양을 채워 주는 생산에서 점차 다양한 욕구로 필요 이상의 공급이 이루어졌다. 시장에서 마케팅은 사람들의 이목을 끌고, 소비 욕구를 자극하기 위해 끝없이 유혹하고 있다. 우리가 일상에서 입고, 쓰는 의류, 화장품 등 생필품도 끝없이 만들어 내고, 쓰고, 방치하고, 버리고 있다. 이 같은 과잉생산, 과잉소비는 자본주의의 속성이기도 하다.

여기서 큰 문제는 생산과 소비 이후에는 필연적으로 폐기물을 발생시킨다는 점이다. 그 처리를 두고 매립, 소각, 재활용이라는 세 가지 방법이 활용되어 왔다. 생산과 소비도 빨라지고, 그러다 보니 폐기물 발생 속도를 처리 속도가 쫓아가지 못하는 상황에 이르렀다. 처리되어야 하지만 처리되지 못하는 양만큼 지구 어딘가에는 누적되거나 버려지고 있다는 것이다. 처리한다 해도 그 과정이나 결과는 또 다른 변형된 문제로 돌아온다.

전 세계적으로 매년 약 1천억 벌의 옷이 만들어지는데, 그중 330억 벌의 옷은 버려진다고 한다. 세계 인구 1인당 4벌씩 나눠 주고도 남는 분량이 판매되지 않은 채 쓰레기통으로 향한다. 중국, 베트남, 동남아 국가에서 제조된 후, 유럽, 아시아, 미국 시장에서 팔리지 않은 의류 폐기물은 칠레, 가나, 파키스탄 등 개발도상국으로 운반된다. 이 중 일부는 중고의류 시장에서 팔리기도 하지만, 절반가량이 칠레 북부 아타카마 사막 등에 그대로 버려지고 있다. 거대한 산봉우리를 이룬 의류 폐기물을 보면, 지구가 언제까지 이 처참한 짐을 감당할 수 있을지 아찔하기만 하다. 이렇게 어마어마한 의류 폐기물이 쌓이게 만드는 주범은 바로 패스트 패션이다.[147]

패스트 패션(fast fashion)은 유행에 맞춰 바로바로 만들어 내는 옷으로 소재보다는 디자인을 우선시하고 가격이 저렴한 게 특징이다. 주문을 하면 바로 먹을 수 있는 패스트푸드(fast food)처럼 빠르게 기획, 제작하여 유통시킨다는 의미에서 패스트 패션이라고 지칭한다. 일반 패션업체가 보통 1년에 4~5회씩 계절별로 신상품을 선보이는 데 반해 트렌드가 될 만한 아이템이 있다면 즉시 기획, 디자인에 들어가 생산과 유통까지 1~2주 단위로 신상품을 내놓는다.[148] 다양한 디자인의 옷을 만들어 빠르게 회전시키는 시스템이다 보니 소비자 입장에서는 최신 유행의 옷을 다양하고 값싸게 구매할 수 있다는 장점이 있다. 그러나 유행이 지나면 한 시즌도 채 사용되지 못하고 버려지는 경우가 허다하고, 이산화탄소와 다이옥신 등 각종 유해 물질을 발생시켜 지구온난화를 더욱 심화시키고 있다.

---

147 오늘날 패스트 패션으로는 에이치엔엠(H&M), 자라(ZARA), 스파오(SPAO), 유니클로(UNIQLO), 쉬인(SHEIN) 등이 대표적인 브랜드다. 조경준, "과잉생산·소비 초래한 패스트 패션, 환경위기 앞당긴다", 고대신문, 2023. 2. 27.

148 2023년 1월 3일부터 9일까지 쉬인(SHEIN) 홈페이지를 조사해 본 결과, 1주일간 신상품을 무려 3만 8,025개나 쏟아 냈다. 하루에 많게는 7,000개가 넘었고 적어도 3,500개 이상의 신상품을 찍어 내고 있었다. SBS뉴스, 2023. 1. 12.

2 지구를 뒤덮는 의류 폐기물

패스트 패션 의류가 전 세계 폐수 발생량에서 차지하는 비중은 20%에 달하고, 온실가스 배출량에 있어서도 10%나 차지한다는 것이 유엔을 비롯한 국제기구의 조사 결과다.[149] 이는 항공업과 해운업이 소비하는 에너지의 합보다 더 많은 양이다. 또 패션 의류산업에 쓰이는 면화가 전 세계 농지의 약 2.5%를 차지하고, 폴리에스테르 같은 합성재료를 만드는 데 매년 3억 4,200만 배럴의 기름이 필요하고, 염료가 들어가는 의류생산 과정에 필요한 화학물질도 연간 4,300만 톤에 이르는 것으로 알려졌다. 청바지 한 벌을 생산할 때는 약 11.5kg의 온실가스가 배출되는데, 이는 내연기관 자동차가 약 45km를 달릴 수 있는 양이다. 그래서 지금의 상황이 지속된다면 2030년까지 지구 온도 상승폭을 1.5℃ 이내로 줄이기 위한 탄소 감축목표를 달성하지 못할 것이란 전망도 나온다.

재활용이 불가능한 중고의류가 전 세계적으로 쏟아져 나오면서 쓰레기장으로 바뀌는 지구촌의 면적도 갈수록 늘고 있다. 세계 최대 의류 쓰레기 매립지로 유명한 칠레 북부 아타카마 사막의 매립지는 전 세계에서 들어온 폐의류로 가득 차고 있다. 의류 폐기물로 뒤덮여 그 본래의 모습을 알아볼 수 없고, 구글의 위성지도에서 보아도 보일 만큼 거대한 의류 폐기물 영토가 되어 가고 있다. 칠레뿐 아니다. 우주에서도 보일 정도는 아니더라도 4층 건물 높이만큼 버려진 옷이 쌓인 또 다른 장소는 케냐의 나이로비다. '변화하는 시장재단(Changing Markets Foundation)' 조사에 따르면 케냐로 들어온 중고의류의 95%는 독일, 영국, 프랑스 등 유럽 국가들에서 왔으며, 이 옷 쓰레기 중 상당수는 중고의류 기부에서 비롯되고 있다. 자선 단체에 기부한 의류의 상당 부분이 이렇게 끝나고 있다는 어처구

---

149 글로벌이코노믹, "유럽연합, 공해 주범 '패스트 패션'과 전쟁 나섰다", 2023. 8. 9.

니없는 현실을 보여 주고 있다.

'헌 옷의 무덤' 아타카마사막과 나이로비

주: 위 사진은 칠레의 아타카마사막, 아래 사진은 케냐의 나이로비임.
자료: AFP(2023), Clean Up Kenya(2023)

    우리나라도 엄청난 양의 폐의류를 배출하고 있으며, 칠레, 케냐의 헌 옷 무덤에 책임이 있는 몇 안 되는 나라 중 하나다. 2021년 기준 국내에 버려지는 폐의류는 11만 8천 톤에 달한다. 3년 전만 해도 폐의류 배출은 연간 6만 톤 안팎에 그쳤는데 2020년부터 급속히 증가해 2021년에는 12

만 톤에 이르고 있다. 또한 패션기업 공장에서 버려지는 폐섬유류까지 합치면 이 규모는 연 37만 톤으로 불어난다.

우리나라 폐의류 배출량

구 분	2018	2019	2020	2021
배출량 (톤)	66,321	51,757	82,423	118,386

자료: 환경부(2023)

그리고 우리는 매년 30만 톤 이상의 중고의류를 수출하는 세계 5위 수출 대국이기도 하다. 2019년 기준, 중고의류 수출시장 순위를 보면 미국이 738백만 달러로 1위이며, 다음에 영국 528백만 달러, 독일 386백만 달러, 중국 350만 달러, 한국 338백만 달러 순이다. 2022년 기준, 한국은 인도와 말레이시아에 각각 약 7만 톤을 수출했고, 그 외 필리핀, 태국, 파키스탄 등 아시아 국가에 주로 수출하고 있다. 아프리카 대륙 나이지리아로 보내는 양도 2만 톤가량 된다. 외화를 벌어들이는 일이라고는 하지만 이런 식의 지구적 떠넘기기를 과연 자랑스러워해야 할 일인지 모르겠다.

우리가 입고 버린 헌 옷뿐 아니라, 패션업체들이 팔고 남은 재고들도 문제이다. 패스트 패션으로 한 달에도 몇 번씩 새 옷을 찍어 내면 재고량은 쌓일 수밖에 없다. 실제로 국내 패션산업의 연말 재고액 동향을 살펴보면 2007년 4조 원 규모였던 것이 2019년에는 7조 5,335억 원으로 늘었다. 이렇게 남은 재고들은 대부분 소각처리 되고, 그 과정에서 필연적으로 환경오염을 발생시키고 있다.

주요 중고의류 수출국(2019)

(단위: 백만 달러)

구 분	미국	영국	독일	중국	한국	아랍에미리트	폴란드	네덜란드
수출규모	737.7	527.6	385.7	49.9	337.6	228.0	216.6	211.9

3 미세플라스틱 배출의 주범, 합성섬유

패스트 패션 의류는 대부분 합성섬유로 만들어지는데, 전 세계 섬유 중 합성섬유가 65%를 차지하고 있다. 합성섬유는 석유나 석탄에서 추출한 성분을 활용해서 만든다. 나일론, 폴리에스테르, 아크릴이 대표적이다. 처음 합성섬유를 만들었을 당시에는, 신세계가 열린 듯했다. 면을 제조할 때보다 물이 적게 들고, 목화를 재배하면서 사용한 독성 살충제를 이제는 더 이상 쓸 필요도 없었으니까 말이다. 하지만 문제는 폴리에스테르 섬유는 제조 과정에서 화석 연료를 훨씬 많이 쓴다는 것이다.

게다가 합성섬유는 세탁 과정에서 특히 문제가 된다. 세탁으로 인해 바다로 흘러 들어간 미세플라스틱이 해양 생물을 오염시키고, 이를 다시 인간이 섭취하게 되면서 건강을 위협하고 있다. 국제자연보전연맹(ICUN)의 2017년 보고서에 따르면, 미세플라스틱의 35%가 세탁 시 손상되는 합성섬유에서 발생되고 있다. 그리고 옷을 한 벌 세탁할 때 70만 개의 미세플라스틱이 배출되는데, 우리나라 평균 세탁량을 감안하면 합성섬유 의류에서만 한 해에 1천 톤이 넘는 미세플라스틱을 발생시킬 수 있다는 것이다. 크기별로 보면 100마이크로미터 이하가 78%나 되는데, 이 정도면 사람이 섭취했을 때 간문맥까지 흡수될 수 있는 크기로 밝혀졌다. 미세플라스틱이 위에서 근육, 조직으로 옮겨 갈 수 있는 만큼 위험하다는 것이다.[150]

---

150 에너지단열경제, "합성섬유 미세플라스틱 검출 심각", 2019. 12. 29.

그뿐만 아니라 합성섬유로 만들어진 옷은 입고 있는 그 자체만으로도 어마어마한 양의 미세플라스틱을 대기로 방출한다. 심지어 옷을 세탁할 때 수중으로 흘러 나가는 미세플라스틱의 양보다 더 많다. 기존 연구결과에 따르면, 한 사람이 옷을 세탁함으로써 매년 약 3억 개의 미세플라스틱을 수중에 흘려보내지만, 단순히 입기만 하는데도 9억 개 이상의 미세플라스틱을 대기로 내보낸다고 한다. 세탁할 때보다 착용할 때 미세플라스틱을 더 많이 배출한다는 얘기다.

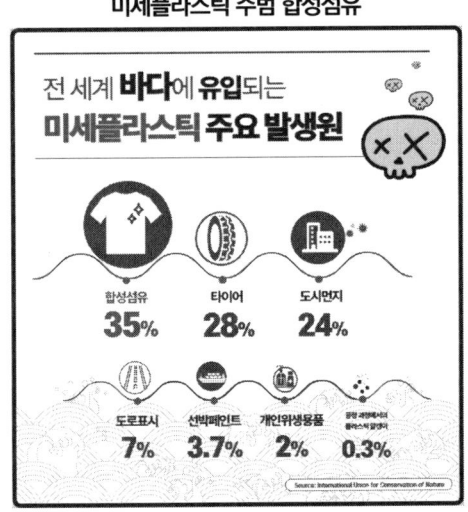

자료: 다시입다연구소 홈페이지(2022. 1. 25.)

4 프랑스 사례: 수선비 지원과 생산자책임

수선비 지원제도

패스트 패션으로 인한 환경문제가 심각한 단계에 이르자 세계 여러 나라에서 대응책을 내놓고 있는데, 대표적으로 패션의 나라 프랑스의 수선비 지원제도를 예로 들 수 있다. 아이러니하게도 프랑스는 '패션과의 전쟁'에 앞장서고 있다. 정확히 표현하면 '새 옷'과의 전쟁이다. 새 옷을 사지 말고 고쳐 입으라며 국민에게 수선비를 지원하는 방식이다. 또한 빠른 주기로 신상품을 내놓고 저렴한 가격에 대량으로 판매하는 패스트 패션 기업을 상대로 벌금을 걷는 법안도 마련 중이다.

프랑스에서 매년 버려지는 의류만 70만 톤이라고 한다. 이에 프랑스는 의류 소비를 줄이기 위해 2023년 11월 '수선 보너스 제도'를 도입했다. 이는 옷을 수선하는 사람들에게 제품 및 수선 종류에 따라 6~25유로(약 8,959~3만 7,329원)의 지원금을 제공하는 제도다. 경제적 인센티브를 통해 '새 옷 구매'에서 '헌 옷 수선' 쪽으로 마음을 돌리도록 하는 것이 이 제도가 돌아가는 원리다.[151] 즉 소비자가 자신의 스웨터에 결함을 발견했다면 수선해야 할지 아니면 새 옷을 사야 할지 고민하게 된다. 여기서 수선 비용이 새 옷값과 별반 차이가 없다면 새 옷을 구매할 가능성이 크다. 그러나 수선 보너스를 고려하면 얘기가 달라진다. 일정한 한도 내에서 수선비의 최대 60%를 돌려받을 수 있으므로 결과적으로는 비용을 절약할 수 있기 때문이다. 수선하는 쪽이 경제적으로 확실한 이득이라는 판단함으로써 소비자는 새 옷 구매 대신 수선을 결정한다.

수선 보너스 지급 방식도 간단하다. 경제적 이점을 고려해 수선을 결심했다가 절차상 복잡함으로 인해 결정을 미루는 일이 발생해서는 안 되기 때문이다. 수선 보너스는 공식 인증을 받은 수선 업체에 수선을 맡기는 경우에만 받을 수 있는데, 업체 관련 정보는 홈페이지에서 쉽게 확인할 수 있다. 선 지원금을 받기 위해 복잡한 서류 작업을 거칠 필요가 없다. 옷을

---

151 한국일보가 이 제도를 총괄하는 '엘사 샤사네트 르패션'을 대상으로 한 인터뷰 자료다. 한국일보, "새 옷 좀 그만 사자, 패션강국 프랑스, 이젠 패션전쟁 선두에", 2024. 8. 26.

맡기면 업체가 자동으로 일정 금액을 깎아 주기 때문이다. 총괄 기구인 '엘사 샤사네트 르패션'으로부터 해당 금액을 돌려받는 건 개별 업체 몫이다. 2024년 8월 현재 프랑스 전역에 등록된 수선 업체는 1,188개 업체이고 앞으로 더 늘어날 것으로 예상하고 있다. 소비자 반응도 뜨겁다. 2023년 11월 시행 이후 6개월간 약 25만 건의 수선이 접수됐으며, 여기에 집행된 금액은 230만 유로(약 34억 3,429만 원)에 달한다.

프랑스 수선비 지원제도: 수선비 보너스 구분

수선내용	수선비
구멍, 찢어짐 등	7유로(약 1만 500원)
안감 수선 및 교체	10~25유로(약 1만 5,000~3만 7,500원)
지퍼 등 교체	8~15유로(약 1만 2,000~2만 2,500원)
줄임 등	6~8유로(약 9,000~1만 2,000원)
신발 수선	7~25유로(약 1만 500~3만 7,500원)

자료: 한국일보(2024. 8. 26.)

그러나 수선비 지원제도의 한계도 없지 않다. 수선이 필요한 옷의 구매 가격이 너무 저렴했거나 시중에서 싼값에 다른 대안을 구매할 수 있을 경우, 소비자는 수선 보너스가 경제적 인센티브로 여기지 않을 가능성이 크다는 점이다. 누군가 아주 낮은 가격에 옷을 구매했다면, 굳이 이것을 고쳐서 다시 입겠다고 마음먹지 않을 것이다. 시장에서 아주 저렴하게 새 옷을 구매할 수 있는 경우에도 마찬가지다. 실제 프랑스 국가환경청 조사에 따르면 수선 가격이 새 옷 가격의 33%를 넘게 될 경우는 수선 가능성이 거의 없는 것으로 나타났다.

그리고 싼 값에 옷을 구매하기가 계속 쉬워지고 있다는 문제도 있다. 최근 몇 년간 패스트 패션보다 더 짧은 주기로 신상품을 발매하고 초저가로 판매하는, 이른바 '울트라 패스트 패션' 브랜드가 소비자 삶을 빠르게 잠식하고 있다. 그냥 패스트 패션도 모자라 '울트라'가 등장했다. 대표적으로 거론되는 브랜드가 중국의 '쉬인'이다. 쉬인은 일 평균 7,200벌의 신상품을 선보인다고 알려졌다. 중국 온라인 유통 플랫폼인 알리, 테무 등도 저렴한 의류 공급의 선두 주자다.

생산자책임 확대법(EPR)

프랑스 수선비 지원제도의 재원은 어떻게 마련될까. 1억 5,400만 유로(약 2,299억 4,818만 원)의 기금이 2023년부터 2028년까지 5년간 활용된다고 하는데, 이 기금은 국민 세금이 아니라 섬유 생산업체가 낸 돈이다. 섬유를 더 생산하는 데 방해가 되는 기금 마련에 섬유 생산업체가 참여할 수밖에 없는 이유는 '생산자책임 확대법'(EPR: Extended Producer Responsibility)이 있기 때문이다. 이 법은 오염물 처리는 오염을 일으킨 사람이 책임지도록 하는 게 골자다. 제조업체가 제품의 유효 수명이 끝난 후에도 제품에 대한 책임을 져야 한다고 규정하고 있다.[152] 이는 생산자가 제품의 재활용 및 폐기에 대한 책임을 지며, 이는 환경에 부담을 준다는 것을 의미한다. 그러나 EPR은 환경에 미치는 영향 외에도 경제적 이점도 있다.

EPR의 주요 이점 중 하나는 제조업체가 보다 환경적으로 지속 가능한 제품을 설계하도록 장려한다는 것이다. 생산자는 제품의 수명 주기를 책임지기 때문에 재활용하기 쉬운 재료를 포함하거나 생산 중 폐기물을 줄이는 것을 선택할 수 있다. 지속 가능한 관행으로의 전환은 폐기 및 오염 제어와 관련된 비용을 줄일 수 있으므로 궁극적으로 기업의 비용을 절약

---

152 NEDONG, "프랑스의 EPR이란 무엇입니까?", 2023. 11. 9.

할 수 있다.

또한 보다 순환적인 경제를 창출하는 데 도움이 되므로 소비자에게도 이익이 된다. 생산자들에게 제품을 회수하도록 요구함으로써 EPR은 자재와 자원이 경제 내에서 유지되고 낭비되지 않도록 보장한다. 또한 소비자는 지자체 수거 프로그램에만 의존하지 않고 제품을 생산자에게 반환할 수 있으므로 재활용에 대한 더 많은 옵션을 제공한다.

경제적, 환경적 이점 외에도 EPR은 더 넓은 사회적 이점을 가지고 있다. 생산자에게 책임을 부여함으로써 법은 책임감과 투명성을 창출한다. 제조업체는 제품의 전체 수명 주기에 대해 책임을 진다. 즉, 제품이 버려지거나 부적절하게 폐기되거나 유해하게 폐기될 가능성이 줄어든다. 이것은 책임감 있는 생산 및 소비문화를 조성하여 궁극적으로 사회의 폐기물 및 오염 확산을 줄일 수 있다. 이와 같이 EPR은 보다 지속 가능하고 책임 있는 경제를 촉진하기 위한 중요한 정책이라고 할 수 있다. 제조업체가 제품의 전체 수명 주기에 대하여 책임지게 함으로써 EPR은 지속 가능한 관행을 장려하고 경제적 이익을 창출하며 더 광범위한 사회적 이익을 제공한다.

우리나라도 '자원의 절약과 재활용 촉진에 관한 법률'을 통하여 제품 생산자나 포장재를 이용한 제품의 생산자에게 그 제품이나 포장재의 폐기물에 대하여 일정량의 재활용 의무를 부여하고, 이를 이행하지 않을 경우, 부과금을 부과하고 있다.[153] 다만, 프랑스의 EPR와 같이 생산자의 책임을 강화하기 위해 국회에서 개정안을 발의하였으나, 언제 도입될지는 미지수다. 정부도 2022년부터 이 제도를 검토해 왔지만, 아직 소식이 없다. 물론 섬유·의류업체들 입장에서는 이러한 비용에 대해 부담스러울 수밖에 없다. 하지만 지속가능한 사회와 인류의 미래를 위해 이 제도는 전 세계적으로

---

153 '자원의 절약과 재활용 촉진에 관한 법률' 제16조.

시행되지 않을 수 없으며, 한국도 그 예외가 될 수는 없다.

5 덜 사(buy)야, 더 살(live) 수 있다

의류 폐기물 문제 해결을 위해서는 보다 근본적 대책이 필요한 상황이다. 기업의 자발적 노력을 기대해서는 의류 폐기물 문제를 결코 해결할 수 없다. 한 업체가 의류생산 및 소비를 줄이고자 신제품 발표 속도를 늦춘다면 그게 줄어들까. 그렇지 않다. 다른 브랜드가 그 틈을 발 빠르게 파고들어 시장 점유율을 늘리고자 할 것이기 때문이다. 이런 구조하에서는 '다 같이 무책임하게 생산하자'는 쪽으로 귀결될 수밖에 없다. 우리는 기후 비상사태와 싸우고 있는 것이며, 인류를 구하기 위한 전쟁을 치르고 있는 것으로 봐야 한다. 여기서 패션 강국 프랑스가 시행하는 '수선비 지원제도'와 '생산자책임 확대법'은 매우 의미 있는 사례이다.

과잉소비가 발생하는 원인은 소비가 단순히 개인적인 행위가 아니라 사회적 성격을 갖기 때문이다. 소비가 지위의 상징이 되고, 이에 따라 타인과 비교하면서 소비재를 구입하게 된다. 각 개인의 개성이 아니라 소비하는 상품에 의해 자신의 정체성을 결정짓는다는 것이다.[154] 그야말로 철저한 물신주의다. 겨울이면 너도나도 에베레스트 등반할 때나 필요한 고가 브랜드의 거위털 등산복을 입는다. 그 이유는 추워서가 아니라 친구들이 입기 때문이고, 유명 연예인이 차려입고 광고하기 때문에 나도 가져야겠다는 식이다. 필요가 아니라 욕구 때문에 상품을 구입하고 이것이 과잉소비를 초래하는 것이다. 과잉소비는 지구가 감당할 수 있는 능력을 초과한

---

154 이현지, "환경의식에 따른 패스트 패션 구매자의 의복 소비행동에 관한 연구", 「한국의류산업학회지」, 제17권 4호, 한국의류산업학회, 2015.

다. 욕구대로 소비하자면 지구가 몇 개 있어도 모자랄 판이다.

한편, 환경문제에 관심이 고조되면서 갖가지 친환경이라고 이름 붙인 제품이 우후죽순이다. 나무 칫솔, 스테인리스 빨대, 버리는 잠수복 원단이나 쌀 포대를 재활용해 만든 가방, 고형 비누와 샴푸가 인기다. 이 중에는 좋은 제품들도 많다. 패스트 패션과 반대되는 개념으로 등장한 것이 슬로우 패션(slow fashion)인데, 친환경적인 천연소재와 염색법을 접목하는 등 생태 환경과 건강에 부정적인 영향을 최소화하는 다양한 의류를 포괄하는 의미이다.[155] 그렇지만 아무리 친환경 제품이라 한들 불필요하게 소비한다면 과잉이고 환경오염이다. 친환경이라는 말은 듣기에 좋지만, 위장 환경주의처럼 소비자를 현혹하기도 쉽다. 자원순환의 핵심은 아껴 쓰고, 다시 쓰는 것이다. 과잉 소비와 환경은 같은 배를 탈 수 없다.[156]

현대 자본주의 사회를 살아가는 사람들에게 소비가 차지하는 비중은 매우 크다. 어떤 상품을 소유하고 있고, 어떤 소비를 하느냐에 따라 개인의 위상이 달라진다. 타고 다니는 자동차, 사는 집, 해외여행 여부가 중시되고, 그것이 한 개인의 정체성을 평가하는 기준이 되었다. 그래서 사람들은 내면의 본질보다 겉으로 드러나는 자신의 모습을 치장하기 위해 기꺼이 비싼 돈을 들여 명품을 구매하려 한다.[157] 상품이 대량으로 생산되면서 소비의 중요성이 점점 더 커졌다. 대량 생산된 많은 상품이 팔려 나가야만 이윤이 실현될 수 있기 때문이다. 언제 어디서든 우리는 상품광고의 포로가 되어 있다.

---

155 신하나, "너무 많이 만들어지고 쉽게 사고 버려지는 옷", 「나라경제」, 한국개발연구원, 2022. 10.
156 김연식, "과잉 소비와 환경은 같은 배를 탈 수 없다", 녹색세상, 2022. 3. 18.
157 베블런 효과(Veblen Effect)라고 할 수 있다. 부유층의 두드러진 소비는 사회적 지위를 과시하기 위하여 자각 없이 행해진다는 과시적 소비(conspicuous consumption)를 지적한 데서 생겨난 말이다. 예를 들어, 다이아몬드의 가격이 상승하면 더욱 허영심을 자극하게 되어 수요가 증대하지만, 가격이 떨어지면 그 가치와 희소성이 떨어지기 때문에 수요도 줄어들게 된다는 것이다. Thorstein Veblen, The Theory of the Leisure Class, 1899.

자본주의 사회에서는 집단의 차이도 소비에 의해 결정된다. 많은 소비상품 중에 어떤 것을 소비하느냐가 특정 집단의 정체성을 결정한다. X세대, MZ세대, 알파세대 등의 말도 소비를 부추기기 위해 상업주의가 만들어 낸 말이다. 이처럼 현대인들은 소비를 자신의 개성과 정체성을 형성하는 수단으로, 또 타인을 평가하는 기제로 사용한다. 현대인들에게 스타일이나 외모는 개인의 정체성을 평가하는 중요한 대상이 되었다. 여기서 스타일이나 외모는 소비에 의해 만들어진다. 이제는 소비 집착에서 벗어나 간소함을 추구하고 내재적 가치에 집중하는 삶의 방식으로 기존 소비문화의 빈자리를 채울 필요가 있다. 소비의 욕망은 끝이 없고, 소비를 멈추면 심리적으로 더 충만한 삶이 된다. 과잉생산, 과잉소비는 자본주의 속성이다. 이제는 그 속성을 자제해야만 한다. 덜 사(buy)야만, 더 살(live) 수 있다.[158]

---

158 고영구, "패스트 패션, 덜 사야 더 살 수 있다", 충청매일, 2024. 11. 18; J.B. Mackinnon 지음, 김하현 옮김, 『디컨슈머』, 문학동네, 2022.

12
ESG! 선택이 아니라 필수, 이해관계자 자본주의

1 ESG 등장, 기업경영의 기본

최근 ESG란 말이 화두가 되면서 많은 이들에게 새롭게 등장한 단어처럼 느껴질 수 있겠지만, ESG는 낯선 개념이 아니다. 1987년 UN에서 지속가능한 발전(sustainable development)이라는 용어를 쓰기 시작하면서 탄생된 개념이다.[159] 지속가능한 발전이란 무엇인가? 미래 세대를 해치지 않고 현재 세대의 필요를 충족시키는 것이다. 다시 말해서 각 세대가 그 세대 안에서 환경과 자원을 훼손하지 않고 그 세대에 필요한 것을 충족시키기 위해 발전하고, 미래 세대는 그 세대에 맞게 잘 발전할 수 있는 조건을 만드는 것이다.[160] 이 같은 책무는 이 시대를 살아가는 우리 모두에게 주어진 것이지만, 아무래도 기업이 가장 일선에 있을 수밖에 없다.

지속가능한 발전을 이루려면 기업들은 무엇을 해야 하는가? UN은 전세계 금융기관과 주요 CEO들에게 물었다. CEO들은 대답에서 세 가지가 특히 중요하다고 답을 했다. 첫 번째는 환경(environmental), 두 번째는 사회(social), 세 번째는 지배구조(governance)를 잘 관리해야 한다

---

159 United Nations, *Report of the World Commission on Environment and Development: Our Common Future*, 1987.
160 조혜원·고영구·김희진·이민주, 『글로벌시대 공존전략』, 동문사, 2022.

는 것이다. 이 같은 내용이 2004년 UN에서 발간한 보고서 「Who Care Wins」를 통해 'Environmental, Social and Governance Issues'로 게재되었다. 투자자들의 기업분석, 운용, 공시, 주주권 행사 시에 ESG 요소를 적극적으로 고려하자는 요청이다. 이것이 ESG 용어가 처음으로 공식화된 계기이다.[161] 이렇듯 ESG는 환경, 사회, 지배구조 등 기업경영에서 지속가능성을 달성하기 위한 3가지 핵심 요소로서, 기업의 지속적인 성장 및 생존과 직결되는 중요한 가치가 되었다.

UN 보고서는 이와 같은 환경, 사회, 지배구조 수준을 높여 자본시장에 이식한다면 지속가능하고 사회에 더욱 기여하는 시장을 실현시킬 수 있을 것이라고 소개했다. 또 기업이 앞으로 지속가능한 성장을 하려면 ESG에 대해 체계적인 대응이 필수적이라고 강조했다. UN은 보고서 발표 후 2년 뒤인 2006년, ESG에 대한 여섯 가지 책임투자원칙(principles for responsible investment)도 발표했다. 그 원칙은 다음과 같다. ① ESG 이슈를 투자분석 및 의사결정에 적극 반영, ② 기업 ESG 이슈를 자산보유 정책 및 실천에 적용, ③ 투자대상에 ESG 이슈 관련한 적절한 정보공개 요구, ④ 투자산업 내에서 원칙 도입과 이행 촉진, ⑤ 원칙 이행에 대한 효과 개선을 위해 협력, ⑥ 원칙이행을 위한 활동 및 진척 사항을 보고할 것 등이다.

2016년 미국 트럼프 행정부가 파리기후협약을 탈퇴하면서 ESG가 주춤하는 모습을 보였으나, 2019년 중대한 전기를 맞는다. 미국 200대 굴지의 기업으로 구성된 BRT(Business Round Table)[162]에서 성명서를 발

---

161 Swiss Federal Department of Foreign Affairs & United Nation, *Who Cares Wins: Connecting Financial Markets to a Changing World*, The Global Compact, 2004.
162 애플, 아마존, 오라클, IBM, 프록터앤겜블, 존슨앤존스 등 미국 200대 대기업 최고경영자로 구성된 협의체이며 미국 대기업의 이익을 대변한다. 한국의 전국경제인연합회와 같은 경제단체다. 2019년 진행된 연례회의에서 글로벌 비즈니스 리더들은 기업의 전통적 목적인 주주이익 극대화 원칙을 폐지하고 모든 이해관계자의 가치가 통합된 새로운 기업의 목적(Purpose of a Corporation)을 선언했다.

표했는데, 기업의 목적에 대한 신개념을 선언한 것이다. 과거에는 기업의 목적이 투자자를 위해서 돈을 버는 것이었지만, 지금의 CEO들은 ① 고객을 위해서, ② 임직원을 위해서, ③ 지역사회를 위해서, ④ 거래처를 위해서, ⑤ 주주들을 위해서 돈을 벌고 그들에 이익을 돕고 그들의 가치를 높여야 한다고 했다.

이어 미국의 바이든(Joe Biden) 대통령이 취임하자마자 파리기후협정 복귀와 2050년까지 탄소 중립(Carbon Neutral)을 선언함에 따라, 기후변화에 대한 범지구적인 움직임은 다시 탄력을 받기 시작했다. EU는 물론 한국과 일본도 2050년까지 탄소중립을 달성하겠다고 선언했고, 중국도 2060년까지 추진하겠다는 의사를 밝히는 등 120여 개국에서 탄소중립 목표는 대세가 되었으며, ESG가 기업경영과 투자의 새로운 규범으로 부상하고 있다. 2018년 이후, ESG 활동을 하는 기업에만 투자하는 ESG 투자가 전체 운용자산의 20~40%를 차지하는 일이 벌어졌다. 글로벌지속가능투자연합(GSIA: Global Sustainable Investment Alliance) 통계에 따르면, 2020년 전 세계 ESG 투자 규모는 40조 5,000억 달러로, 2018년 30조 6,800억 달러와 비교하면 1년 반 만에 31% 증가한 것이다.[163]

ESG 경영은 기업경영에 있어 환경, 사회, 지배구조 측면을 잘 고려하여 경영하는 기업이 그렇지 않은 기업보다 중장기적 성과가 더 좋다는 가설에 근거를 두고 있다. 세계 최대 자산운용사인 블랙록(BlackRock)[164] 등 투자자들도 기업투자 시 ESG 경영을 잘하는 기업에 투자하겠다는 의지를

---

163 고영구, "ESG 동향과 중소기업 정책과제", 「한국지역사회학회 하계워크숍 발표논문집」, 한국지역사회학회, 2022. 8. 24.
164 세계 최대 자산운용사 블랙록(BlackRock)의 래리 핑크(Larry Fink) 회장은 연례 서한을 통해 기후변화 리스크가 곧 투자리스크이며, 이러한 리스크 평가를 위해 일관성 있는 양질의 주요 공개정보에 접근할 수 있어야 한다고 언급하며 환경 지속성과 ESG 공시의 중요성을 강조했다. 이처럼 ESG를 염두에 두고 책임 있게 투자하겠다는 기조가 확고함에 따라 기업들은 투자 확보와 주주 이익을 위해서 ESG를 경시할 수 없게 되었다. 김국현, "세계는 지금 ESG 혁신 중, 다양한 사례를 통해 본 ESG 경영", SK하이닉스 뉴스룸, 2021. 2. 9.

공개적으로 표명하면서 ESG 경영은 급속도로 확산되고 있다.[165] 최근 러시아-우크라이나, 이스라엘과 팔레스타인 간의 전쟁에 따른 글로벌 공급망 교란과 에너지 위기로 인해 화석연료 의존도가 늘어나고 화석연료 기업의 수익성이 올라가면서 일부 ESG 펀드에서 자금이 이탈하는 등 ESG 경영 및 투자에 이상 징후가 나타나고는 있으나, ESG는 일시적인 유행이 아니라 기업의 생존과 성공의 요건이며, 기업경영의 기본이 될 시대정신임에는 의심할 여지가 없다.

2 자본주의 진화와 기업환경의 변화

자본주의 진화, 혼합경제자본주의

자본주의가 또 다른 한계를 드러내는 시점에서 아나톨 칼레츠키(A. Kaletsky)는 새로운 자본주의 시대를 전망한 바 있다.[166] 자본주의 역사를 컴퓨터 프로그램 업그레이드처럼 1.0, 2.0, 3.0으로 명명하고 앞으로 다가오는 시대를 자본주의 4.0이라고 설명하고 있다.[167]

과거 자본주의 1.0은 1776년부터 대공황 직후인 1932년까지의 기간으로 애덤 스미스(Adam Smith)의 '보이지 않는 손'(invisible hand)이 상징하는 자유방임 자본주의 시대다. 개개인이 열심히 일하면 그것이 곧 사회 전체의 이익과 조화를 이루는 방향으로 자연스럽게 발전해 나간다는 주장이다. 정부가 굳이 시장에 직접 관여할 필요가 없다는 것이다. 그러나 1920년대 후반 1930년대 초에 발생한 경제 대공황은 이러한 자본주의에

---

165 류영선, "최근 글로벌 ESG 투자 및 정책동향", 보도자료, 금융투자협회, 2020. 6. 17.; 주영섭, "유행인가? 시대정신인가? ESG 제대로 이해하면 보인다", 아주경제, 2022. 7. 28.
166 아나톨 칼레츠키 지음, 위선주 역, 「자본주의 4.0」, 컬처앤스토리, 2011. 8.
167 지용승, "자본주의 4.0시대, 우리는 무엇을 해야 하는가", 프레시안, 2022. 5. 24.

의문을 제기했다. 시장은 그냥 두면 알아서 잘 굴러갈 것이라는 주장이 옳지만은 않다는 것을 보여 줬다. '보이지 않는 손' 자체가 존재하지 않은 것이다.

자본주의 1.0시대의 시장이 자본과 노동만의 관계라면, 자본주의 2.0시대는 자본, 노동 이외에 정부도 중요한 경제주체로 인식되었다. 케인즈(J. M. Keynes)는 국가에 의한 민간에의 정책적 개입도 불가피하다고 역설했다. 정부가 적극적인 재정정책 및 공공투자 등을 실시하고 시장의 완전고용을 추구하면서, 불황에 빠진 경제를 회복시키고 세계경제는 호황을 누리게 되었다. 하지만 보다 강력해진 노동운동으로 인한 높은 임금인상 요구와 정부의 과도한 간섭으로 경제성장이 정체되고, 정부의 적극적인 재정정책을 위해 지속적으로 화폐를 찍어 내다 보니 심각한 인플레이션 요인이 되면서 세계는 다시 불황의 늪으로 빠지게 되었다.

1980년대 이후 세계화와 함께 등장한 자본주의 3.0시대 접어들면서 정부의 간섭을 배제하고 각종 규제를 완화하는 이른바 작은 정부론이 강력하게 확산되었다. 영국 대처(M. Thatcher) 수상과 미국 레이건(R. Reagan) 대통령에 의해 주도된 시장 근본주의 시대였다. 정부개입 없이도 시장의 메커니즘은 잘 돌아간다고 주장하는 고전학파들이 다시 등장한 것이다. 그들은 '신자유주의'라는 이름으로 세계화를 들고나왔다. 이 시대를 이끈 대표적인 학자가 밀턴 프리드먼(M. Friedman)이다. 경제는 자유주의 시장경제체제에서 자율적으로 움직여야 하고, 정부는 인플레이션을 억제하는 정도의 역할에 한정되어야 한다고 주장했다. 작은 정부, 규제완화, 민영화, 저금리, 세금감면 등이 이 시대 키워드였다.

신자유주의 사상이 과속 질주하면서 2008년 세계는 금융위기를 맞았다. 자본주의 4.0은 이후의 시대를 말한다. 정부의 방임적인 금융정책에 대한 반성에서 출발했기 때문에 금융에 대한 정부의 규제적인 개입이 더욱 필요하게 되었다. 여기서 아나톨 칼레츠키(A. Kaletsky)는 규제받는 소수의 통제된 시장과 투명하고 효율적으로 운영되는 대다수의 일반적인 경쟁시장이 혼합된 모습의 자본주의 4.0이 나타날 것이라고 주장했다. 다시 말해서 정부와 시장 간의 이데올로기적 갈등에서 벗어나 정부와 시장이 협력하는 형태로 나타난다는 것이다.[168] 경제적 가치와 사회적 가치를 함께 추구하는 혼합경제 자본주의 시대로의 전환을 의미한다.

자본주의 진화과정(자본주의 1.0~4.0)

단계	관점	특징	대표 학자
자본주의 1.0 (1800년대)	자유방임주의	• 국가간섭 최소화한 시장중심의 자본주의 - '보이지 않는 손'에 의한 효율적 배분 - 부르주아와 프롤레타리아 간 빈부격차 심화로 붕괴	애덤 스미스
자본주의 2.0 (1930년대)	수정자본주의	• 시장의 모순을 극복하는 정부 중심의 자본주의 - 대공황과 불황을 정부 시장개입과 재정지출로 해소 - 1970년대 오일쇼크와 스테그플레이션, 비효율성 노출	케인즈
자본주의 3.0 (1980년대)	신자유주의	• 자율적 시장경쟁 질서에 의한 시장중심의 자본주의 - 개인 능력과 창의력에 입각, 경쟁촉진과 발전 추구 - 강대국, 대기업 중심 정책으로 부익부 빈익빈 심화	밀턴 프리드만
자본주의 4.0 (2010년대 이후)	혼합경제자본주의	• 정부와 시장이 협력하는 자본주의 - 경제적 가치와 사회적 가치를 함께 추구 - 2008년 세계금융위기 이후 인도적 자본주의 이행요구	아나톨 칼레츠키

자료: 아나톨 칼레츠키(2011), 유원상(2021).

---

168 진보학자들은 '자본주의 4.0시대'가 도래하고 있는지는 모르지만, 새롭고 바람직한 대안모델은 아니라고 지적한다. 신자유주의보다는 따뜻할지 몰라도 근본적으로는 여전히 자본, 기업, 시장의 자유를 중심에 놓는 보수적 혹은 경제적 자유주의 구상일 뿐이라고 혹평한다. '자본주의 4.0'은 애당초 시장과 기업이 주도해야 이룰 수 있는 체제들로 상정되어 있고, 정부의 역할이 요청되긴 하지만 그것은 오직 시장친화적 조율 정도에 그치며, 주역은 역시 대기업이라고 비판한다. 최태욱, "따뜻한 자본주의는 정치에 달렸다", 경향신문, 2011. 8. 26.

기업환경의 변화, 기업의 사회적 책임 강조

기업의 경영환경도 산업혁명 이후 지속적으로 변해 왔다. 유원상(2021)은 그동안 겪어 온 역사를 경영학적 관점에서 5단계로 나누어 설명하고 있다.[169] 가장 먼저, 제조업이 등장하면서 처음에는 생산개념(production concept)이 등장했다. 당시 공산품이 만들어지면서 그 제품에 대한 수요와 호기심이 많았고, 공급이 절대적으로 부족했기 때문에 품질보다는 양이었다. 경쟁개념도 없었을뿐더러 고객에 대한 인식도 부재했던 시기였다. 무조건 많이 만드는 것이 중요했기 때문에 비용은 줄이고 생산량을 늘리는 데만 집중했다.

그리고 어느 정도 시간이 지나면서 기업 간의 경쟁이 나타나기 시작했다. 같은 제품을 만드는 기업들이 늘어나면서 누가 더 좋은 제품을 만드느냐가 중요해진 것이다. 생산량을 늘리는 것뿐만 아니라 성능과 품질 면에서 좋은 상품을 만들어 경쟁에서 이겨야 한다는 제품개념(product concept)이 등장한 것이다. 이 시기를 장인정신의 시대라고 한다.

그다음, 이전 단계까지만 해도 소비자에 대한 관심이 없었으나, 선도 기업들부터 차별화를 시도하는 현상이 나타났다. 많이 만들고 잘 만드는 것에 그치는 것이 아니라 잘 팔아야 한다는 판매개념(selling concept)이 등장한 것이다. 이에 따라 판매조직과 영업조직을 체계화하고 서비스를 중시하는 경향을 보이기 시작했다.

이후 시장에서의 경쟁이 더욱 치열해지면서 고객 만족에 초점을 맞추기 시작했다. 마케팅개념(marketing concept)의 등장이다. 고객만족이 최우선의 사명이고, 기업의 생존과 성장은 기업의 사명을 다함으로써 얻어진다는 인식이 확산되었다.

---

169 유원상, "ESG 관련 시장의 변화와 마케팅전략", 「중소·중견기업 ESG 온라인교육 자료집」, 대한상공회의소, 2021. 7.

2000년대 접어들면서 기업의 사회적 책임에 대한 논의가 활발해지고, 사회개념(societal concept)이 강조되기 시작했다. 기업이 고객에게 만족을 주는 것은 기본이고 기업을 둘러싸고 있는 다양한 이해관계자들에게 가치를 제공해야만 하는 시대가 된 것이다. 이해관계자들과 지속가능한 우호적 관계를 유지하지 않으면 기업이 생존하고 성장하기 어려워졌다. ESG로 연결되는 개념이다.

기업경영환경 변화과정과 특징

단계	관점	특징
1단계	production concept (생산개념)	• 수요〉공급 • 고객과 경쟁개념 없음 • 내부효율과 생산성에 집중, 비용절감
2단계	product concept (제품개념)	• 경쟁개념 나타남 • 성능, 속성, 품질 경쟁 • 장인정신의 시대(고객개념 없음)
3단계	selling concept (판매개념)	• 판매와 서비스 중시 • 판매 및 영업조직 체계화 • 고객개념 미약
4단계	marketing concept (마케팅개념)	• 고객개념 나타남 • 고객만족 우선 • 수익은 고객만족의 결과
5단계	societal concept (사회개념)	• 고객만족은 기본 • 다양한 이해관계자에게 가치제공 • 이해관계자와 지속가능한 호의적 관계

자료: 유원상(2021) 참고 작성.

3 ESG 이슈와 이해관계자 자본주의(SPICE)

ESG 이슈: 환경, 사회, 지배구조

ESG에서 E(Environmental)는 기후위기에 대한 경각심에서 비롯되었다. 이 원인이 오래전 과거에는 하늘의 뜻인 줄 알았는데, 지구 온난화의 원인이 바로 사람에게 있음을 깨달은 것이다. 따라서 환경을 개선하고 보전함으로써 지구 환경을 잘 지켜 내는 것이 중요하다. 여기서 ESG는 기업 역시 이 문제에 있어 막대한 책임감을 가져야 한다고 말한다.

S(Social)는 기업 이미지에 가장 많은 영향을 주는 요소들이다. 기업은 제품, 서비스 또는 상징 그 이상이며, 공통된 목표를 추구하며 일하는 사람들의 집합체. 그러므로 기업이 직원을 얼마나 잘 대우하고, 임직원들의 신체적, 정신적 웰빙을 지원하며, 안전 및 고용 기준을 준수하는지는 투자자가 전반적인 기업 품질과 위험을 평가하는 기준이 될 수 있다. 임직원 관계, 지역사회, 인권, 건강, 산업안전, 노동, 소비자권리, 동물복지 등이 S 이슈다.

G(Governance)는 지배구조와 투명한 의사결정이다.[170] 기업은 점점 투명하게 의사결정을 하도록 요구받고 있다. 주주총회가 있고, 이사회가 있고, 감사가 있다. 정부로 치면 입법부, 행정부, 사법부와 같다. 지배구조의 투명성은 모든 의사결정이 공정하고 개방적으로 숨김없이 이루어질 때 가능하다. 특히 지배구조에서 가장 중요한 요소로 꼽히는 것이 리더십이다. 올바른 리더십에 의해서 의사결정이 투명해지고, 환경문제, 사회문제를 기업이 주도적으로 해결할 수 있게 되기 때문이다.

---

170 거버넌스(Governance)를 해석하다 보니 지배구조로만 이해하고 있는데, 그 밖에 투명한 의사결정도 핵심적 요소다.

ESG 핵심 요소

환경 Environmental	사회 Social	지배구조 Governance
• 기후변화 및 탄소배출 • 환경오염·환경규제 • 생태계 및 생물다양성 • 자원 및 폐기물 관리 • 에너지 효율 • 책임 있는 구매·조달 등	• 고객만족 • 정보보호·프라이버시 • 인권, 성별 평등·다양성 • 지역사회 관계 • 공급망 관리 • 근로자 안전 등	• 이사회·감사위원 구성 • 뇌물 및 반부패 • 로비 및 정치 기부 • 기업윤리 • 컴플라이언스 • 공정경쟁 등

자료: https://www.clickesg.co.kr/ui/index.html(2022)

이해관계자 제일주의: SPICE 모델

과거에는 기업을 평가함에 있어서 '얼마를 투자해서, 얼마를 벌었는가?'를 중심으로 한 재무적인 정량지표가 기준이었다. 이제는 기업이 기후변화 등 사회에 미치는 영향력이 증가하면서, 비재무적인 지표가 기업의 실질적인 가치평가에 있어 더 중요할 수 있다는 인식이 팽배해지고 있다. 기업의 사회적 책임에 대한 담론이 형성되면서, 투자자와 소비자들도 기업을 평가함에 있어 재무적 가치뿐만 아니라 비재무적 가치를 함께 고려한다. 즉, 주주의 가치만을 대변할 것이 아니라, 다양한 이해관계자들의 가치를 함께 고려해야 기업경영이 장기적으로 지속 가능하다는 것이다. 성과만의 만족이 아니라, 가치를 지향하는 것이다.[171]

우리 주변에는 많은 이해관계자가 존재한다. 개인을 둘러싼 이해관계자라고 한다면, 부모형제, 친구, 직장동료, 선후배 등이다. 개인과 연관이 있고 개인 삶에 영향을 끼치거나 개인 간의 삶에 영향을 미치는 사람들을 이해관계자라고 할 수 있다. 마찬가지로 기업도 이해관계자들이 있다. 전통

---

171 고영구, "ESG 시대 도래와 중소기업의 과제", 「제2회 에너지혁신 공유포럼 특강자료집」, 전북대학교 에너지산업혁신공유대학사업단, 2022. 7. 21.

적으로 기업에서 가장 중요한 이해관계자는 주주들이다. 그 주주들이 공장을 가동하고 기업을 운영할 수 있도록 자본을 투자해 주기 때문이다. 1970년 밀턴 프리드만(M. Friedman)은 뉴욕타임스 글에서 "기업의 사회적 책임은 주주를 위해 열심히 돈을 버는 것이다."라고 주장했다.[172] 이처럼 지금으로부터 50년 전에는 오직 주주를 위해서 돈을 잘 버는 것이 기업의 사회적 책임으로 여겨졌다.

그러나 50년이 지난 지금에 와서는 이러한 사조가 바뀌었다. 기업에 주주만 있는 것이 아니다. 직원도 있고, 고객도 있고, 협력사도 있고, 정부나 지역사회도 있다. 이러한 이해관계자들을 골고루 신경을 쓰자는 것이 바로 '이해관계자 제일주의'이다. 그러면 이것은 어떻게 구체화되었을까? 문성후(2021)는 SPICE 모델로 설명하고 있다. 기업은 지역사회와 정부(society), 협력사와 거래처(partner), 주주와 투자자(investor), 고객(customer), 임직원(employee) 등 이해관계자들을 위해 일을 해야 한다는 것이다.[173] 이들 중 어느 한쪽으로 치우치지 않게 균형을 이루며 기업을 잘 운영하는 것이 중요해졌다.

이해관계자 제일주의: SPICE 모델

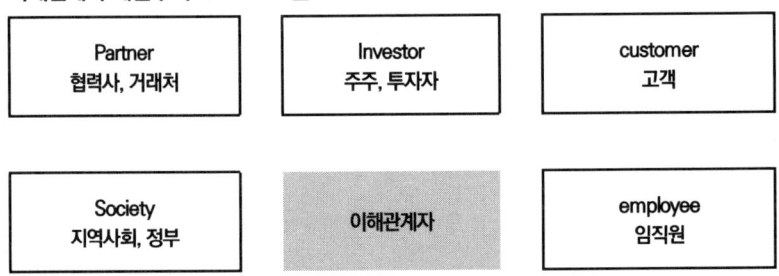

자료: 문성후(2021) 참고 작성.

---

172 M. Friedman, *The Friedman Doctrine; The Social Responsibility of Business Is to Increase Its Profits*, The New York Times, 1970. 9. 13.
173 문성후, 『부를 부르는 ESG』, 플랜비디자인, 2021.

4 ESG가 기업에게 중요한 이유

기업의 ESG 활동은 기업뿐만 아니라 기업을 둘러싼 다양한 이해관계자가 얽혀 있는 이슈다. 기후변화 위기와 코로나19 팬데믹을 거치면서 기업의 핵심 이해관계자인 투자자, 고객, 신용평가사, 정부는 기업에게 높은 수준의 ESG 경영체계를 갖추도록 강력히 요구하고 있다.[174]

투자자의 ESG 요구 증대, 기업경영에 관여

ESG에 대한 투자자의 요구로 가장 대표적인 제도는 바로 스튜어드십 코드(Stewardship Code)다. 스튜어드십 코드는 기관투자자가 의결권 행사 등으로 기업경영에 관여하는 것을 의미한다. 과거 기관투자자들은 비용 부담이나 피투자기업과 운용사 간 이해 상충문제 등으로 인해 기업의 경영에 적극적으로 관여하지 않았다. 그러나 2008년 글로벌 금융위기 이후 기관투자자들이 주주로서 기업의 지배구조를 견제하지 못했다는 자성의 목소리가 나오면서 2010년 영국에서 최초로 스튜어드십 코드가 도입되었다. 우리나라에서는 2016년 제도가 갖춰지고 2018년 국민연금을 시작으로 도입하기 시작했다. 이후 보험사, 자산운용사와 같이 기관투자자의 스튜어드십 코드 도입은 지속적으로 증가하고 있으며, 그만큼 기업 지배구조에서 기관투자자의 역할이 점차 커지고 있다는 것을 의미한다.

실제로 해외에서는 ESG 경영을 잘하지 못하는 기업들에게 기관투자자들이 직접 의결권을 행사하는 사례가 늘어나는 추세다. 예를 들어 블랙록(BlackRock)의 경우 2020년 엑슨모빌 주주총회에서 기후변화 대응 전략 수립과 기후변화의 재무적 영향에 대한 공시가 미비했다는 이유로 이

---

[174] ESG가 기업에게 중요한 이유에 대해서는 다음의 자료를 요약·인용했다. 대한상공회의소·삼정KPMG, 「중소·중견기업 CEO를 위한 알기 쉬운 ESG」, 2021.

사 2인 연임에 반대표를 던졌다. 이에 더해 이러한 ESG 리스크 관리 미비가 이사회 독립성 결여에 따른 것으로 판단하고 CEO와 이사회 의장을 분리하는 안에 찬성표를 던졌다. 블랙록은 엑슨모빌(Exxon Mobil) 외에도 환경오염개선 미비를 이유로 볼보(Volvo) 등 35개 기업에게 의결권을 행사한 바 있다. 투자자들은 투자기업에 대한 의결권 행사뿐만 아니라 투자대상을 정할 때도 ESG를 적극적으로 활용하고 있다. 매년 기관투자자들이 ESG를 고려해서 진행하는 투자액은 지속적으로 증가하고 있다.

고객의 ESG 요구 증대, 공급망 관리 강화

글로벌 기업들은 ESG 경영이 미흡한 공급사와는 거래를 하지 않겠다는 움직임을 보이고 있다. 분업화된 공급망 구조에서 자칫 ESG에 소극적인 기업은 향후 고객 기반을 상실할 수도 있다는 얘기다. ESG에 반하는 공급망 관리가 사회적인 논쟁으로 부상하기도 했는데, 대표적으로 코발트 광물 사례를 들 수 있다. 애플(Apple), 구글(Google), 마이크로소프트(Microsoft), 테슬라(Tesla) 등은 4차 산업혁명 시대가 도래하면서 세계에서 가장 유망한 기업으로 조명받고 있다. 이 기업들과 함께 컴퓨터 제조사 델(Dell)까지 총 5개 기업이 2019년 코발트 문제로 국제권리변호사회로부터 피소되는 사건이 발생했다. 코발트는 전기차 배터리에 사용될 뿐만 아니라 스마트폰 배터리와 각종 전자기기에 매우 광범위하게 쓰이고 있다. 그런데 이 배터리의 핵심 원료인 코발트의 상당량이 콩고에서 생산되는데, 콩고의 많은 어린이들이 코발트 생산을 위해 어려서부터 노동현장에 내몰렸다는 것이다. ESG가 부상하면서 이러한 공급망 구조에 제동이 걸리기 시작했다. 이로 인해 테슬라는 코발트를 사용하지 않겠다는 '코발트 프리' 계획을 발표했다. 이를 위해 100% 니켈 함유 배터리를 개발

중이며, 또 공급망에 있는 근로자 인권과 근로환경 개선에서도 노력하겠다는 입장을 밝혔다.[175]

우리 기업들도 전반적인 상황을 예의주시할 필요가 있다. 2021년 2월 EU에서 공급망 실사 의무화(Due Diligence) 법안을 상정했고 통과 시 2022년부터 효력을 발휘할 것으로 보여 이에 대한 우리 기업들의 대비가 필요하다. 한편 소비자들의 ESG 친화적인 기업 제품에 대한 요구가 증가하고 있다. 2021년 대한상의 조사결과에 따르면, 소비자의 63.0%가 '제품 구매 시 기업의 ESG 활동을 고려한다'고 응답했다. 'ESG 활동에 부정적인 기업의 제품을 의도적으로 구매하지 않은 경험이 있다'고 답변한 비율도 70.3%에 달했다. '추가 가격을 지불하더라도 ESG 활동이 우수한 기업의 제품을 구매하겠다'고 대답한 비율도 88.3%로 매우 높게 나타났다.

신용평가 반영, 재무적 부담을 넘어 신용까지

3대 글로벌 신용평가기관인 무디스(Moody's), 피치(Fitch Ratings), S&P(Standard & Poor's) 등에서는 ESG 평가 결과를 신용등급에 반영하고 있다. S&P Global의 경우, 환경오염이나 탄소 배출량, 안전보건, 내부통제, 리스크 관리 등으로 분류하여 조정 사유에 해당하는 기업에 대해 신용등급을 조정했다. 예를 들어, 듀크에너지(Duke Energy)의 경우 석탄 발전소에서 과도하게 석탄재가 배출된다고 보고 신용등급을 'A-Stable'에서 'A-Negative'로 조정하여 ESG에 따른 신용위험을 경고했다. 신용평

---

175 여기서 애플의 경우를 보자면, 애플은 본격적으로 ESG 기반의 공급망 관리에 돌입했다. '협력업체 청정에너지 프로그램'에 따라 2030년까지 협력사들은 100% 재생에너지로 생산한 제품을 공급해야 한다. 또한 애플은 공급망 내 모든 단계의 협력업체에 대한 노동권, 인권, 건강, 환경보호 등에 행동수칙(Apple Supplier Code of Conduct)을 마련하고, 이를 평가하여 협력업체의 ESG 성과 개선을 유도하고 있다. 대한상공회의소·삼정KPMG, 「중소·중견기업 CEO를 위한 알기 쉬운 ESG」, 2021.

가기관들은 ESG 역량을 강화하기 위해, 전문성을 보유한 ESG 평가기관들을 인수하고 있다. 신용등급에 비재무적 성과를 포함하는 글로벌 사례는 국내 신용평가 기관에도 영향을 주고 있다.

기업들의 ESG 경영과 이를 바탕으로 한 자금조달 비중이 확대되는 가운데 신용평가사들의 신용등급 평가도 까다로워지고 있다. 특히, 환경 부문에 치중했던 평가 방식이 투자자들의 의사를 반영해 사회 부문으로까지 확대되면서 기업들의 부담도 한층 커진 것이다. 투자자들이 기업에 대한 투자의사 결정을 할 때나 기업들이 경영정책을 수립할 때 ESG를 면밀하게 살피기 시작하면서, 이들 산업에 불리한 환경이 이어진 까닭이다. 2022년 신용평가사들은 강릉에코파워와 삼척블루파워의 신용등급을 'AA-'에서 'A+'로 강등한 바 있다.[176] 2021년 부정적인 꼬리표가 달린 이후 2022년 신용등급에 반영된 것이다. 환경규제 강화로 사업의 전망이 불확실해지고 투자자 모집이 어려워지는 등 자본시장의 접근성이 크게 약화되었기 때문이다. 강원도 삼척에 1천 50MW 규모의 석탄화력발전소 2기를 건설하던 삼척블루파워는 당시 자금을 조달하기 위해서 시장을 찾았으나, 전량 미매각이라는 결과표를 받았다. 회사채 수요예측에서도 투자 수요는 전무했다. 삼척블루파워는 주요 증권사들과 회사채 인수 약정을 맺은 바도 있어 자금을 조달하는 데에는 문제가 없으나, 석탄 발전을 대하는 자본시장의 시선은 달랐다. 이러한 사회적 흐름은 기업들의 ESG 경영이 재무적 위험을 넘어 신용위험까지도 영향을 줄 수 있음을 시사하고 있다.

정부 규제 강화, 2050년 탄소중립 선언

유럽의 경우 2006년 UN PRI가 ESG 투자 원칙을 발표하면서 본격적

---

176 연합인포맥스, "ESG 신용등급 평가 깐깐해진다…발전·건설사 유탄 맞나", 2022. 7. 12.

으로 기업의 비재무적 요소에 대한 공시 강화가 추진되었다. 유럽은 2021년 3월부터 연기금을 시작으로 은행과 보험사, 자산운용사로 ESG 관련 공시 의무를 확대했고, 영국은 모든 상장기업들에게 2025년까지 ESG 정보공시를 의무화했다. 우리나라 경우도 이미 2019년부터 자산총액 2조 원 이상의 코스피 상장사를 중심으로 기업지배구조 핵심 정보를 투자자에게 의무적으로 공시하도록 규정했다. 그리고 2021년 금융위원회가 ESG 공시의 단계적 의무화를 추진하겠다고 발표했다. 현재 자율적으로 작성하고 공시하는 지속가능경영보고서 공시를 단계적으로 의무화하겠다는 것이 핵심으로, 2025년부터 2030년까지는 자산 2조 원 이상, 2030년 이후에는 전 코스피 상장사를 대상으로 확대할 예정이다.

ESG 관련하여 또 다른 대표적인 규제로 기후변화와 관련된 탄소규제를 들 수 있다. 2015년 파리협정에서는 모든 국가가 지구 평균기온 상승을 산업화 이전 대비 2℃보다 낮은 수준으로 유지하는 장기 목표를 설정했는데, 5년 단위로 이행을 점검하도록 했다. 2050년 탄소중립을 선언한 EU의 경우 현재 가장 이슈가 되는 환경 규제 중 하나는 바로 탄소국경세다. 탄소국경세는 EU가 자국보다 탄소 배출을 많이 하는 나라의 제품에 관세를 부과하겠다는 제도다. EU는 이미 2018년 탄소국경세 관련 법안 근거를 마련했고, 2023년부터 본격적인 도입을 진행해 왔다. 시작은 EU 한 곳이었지만 탄소국경세는 기후위기의 심각성과 함께 전 세계적으로 퍼져 나가고 있다. 국제적으로 탄소배출량이 가장 높은 중국도 저탄소 배출을 위해 규제를 강화하고 있다. 탄소 다배출업체에 대해서는 탄소배출보고서 작성을 의무화하고 위반할 경우 벌금을 부과한다. 우리나라도 2050년 탄소중립을 선언했으며, 온실가스 감축목표를 상향 조정했기 때문에 기업에 대한 환경 관련 규제들이 앞으로 더욱 강화될 것으로 보인다.

5 ESG 실천, 기업의 가치를 높이는 일

　기업이 이윤추구를 위한 비용절감과 효율을 최우선으로 하는 전통적인 경영방식으로는 더 이상 변화에 대응할 수 없다. 사회적 책임과 의무를 다하면서 이익을 추구하는 ESG 경영은 단순한 마케팅이나 기업홍보를 위한 기부나 자선활동이 아닌 명확한 비전 아래 기업의 가치를 높일 것을 강조한다. ESG 경영의 주된 목적은 착한 기업을 키우는 것이 아니라 불확실성 시대의 환경, 사회, 지배구조라는 복합적 리스크에 얼마나 잘 대응하고 지속가능경영으로 이어 나갈 수 있느냐 하는 것이다. 지속적인 성장을 보장받을 수 있는 기업은 환경과 사회문제의 해결을 위해 앞장서며 투자자들의 장기적 수익을 추구하고, 기업활동이 사회적 이익에 긍정적인 영향을 줄 수 있는 기업이다. 그러므로 각 기업은 ESG에 대한 올바른 이해와 이를 어떤 방식으로 경영에 접목하고 투자에 활용해야 할 것인가를 고민해야 한다.

　투자자들은 환경과 재무적 요소를 동시에 고려하여 매출액이 증가하면서도 탄소 배출량은 감소하는 기업에 주목하고, 다양한 ESG 활동을 통해 사회적 문제 해결에 적극적인 기업의 가치를 높이 평가한다. 또, 조직문화 개선과 이해관계자와의 협력을 통해 가치를 창출해 낼 수 있는 선순환 구조를 갖춘 기업을 중요하게 본다. 이와 함께 예측할 수 없는 미래환경에 대비해 디지털 기술을 적극 도입하여 리스크를 효과적으로 관리해야 한다. 이를 위해서는 보다 정확하고 체계적인 ESG 경영활동을 통해 다양한 방식으로 ESG 성과를 수치로 나타낼 수 있는 ICT 기술 도입이 필수다. 특히, AI 기술로 친환경 에너지와 사회공헌 역량을 관리하거나, 이사회의 전자투표시스템과 CMS 자산관리 서비스 등으로 지배구조 역량을 강화해야 한다.

ESG는 선택이 아니라 필수다. 당초 기업의 입장에서 ESG는 방어적 이 슈였다. 즉, 어떤 기업이 환경문제를 잘 해결하고 있는가? 사회적인 문제를 잘 해결하고 있는가? 지배구조나 의사결정이 투명한가? 이와 같은 질문들이 ESG의 핵심을 구성했던 것이다. 하지만 이제는 적극적인 요소들로 전환되는 추세에 있다. '우리 기업은 환경문제에 잘 대응하고 있고, 사회적 책무도 다하고 있다. 기업경영도 투명하다.'라고 기업 차원에서 능동적으로 밝히는 이슈가 된 것이다. 물론 사회적으로 좋은 일을 하는 것뿐만 아니라, 기업의 입장에서 수익을 올리는 것을 소홀히 할 수는 없는 일이다. 중요한 포인트는 ESG는 절대로 착한 기업, 옳은 일을 하는 기업만을 지향하는 것은 아니라는 점이다. ESG는 "기업이 수익을 올리는 데 반드시 환경, 사회, 지배구조 이슈를 소홀히 하지 마라. 하지만 반드시 기업은 수익을 올려야 한다."라는 전제가 깔린 경영전략이다.

13
지속가능한 사회, 선형경제에서 순환경제로 전환

1 쓰레기 없는 '생산-유통-소비-재생'

2000년대 이후 중국 등 신흥 국가들의 경제성장이 폭발적으로 이뤄지면서 전 세계 자원소비량이 급격하게 증가하고 있으며, 탄소배출로 인한 기후위기도 심각해지고 있다. 1900년의 전 세계 자원소비량은 70억 톤에 불과했다면, 2017년 920억 톤으로 증가했고, 2050년에는 약 1,800억 톤으로 2배가량 증가할 것으로 예상된다.[177] 자원소비량의 증가는 앞으로 자원채굴 및 소비로 인한 생태계 파괴, 자원고갈로 인한 자원공급 부족 문제를 심화시킬 것이다. 세계적인 컨설팅 기관 액센츄어(Accenture)는 2050년이 되면 자원 공급량이 최소 100억 톤에서 최대 480억 톤 부족해 질 수 있다고 경고했다. 자원소비량 증가로 인해 2000년대 이후 자원가격 및 상품의 실질가격이 급격하게 증가하고 있다. 전략자원을 독점적으로 공급하고 있는 국가의 자원 무기화 경향이 증가하면서 자원 안보의 중요성도 커지고 있다.

세계경제포럼(WEF) 보고서에 따르면, 2020년대에 발생 가능성이 가장

---

177 홍수열, "순환경제 동향과 미래", 「기술과 혁신」, Vol. 453, 한국산업기술진흥협회, 2022. 5.

큰 위협으로 기상이변이 선정되었다.[178] 또한, 기후변화 대응 실패, 자연재해, 생물다양성 손실, 인간 유발 환경재난이 2~5위의 위협요인으로 선정되었는데, 2006년부터 시작된 '세계 위험 보고서'에서는 환경문제가 Top 5를 독차지하기 시작했다. 이와 같이 전 세계가 직면한 환경문제의 해결방안으로 순환경제 개념이 부각된 것이다. '생산-소비-폐기'의 흐름이 아닌, 투입된 물질이 반복 사용되는 새로운 경제시스템인 순환경제 구현을 위해 각국 정부와 기업들은 기존 경제 틀에서 벗어나, 변화를 꾀하고 있다. 물론 순환경제에 대한 일부 비관적인 전망이 있음에도 불구하고 궁극적으로 추구해야 할 방향인 것은 분명하기 때문이다.

순환경제의 핵심 개념은 자연 생태계의 물질 흐름을 닮자는 것이다. 자연 생태계 내의 물질은 끊임없이 순환하고 있고 쓸모없이 버려지는 것은 없다. 인간의 사회경제 시스템 내에서도 물질이 순환한다면 자원 및 쓰레기 문제도 해결할 수 있다는 것이 순환경제의 핵심이다. 순환경제 개념은 1966년 경제학자 케네스볼딩(Kenneth Boulding)이 제시했는데, 1990년 데이비드 피어스(David Pearce)와 케리 터너(Kerry Turner)에 의해 처음으로 개념화되었다.[179] 학자들 사이에서 개념적으로 논의되는 순환경제가 정책적 의미로 부각되기 시작한 것은 2000년대 이후부터다. 특히 2010년 순환경제 전문 기관인 엘런 맥아더 재단(Ellen MacArthur Foundation)이 창립되면서 순환경제 관련 논의가 활성화되기 시작했고,[180] 2015년 EU에서 순환경제 실행계획이 발표되면서 구체화되었다.

영국 경제학자 케이트 레이워스(Kate Raworth)는 저서 『도넛 경제학』

---

178 세계경제포럼(WEF), 「2020 세계위험 보고서」, 2020. 1.
179 David Pearce & Kerry Turner, *Economics of Natural Resources and the Environment*, Johns Hopkins University Press, 2009.
180 영국 엘런 맥아더 재단(Ellen MacArthur Foundation)은 기후변화, 생물다양성 훼손, 쓰레기, 오염 등 이 시대의 가장 큰 문제들을 해결하기 위해 순환경제를 장려하고 개발하는 국제자선단체이다.

에서 산업혁명 후 인류가 천연자원을 채취해 대량으로 생산, 유통, 소비하고 쉽게 버리는 선형경제를 통해 엄청난 탄소를 배출함으로써 기후위기가 심해졌다고 지적했다.[181] 그는 대안으로 제품과 재료의 가치를 최대한 오래 유지하고, 사용한 뒤에는 그 요소들을 다시 생산 단계에 투입해 '생산-유통-소비-재생'으로 끊임없이 순환하게 해야 한다고 주장했다. '덜 사고 오래 쓰는' 순환경제가 구현되면 과소비로 인한 자원고갈, 자원채취에 따른 생물다양성 손실, 탄소배출로 인한 기후위기 등을 완화할 수 있다는 말이다.

2 선형경제, 재활용 그리고 순환경제

산업혁명 이후 약 260년간 자원의 조달, 생산, 소비, 폐기에 이르는 과정은 일방통행식 선형경제(linear economy)였다. 이러한 선형경제는 자원 고갈, 환경오염, 폐기물 발생이라는 심각한 문제를 낳았고, 순환경제는 산업국가에서 직면하게 된 각종 문제를 해결하기 위한 방안으로 2010년 이후 본격적으로 대두되었다. 선형경제는 크게 '자원채취(take)-대량생산(make)-폐기(dispose)'라는 3단계로 구성되는데, 이 일직선 구조에서는 대량으로 자원이 사용될 뿐만 아니라 대부분은 재사용되지 않아 폐기물로 남게 된다. 즉, 자원고갈과 대량의 폐기물 발생 때문에 지속 가능하지 않은 방식이다.[182]

---

181 케이트 레이워스 지음, 홍기빈 역, 『도넛 경제학』, 학고재, 2018.
182 CODIT, "순환경제법 시행, 순환경제체제 본격화에 따른 기업 리스크 대비 필요", 「Issue Paper」, Vol. 3, 2024. 5.

선형경제에서 순환경제로 전환

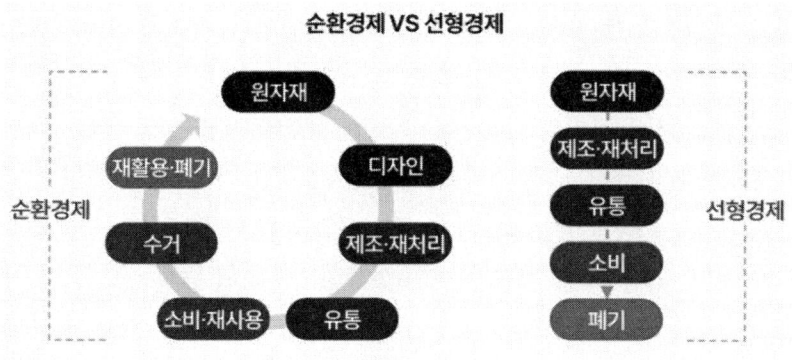

자료: CODIT(2024)

오늘날 전 세계적으로 환경오염과 기후변화에 대한 우려가 높아지고 있는데, 지속가능성을 실천하기 위해서는 기존의 선형경제에서 벗어나 탄소중립과 지속 가능한 사회 구현에 기여할 수 있는 순환경제로 전환되어야 한다는 목소리가 점점 커지고 있다. 순환경제에서는 선형경제와 달리 자원을 최대한 장기간 순환시키면서 이용함으로써 자원 낭비를 줄이고 폐기물도 적게 발생하기 때문이다.

자원을 재생 및 재사용하는 순환경제의 특징은 언뜻 재활용(recycle)과 비슷해 보일 수 있다. 하지만 재활용은 새로운 제품을 만들기 위해 기존 제품의 재료를 재사용하는 것이 목표인 반면, 순환경제는 적은 자원을 지속적으로 이용하며 물건이나 자산의 생성 및 폐기를 짧고 바르게 순환시켜 그 잠재 가치를 극대화하는 것이 목표라는 차이점이 있다.

범위와 접근 방식에 있어서 순환경제는 전 과정에서 자원 사용을 최적화하고 환경 영향을 최소화하기 위해 제품 설계, 생산, 소비, 폐기에 이르는 모든 단계에 변화를 요구하는 종합적인 접근법인 반면, 재활용은 주로 폐기물의 처리 및 자원화에 집중한다. 그리고 순환경제는 자원의 전체 수

명 주기와 이를 지원하는 사회적, 경제적 시스템의 변화를 포함하며, 제품의 수명 연장과 에너지 효율성까지 포괄하는 반면, 재활용은 제품의 폐기 단계에서 시작하는 점에서 순환경제의 하위 개념으로 간주될 수 있다. 그리고 순환경제는 자원의 지속가능성을 극대화하여 환경적, 경제적, 사회적 가치를 모두 고려하는 것을 목표로 하고, 재활용은 환경오염을 줄이고 자원의 재사용을 촉진하여 폐기물 문제를 해결하는 데 중점을 둔다.

이렇듯 순환경제와 재활용은 모두 환경보호와 자원 효율성을 추구하지만, 순환경제는 더 광범위한 개념으로, 재활용을 포함한 경제시스템 전반의 재구성을 목표로 한다. 순환경제는 지속 가능한 자원 관리와 경제적 혁신을 통해 폐기물 없는 미래를 지향하는 반면, 재활용은 그 목표의 실현을 위한 한 요소로서 폐기물 문제의 실질적 해법을 제공한다.

3   순환경제 배경: 자원고갈, 기후변화, 성장동력

2050년 탄소중립을 달성하기 위해서는 산업부문의 순환경제 전환이 필수적이다. 게다가 순환경제를 통한 탄소감축은 가성비가 좋은 솔루션이기도 하다. 현재 유럽의 탄소배출권 가격이 60유로/톤 수준인 데 반해, 순환경제에서는 1톤의 탄소배출 감소를 위해 50유로 이하의 비용이 발생하는 점을 고려하면, 탄소배출권 구매 대신 순환경제 비즈니스를 통한 비용 절감이 유리하다. 또한 공유경제, 내구성 있는 제품 개발, 업사이클링(up cycling) 등을 통해 신규 이익 창출도 가능한데, 이러한 것들이 순환경제 부상의 주요 원인이다.[183]

---

183 삼일PwC경영연구원, 「순환경제로의 전환과 대응전략」, Paradigm shift Vol. 1, 삼일회계법인, 2022. 4.

자원고갈 심화, 2100년 1천만 명 삶의 터전 잃는다

현재 인류가 사용하고 있는 자원의 양은 지구가 재생산해 낼 수 있는 양을 초과한 수준이다. 국제환경단체인 지구생태발자국 네트워크(GFN)에 따르면 현재 수준의 자원소비량을 지속하려면 지구가 1.7개 있어야 하며, 지금과 같은 추세로 갈 경우, 2050년에는 지구 3개가 필요하다. 자원 남용과 과잉 소비에 기반한 현재의 경제시스템은 심각한 환경오염을 유발하는데, 이러한 문제는 기후변화로 귀결되어 인류의 생존을 위협하고 있다.

UN 산하 기후변화정부간협의체(IPCC)는 2100년까지 지구 평균기온이 산업화 이전 수준보다 1.5도 이상 높아져선 안 되며, 이를 위해서는 탄소 방출량을 현재보다 절반으로 줄여야 한다고 권고한다. 만약 지구의 기온이 산업화 이전보다 2도 상승하면, 1.5도 상승할 때보다 약 10㎝ 정도 해수면이 높아진다고 한다. 이렇게 된다면 인구 1천만 명이 삶의 터전을 잃을 수 있으며, 물 부족 인구도 최대 50% 정도 늘어날 것이다. 지구 온도는 이미 산업화 이전인 1800~1900년대 대비 약 1도 상승했고, 이 추세가 계속된다면 2030년부터 2052년 사이에 0.5도가 더 상승할 전망이다. 앞으로 2100년까지 남아 있는 약 80년 동안 '0.5도 상승'을 막으려면 전 지구촌의 총력전이 필요한 상황이다.

2050년 탄소중립 달성해야 한다

기후변화에 대응하기 위한 국제사회의 노력은 지난 1972년 스톡홀름 회의에서부터 시작되었다. 이후 기후변화에 적극 대처하기 위해 1988년 UN총회 결의에 따라 '기후변화에 관한 정부 간 협의체(IPCC)'를 설치했으며, 1992년에 기후변화협약(UNFCCC)을 채택했다.[184] 1997년에는 선

---

184 기후변화에 관한 정부 간 협의체(Intergovernmental Panel on Climate Change)는 1988년

진국 온실가스 감축목표를 규정한 교토의정서가 실행되었고, 2015년 파리기후변화협정을 통해 선진국뿐만 아니라 전 세계 모든 국가가 참여하는 보편적인 기후대응체제가 마련되었다.

파리협정의 목표는 산업화 이전 대비 지구 평균온도 상승을 1.5℃로 억제하기 위해 노력해야 한다는 것이며, 2018년 IPCC는 이러한 목표를 달성하기 위해서 전 지구적으로 2030년까지 이산화탄소 배출량을 2010년 대비 최소 45% 이상 감축하고, 2050년경에는 탄소중립(Net Zero)을 달성하여야 한다는 구체적 경로를 제시했다.[185]

탄소중립을 선언한 국가는 2023년 7월 현재까지 약 130개국에 달한다. 그중에 스웨덴, 영국, 프랑스, 덴마크, 뉴질랜드, 헝가리 등 6개국은 이미 탄소 중립을 법으로 제정했다. 유럽연합(EU)은 2050년까지 탄소중립을 달성하기 위한 '유럽기후법'을 통과시켰으며, 중국은 2060년까지, 한국과 일본은 2050년까지 탄소중립을 달성하겠다고 선언했다. 또한 미국도 바이든(Joe Biden) 대통령이 2020년 12월 파리협정에 재가입하고 2050년까지 탄소중립을 이루겠다고 약속한 바 있다.

EU그린딜, 환경유해제품 진입 제한

2019년 12월 EU는 파리협정 이행 계획이라고 할 수 있는, 2050년 탄소중립 달성을 위한 '그린딜(European Green Deal)'에 합의했다. EU의 이런 발 빠른 움직임은 기후변화에 대한 우려뿐 아니라, 탄소중립경제로의 전환을 '신성장동력'으로 삼고, 신경제의 표준을 선점하여 국제경쟁력

세계기상기구(World Meteorological Organization)와 UNEP(United Nations environment Program)에 의해 설립되었고, 글로벌 기후변화 대응에 필요한 과학 기반한 데이터를 제공함으로써 국제사회에 기후 행동을 촉구하는 역할을 하고 있다.

185 Intergovernmental Panel on Climate Change, Global Warming of 1.5 degree, WMO·UNEP, 2018.

을 확보하려는 목적을 가진 것으로 보인다. 그린딜 산업계획을 살펴보면, 규제환경 개선, 자금조달 원활화, 숙련인력 역량 강화, 교역 활성화 등 네 가지 수단을 통해 친환경 산업 육성을 촉진할 계획이다.

그린딜은 2050년 탄소중립 목표에 맞추어, 온실가스, 에너지, 산업, 건물, 교통, 식품, 생태계 등 사회 전 분야를 전환하기 위한 전방위적 로드맵을 제시하고 있는데, 특히, 순환경제에 기반을 둔 새로운 산업정책에 주목할 만하다. EU는 순환경제를 위해 지속가능한 제품 정책(sustainable products policy)을 제시하여 섬유, 건축, 전자, 플라스틱 등의 자원 집약적 분야를 중심으로 재활용 이전 단계에서 재료의 사용을 줄이고 재사용을 강화하도록 하여, 환경유해 제품의 유럽시장 진입을 제한할 예정이다.

4   앞서가는 나라들, 뒤처지는 한국

순환경제 한발 앞서가는 나라들

순환경제로 전환하면 환경적, 경제적 효과가 크다는 것이 엘런 맥아더 재단(Ellen MacArthur Foundatuon) 등 여러 전문기관의 연구를 통해 밝혀졌다. EMF는 세계가 순환경제 체제로 전환되면 2050년 기준 온실가스 배출량을 40% 감축할 수 있을 것으로 전망했다. 다국적 컨설팅기업 액센츄어(Accenture)는 순환경제 구축으로 2030년 4조 5,000억 달러(약 5,953조 원)의 경제적 가치를 창출하고 전 세계 탄소배출량을 48% 줄일 수 있다고 전망했다.

이러한 경향에 맞추어 글로벌 기업들은 발 빠르게 순환경제를 실천하고 있다. 스웨덴 가구업체 이케아(IKEA)는 2020년부터 고객이 사용하던 자사의 중고가구를 매입해 수선 후 되파는 바이백(buyback) 프로그램을 도입했다. 손질 과정을 거친 중고가구는 이케아 각 매장의 자원순환 허브 코너에서 판매되고 있다. 미국의 대형 유통점 월마트(Walmart)는 2025년까지 캐나다, 멕시코, 미국 내 매장에서 자체 폐기물을 제로(0)로 만들고, 새 플라스틱 사용량을 15% 줄이겠다는 계획을 발표했다.

유럽연합(EU)은 2019년 그린딜(Green Deal)의 한 축으로 순환경제를 내세운 후 적극적인 실천을 지원하고 있다. 유럽연합집행위원회(EC)는 2020년 지속 가능한 제품 설계와 소비자 수리권 보장 등의 내용을 담은 '순환경제 실행계획'을 발표했다. 네덜란드는 2050년까지 100% 순환경제 달성을 목표로 유휴 물품의 활동도를 높이는 공유경제를 적극 촉진하고 있다. 숙박시설, 사무실 등 공간 공유와 자동차, 자전거, 스쿠터 등 모빌리티 공유 플랫폼도 널리 활용되고 있다. 프랑스는 2021년부터 자국 내에서 판매되는 스마트폰, 세탁기, TV, 컴퓨터 등에 얼마나 쉽게 고쳐 쓸 수 있는지를 나타내는 '수리 가능성 지수'를 표시하도록 의무화했다.

국내 산업계 순환경제 인식 아직 낮아

국내에도 눈에 띄는 기업들이 있다. '단비뉴스' 기사에 따르면, 화장품 전문회사 한국콜마는 2020년 친환경 화장품 용기인 종이 튜브를 선보였다. 뚜껑을 제외한 본체를 모두 내구성 강화 종이로 만든 이 튜브는 플라스틱 사용량을 약 80% 줄였다. 용기 안에 화장품이 약간 남았을 때 절취선을 따라 찢어 잔량을 사용하기도 쉽다. 코오롱인더스트리에프엔씨(FnC)의 패션 브랜드 래코드는 서비스 매장 '박스 아뜰리에'를 통해 의류 수선·재가공 서비스를 제공한다. 매장에 수선 전문가인 리메이커가 상주하면서 고객과 일대일 상담을 통해 해진 옷이나 유행이 지난 옷을 새로운 디자인으로 교환해 준다.[186]

---

186 단비뉴스, "쓰레기 안 만드는 생산·유통·소비에 도전하다", 2024. 3. 16.

그러나 국내 산업계 전반의 인식은 아직 국제적 기준을 따라가지 못한다는 지적이다. 글로벌 기업들은 산업의 변화를 주도해 정부의 규제 강화를 견인하는 모습을 보이는 반면, 우리 기업들은 당장 눈앞의 이익만을 따지는 구조라서 이 상태로 가게 되면 산업경쟁력을 잃을 수 있다고 전문가들은 지적한다. 순환경제 전환을 위한 제도적 틀은 이미 마련되었다. 2018년부터 시행된 '자원순환기본법'을 전면 개정한 '순환경제사회 전환 촉진법'이 2022년 말 국회를 통과했다. 제품의 생산·유통·소비 등 모든 단계에서 순환이용을 촉진한다는 내용이다. 그렇지만 전환 과정에서 정부가 시장에 더 강한 의지와 일관된 신호를 보여 줄 필요가 있다. 재사용·재활용이 안 되는 제품은 판매할 수 없도록 하는 등 장기 목표를 명확하게 세워야 한다. 또 경제 관련 규제를 강화하면 비용이 증가하는데, 소비자도 변화를 위한 필요성에 공감하고 있는 만큼, 잘하고 있는 기업에 대한 정책적 지원도 중요하다.

5 순환경제, 환경문제가 아니라 산업의 문제

순환경제는 생산자의 실질적 책임과 의무를 강화하여 제품의 생산 및 폐기 단계의 물질 흐름을 변화시키고자 하는 것이다. 경제구조가 혁명적으로 바뀌는 것은 아닐지라도 기존의 생산 및 소비시스템의 변화는 불가피하다. 새로운 산업의 기준이 만들어지고 있다. 재사용·재활용이 되지 않는 제품, 재생원료가 사용되지 않는 제품은 시장에 판매되기 어렵거나 경쟁력을 상실하도록 규제가 강화되고 있다. 정부 규제강화와는 별도로 세계 주요 글로벌 기업들이 자발적으로 순환경제의 흐름을 이끌고 있다. 주요 식품, 전자, 자동차, 패션 등 기업들이 제품 내 재생원료 사용 비율 목표를 자율적으로 제시하면서 제품생산 사슬 내의 기업들의 변화를 촉진하고 있다. 당장 피부로 느낄 만큼의 변화는 미미할 수 있지만 시간이 지날수록 변화의 흐름이 거세질 것이고, 준비되지 않은 기업들은 경쟁력을 상실하고 시장경쟁에서 도태될 수 있다.

재활용 체계를 강화해 양질의 재생원료를 안정적으로 공급하는 것은 이제 단순한 환경문제가 아니라 산업의 문제로 바뀌었다. 기업들이 필요로 하는 원료를 공급하는 문제다. 재생원료 공급이 되지 않거나 불안정하면 기업들의 산업경쟁력이 약화될 수 있다. 당장 가격이 비싸다고 재생원료 사용을 기피하거나 재생원료를 안정적으로 조달하기 위한 노력을 게을리 한다면 장기적으로는 재생원료 확보에 어려움을 겪을 것이다. 글로벌 기업들이 당장 비싸더라도 안정적으로 재생원료를 확보하기 위해 장기계약을 체결하는 것은 미래를 보기 때문이다.

순환경제 실천과제를 부연하자면 우선, 순환경제는 재활용과 달리 순환 이후 새로운 경제적 부가 가치를 창출하는 데에 초점을 맞춰야 한다. 순환경제를 실천하기 위해서는 자원 재사용과 새로운 제품 생산을 통해 얻는 이익이 단순한 재활용을 통해 얻는 이익보다 커야 한다는 의미다. 따라서 순환경제에 맞는 새로운 생산방식이나 공급체인 도입 등 새로운 산업과 경제체제를 구축할 필요가 있다.

또 다른 쟁점은 양질의 폐자원을 조달할 수 있어야 한다. 순환경제를 실현하기 위해서는 폐자원을 재활용하고, 재생 가능한 자원을 최대한 활용해야 한다. 이를 위해서는 폐자원의 수집, 분류, 처리 등에 대한 체계적인 시스템이 필요하다. 실제 대한상의 조사자료(2022)에 따르면, 우리나라 기업들이 순환경제 사업을 추진하며 느끼는 애로사항 1순위는 '양질의 폐자원 확보 어려움(29.3%)'이라고 한다.[187] 따라서 순환경제를 도입하기 위

---

187 순환경제 사업을 추진하고 있는 기업들은 애로사항으로 양질의 폐자원 확보 어려움(29.3%), 이어

해서는 먼저 양질의 폐자원을 수거 및 선별하는 인프라 개선이 시급하다.

그리고 재활용 대체기술 R&D가 적극적으로 이루어져야 한다. 폐자원의 불순물을 제거하는 후처리 기술이나 폐배터리에서 금속을 회수하는 기술, 재사용이 가능한 대체소재 개발 등 실제 자원을 재생 및 재사용하기 위해서는 기술의 고도화가 필수적이기 때문이다. 대한상의 조사에서도 기업들은 순환경제 활성화를 위한 정책과제로 '규제 합리화'(27.0%) 다음으로 '정부 주도의 재활용 대체기술 R&D 추진'(20.4%)을 꼽았다.[188] 기업의 투자가 중요하지만, 정부 차원에서의 지원정책 역시 필요하다.

재활용·대체 소재·기술 부족(27.0%), 재활용 기준 미비(17.1%), 불합리한 규제제도(14.8%), 재활용 제품 판매·수요처 부족(7.2%), 인센티브 부족(4.3%) 등의 순으로 응답했다. 대한상공회의소, "기업의 순환경제 추진현황과 정책과제", 보도자료, 2022. 12. 1.
188 다음으로는 폐기물 수거·선별 인프라 개선(18.7%), 재활용에 대한 인센티브 확대(17.8%), 재활용 기준 마련(15.5%)이 필요하다고 응답했다.

14
멀티 제너레이션 시대, 세대 간 경험과 가치 존중

1 언제나 어디나 존재하는 세대 차이

세대는 인간이 태어나서 자식을 잉태하기까지 걸리는 대략 30년 주기를 뜻하는 세(世)와 먼저 태어난 사람과 나중에 태어난 사람이 교대한다는 뜻의 대(代)가 합쳐져서 만들어진 단어로서, 할머니·할아버지 세대, 부모님 세대, 우리 세대와 같이 생물학적 개념으로 표현된다. 또한, 세대라는 단어에 시간이라는 변수를 더하여 특정한 시기에 비슷한 역사적, 문화적 경험을 공유하는 사회문화적 집단을 의미하기도 하는데, 예를 들어 산업화 세대, 민주화 세대, 디지털 세대, 베이비부머 세대 또는 X세대, MZ세대 등이 여기에 해당된다.[189]

오늘날은 평균수명이 길어지고 기술문명의 급격한 변화로 인해 90대 어르신부터 갓 태어난 아기까지 생물학적 세대와 사회문화적 세대가 중첩되어 다양한 시대를 경험한 7~8세대가 함께 살아가고 있다. 이른바 멀티 제너레이션(multi-generation) 시대다. 그만큼 다른 생각을 가진 사람들 간의 이해가 중요하다. 여기서 '다름'을 '갈등'으로 왜곡하거나 부정적으로 바라보는 태도는 바람직하지 않다. 서로 다른 배경과 경험을 가진 사람들

---

189 고영구, "멀티 제너레이션 시대, 서로의 경험과 가치를 존중하자", 충청매일, 2024. 12. 2.

이 교류하면서 다양한 관점을 배울 수 있으니 오히려 흥미로운 일이기도 하다. 더구나 다문화 사회로 진입하는 우리에게 있어서는 더욱 지혜로운 접근이 필요하다.

사람들이 모여 사는 세상에서 갈등의 발생은 필연적이다. 한 개인의 마음속에도 정신내적인 갈등이 있어서 갈피를 못 잡는 경우가 종종 있는데, 서로 다른 개인들 간에 갈등이 발생하는 것은 불가피하다. 또한 사회의 발전과 역동성을 위해 어느 정도의 갈등은 필요한 일이기도 하다. 문제는 불가피하게 발생한 갈등이 지나치게 격화되는 것을 막으면서 잘 풀어 나가는 것이 관건이라 하겠다. 세대 간 차이는 언제나, 어디서나 존재해 왔다. 원시시대 동굴벽화에도 '요즘 애들 버릇없어'라는 낙서가 있다고 하듯이 말이다.

2 산업화, 민주화, 정보화, 디지털, 스마트 세대

한 사회에서 세대를 구분한다는 것은 쉽지도 않을 뿐만 아니라 명확한 기준도 없다. 다만, 한 시대의 획을 긋는 사건이나 사회구조적 변화, 문화적 변동에 따른 역사성이나 사회적 맥락에서 파악할 수 있겠다. 비슷한 연령 집단들은 공통적인 역사적 사건과 사회문화 현상을 경험함으로써 일정 수준의 비슷한 특징, 의식, 행동, 가치관 등을 보이기 때문이다. 이에 따라 청소년기 또는 청년기에 경험했던 역사적, 문화적 환경과 이에 반응하는 공통된 가치의 공유 측면에서 본다면, 한국사회 구성원을 산업화 세대, 민주화 세대, 정보화 세대, 디지털 세대, 스마트 세대 등으로 구분할 수 있다.[190] 이 밖에도 베이비붐 세대, X세대, 밀레니얼 세대, Z세대, MZ세대

---

190 각종 언론매체에서는 구체적인 연도를 기준으로 구분하고 있으나, 세대 간의 경계선이 불명확할 뿐만 아니라 차이를 입증하기도 어렵기 때문에 대략적인 연대로 구분했다.

등 유행어가 널리 쓰이고는 있으나, 서구의 세대론을 인용한 것이기 때문에 너무 작위적이라는 비판을 받고 있다. 어떻든 세대 구분은 연구자의 주관적인 판단이나 통찰에 의존할 수밖에 없는 한계는 있다.

한국사회 세대구분

구 분			1930년대	1940년대	1950년대	1960년대	1970년대	1980년대	1990년대	2000년대	2010년대
사회문화적특성	산업화 세대		■	■	■						
	민주화 세대 (386세대)					■	■				
	정보화 세대						■	■			
	디지털 세대								■	■	
	스마트 세대									■	■
서구세대론	베이비붐 세대 (1차, 2차)				■	■	■				
	X세대						■	■			
	MZ세대	밀레니얼세대						■	■	■	
		Z세대								■	■
역사적사건	4.19세대			■	■						
	긴급조치세대 (6.3세대)				■	■	■				
	6.10세대							■	■		
	IMF세대								■		
	촛불세대							■	■	■	
	코로나세대									■	

산업화 세대: 개발연대 경제성장 주도

산업화 세대는 1930년대 후반에서 1950년대 전반에 태어난 세대로, 1960~1980년대의 급격한 산업 발전을 주도했다. 그들은 한국경제가 어려웠던 시기에 가발·봉제공장부터 중화학공업 현장에 이르기까지 고강도의 노동에 투입되었다. 국내뿐만 아니라 독일에서 광부·간호사로, 중동의 건설노동자로 피와 땀을 흘린 세대다. 이들이 산업화 주역이라고 불리는 이유가 여기에 있다. 특히 이 세대는 유년기에 일제 말기의 수탈과 한국전쟁의 참상과 공포, 그로 인한 가난과 결핍을 경험했다. 절대적인 가난은 이들에게 경제성장과 물질적인 가치를 중시하는 인식을 심어 줬다. 또한, 한국의 경제발전을 선두에서 이끈 세대로서의 성취감과 '하면 된다.'라는 강한 신념과 자부심을 가지고 있다.

정치적으로는 일제 식민통치에서의 해방, 이념대립 그리고 한국전쟁과 남북분단의 아픔을 체험한 세대로서 반공과 국가안보를 최우선 가치로 여기고, 변화보다는 질서와 안정을 중시하는 성향이 강하다. 청년 시절 대부분을 미국의 정치, 경제, 문화적 영향 아래서 보냈으며, 특히, 한국전쟁과 냉전의 경험은 미국 중심적인 세계관과 함께 북한에 대한 강한 불신감으로 나타내기도 한다. 한편으로는 민주주의와 시장경제의 가치를 추구하며, 민주화와 개발독재를 모두 내면화한 세대이다. 개인의 자유와 권익을 국가의 경제발전과 산업화를 위해 희생했지만, 민주주의의 가치를 신봉하여 4.19 혁명, 6.3 항쟁과 같은 민족적, 민주적인 운동에도 참여하거나 그들의 심정을 이해하기도 했다.[191]

---

191 4.19세대는 1960년 4.19 혁명을 주도한 젊은 세대로 같은 해 벌어진 3.15 부정 선거와 4.19 혁명, 1961년 5.16 쿠데타 등의 정치적 격변기를 거치면서 하나의 세대를 형성했다. 이후 6.3세대는 1964년~65년 한일 국교정상화 당시 박정희 정권에 항거했던 세대다.

민주화 세대: 반독재 민주화 투쟁

1950년대 후반에서 1960년대 후반 사이에 태어난 연령 집단인 민주화 세대는 현대사에 중요한 획을 그었다. 이들 세대는 70년대 유신체제 저항, 5.18 민주화운동과 6.10 항쟁을 비롯한 80년대 학생운동을 주도하고 6.29 선언으로 제도적 민주화를 성취했다.[192] 이들은 한국전쟁 이후 출생한 베이비붐 세대로, 이전 세대인 산업화 세대의 노력 덕분에 굶주림이라는 절대적인 빈곤을 경험하지 않은 첫 세대다.[193] 1955년 이후 출생한 베이비붐 세대는 1964년까지를 1차, 이후 1974년까지를 2차로 나뉘는데, 대중매체에서는 주로 1차 세대를 베이비붐 세대로 지칭하고 있다. 이들은 한 해에 90만 명, 많게는 100만 명을 넘길 만큼 출생아 수가 많았던 세대이다 보니 대학입시와 취업 등에서 과도한 경쟁을 경험해야 했다. 이 중에서 70년대와 80년대의 개발독재 시기에 청년기를 보낸 연령대를 386세대로 특징짓기도 하는데, 나이가 변동적인 요소로서 486세대, 586세대로도 불리면서 한국사회 변혁을 이끌어 왔다. 좁은 의미로는 1980년대 대학생이자 당시 학생운동에 참여한 사람으로 한정되기도 한다.

이들이 살아온 시대는 한국사회의 구조적인 사회·경제적 모순이 고도 압축성장의 결과로 표출되었던 시기였다. 이러한 사회적 상황은 예민한 감수성을 가진 청년기의 민주화 세대들에게 자본주의 모순에 대한 비판적인 인식을 싹트게 했다. 1980년대 학생들이 주도한 광주민주항쟁과 반독재투쟁은 이들에게 특별한 시대적 경험을 안겨 주었으며, 이로 인해 이전 세대보다 강한 자기 정체성과 변화를 추구하는 특징을 지니고 있다. 그 결

---

192 1987년 6월, 전두환 독재정권에 맞서 전국에서 일어난 일련의 민주화 운동으로서 대통령 직선제를 이끌어 낸 6월 항쟁에 참여한 세대다.
193 한국의 베이비붐 세대는 1, 2차 합해서 1955년부터 1974년까지 출생아 수가 한 해 90만~100만 명이 넘었던 시기를 뜻한다. 1차는 1955년~1964년생, 2차를 1965년~1974년생으로 나누기도 한다.

과, 정치와 경제 등 다양한 분야에서 신질서를 주도해 왔다.

정보화 세대: 컴퓨터, 인터넷 활용

정보화 세대는 1970년대, 1980년대 전반에 출생한 연령 집단으로, 업무용으로만 사용하던 PC를 생활의 수단으로 사용한 최초의 세대다. 생활 속에서 컴퓨터, 인터넷 등 디지털 네트워크 환경을 자연스러운 삶의 일부로 받아들인 디지털 이주민이며, 일반 유선전화나 모바일폰 외에 메신저, 채팅, 이메일 등 모든 첨단 커뮤니케이션 도구를 적극적으로 활용했다. 정보화 세대는 상대적으로 물질적인 풍요에서 성장했으며, 가난과 결핍에 대한 기억은 희미하다. 한편, 이들 성장기에는 한국사회의 가족구조가 대가족 구조에서 핵가족 구조로 급속히 재편되면서 자녀중심 문화가 강화되었고, 이 같은 변화는 정보화 세대의 개인주의와 개성을 자극했다. 또 이들은 앞뒤로 베이비붐 세대와 밀레니얼 세대(Y세대)까지 넓게 포괄하고 있는 만큼 성향의 스펙트럼도 다양하다.

정보화 세대를 흔히 X세대라고도 하는데, 'X'라고 지칭한 이유는 '도무지 알 수 없는 세대'라는 부정적인 의미를 갖는다. 오렌지족이란 말도 이때 나왔다.[194] 이들 세대가 대학에 입학할 시기의 한국사회는 88서울올림픽의 성공적인 개최와 제도적 민주주의로 진입하던 시기였다. 그리고 혹독한 IMF 금융위기를 겪던 시절 직업전선으로 뛰어든 세대로서 노동시장 진입 자체가 고난이었으며, 힘든 상황을 극복하고 일자리를 얻었어도 무한경쟁이라는 급격한 사회변화를 경험해야만 했다.[195] 이 세대의 특징이라고 하

---

194 이 말은 캐나다 작가 더글러스 커플랜드(Douglas Coupland)의 1991년 작 소설 『X세대』에서 비롯되었는데, 영미권에서는 1965년 이후 출생자를 지칭한다.
195 최자원, 1997~1998 금융위기 시 노동시장 진입의 효과 분석: 대졸 남자를 중심으로, 석사학위논문, 한양대학교 대학원, 2017. 2.

면, 이전 세대들이 가졌던 산업화, 민주화와 같은 '시대정신'을 찾아보기 힘들다. 그래서 종종 정치적 무관심과 탈이념적 성향을 보이기도 한다.

디지털 세대: SNS, 스마트폰 활용

1980년대 후반에서 1990년대에 태어난 연령 집단인 디지털 세대는 민주화 세대의 자녀들이다. 이들은 부모들 영향을 받은 탓에 이전 세대와 달리 우리사회 정의와 공정성에 대한 문제의식을 가지고 있었고, 그 요구가 2016년 촛불항쟁에서 적극적으로 나타기도 했다.[196] 이들은 MZ세대로 불리기도 하는데,[197] 이들 밀레니얼(M) 세대는 1980년대 및 1990년대 전반기에 태어나 2000년대, 2010년대 초반에 성인이 된 세대이다. Z세대는 1990년대 후반부터 2000년대에 태어난 세대로, 어릴 때부터 인터넷과 스마트폰, 태블릿 PC를 가깝게 접한 세대다.

이들은 물질적인 풍요, 정치적인 민주화, 개방적 사회 분위기, 자유로운 교육환경 그리고 다양한 예술·문화 활동 등 이전 세대와는 매우 다른 배경에서 성장했다. 그렇다 보니 오늘날 한국사회에서 신세대 또는 세대 간 차이를 말할 때 상징적으로 표현되고 있다. 인터넷과 모바일 미디어의 보급과 함께 자란 최초의 세대로서, 다양한 디지털 미디어와 스마트기기를 다루는 능력을 소유하고 있으며, 의사소통의 행위뿐만 아니라 감정의 표출까지도 언어나 텍스트가 아닌 영상, 아이콘 등의 이미지로 능숙하게 응용

---

196 2016년 10월, 박근혜·최순실 게이트 여파로 박근혜 대통령의 퇴진을 요구하는 범국민 촛불시위가 펼쳐졌다. 대통령 탄핵까지 진행된 촛불행동은 남녀노소, 보수·진보 진영할 것 없이 참여했고, 특히, 20~30대에 해당하는 '2030'세대가 적극적으로 참여했다는 점에서 이들을 촛불세대라고 말할 수 있다.

197 밀레니얼 세대는 X세대 이후 세대란 의미인 Y세대라는 용어와 경쟁했으나 새천년의 임팩트가 워낙 강하다 보니 밀레니얼(M) 세대로 굳어졌다. 다음 Z세대는 1990년대 후반 출생자부터 2000년대 출생자로서 어려서부터 인터넷 이용이 가능한 스마트폰을 접한 세대다.

하고 있다. 또 이들은 디지털 기술, 이미지 및 영상 편집 기술, ICT 및 디지털 미디어의 발전 등의 영향으로 글로벌 세대이기도 하고 인터넷 세대로 인식되기도 한다. 그래서 디지털 유목민 세대로 불리기도 한다.

스마트 세대: 스마트폰, 태블릿 PC 확산

2000년대 이후에 태어난 스마트 세대는 스마트폰을 손에 쥐고 태어났다고 할 정도로 4차 산업혁명 환경에 익숙하다. Z세대의 막둥이들과 현재 청소년기에 접어든 세대를 포함하는 이들은 언제 어디서든 인터넷이 연결된 환경에서 스마트 환경에서 성장했기 때문에 IT기술과 인터넷 환경에 체화되어 있으며, SNS를 자유롭게 활용하고 이것을 매개로 사교 생활을 한다. 특히, 이들 대부분은 정보화 세대 또는 X세대의 자녀로서 부모들부터 이미 인터넷 세상에 들어와 있었다. 그래서 동영상 기반의 유튜브, 인스타그램 등을 통한 소셜네트워크에 익숙하고, 전 세계적인 네트워크에 능숙한 세대로 성장할 수 있었다.

한편, 부모의 든든한 지원 아래에서 성장한 스마트 세대는 강한 개인주의 성향을 보이고 있다. 자신의 목소리를 분명히 내는 특성은 적극적인 소통에 대한 욕구와 연결되고 있다. 그리고 개인의 사생활을 중요시하며, 다양한 온라인 플랫폼을 통한 중고 물품거래나 혼자 사는 것을 선호하며, 생필품을 온라인으로 주문하는 배달 세대다. 물론 이러한 경향은 IT 디지털 기술의 발전과 코로나19와 같은 사회적 현상으로 인해 비대면 방식이 급속히 보편화되는 것과도 관련이 있다.[198]

---

198 여기서 코로나세대라는 말도 있는데, 이는 2020년 이후 전 세계에 도래한 코로나19 펜데믹을 학창시절에 경험한 2002~2014년생을 지칭하거나, 코로나 시기에 태어났거나 영유아기를 보낸 2014~2022년생까지 해석하는 등 다양하다.

3   멀티 제너레이션 시대, 세대 차이에 대한 인식

　고령화로 인하여 사회 활동을 하는 연령층의 폭은 넓어지고 있다. 반면에 고속 성장으로 급변하는 세상에서 살아가다 보니 세대 간 간격은 좁아지고 있다. 결과적으로 한국사회는 한두 세대가 아닌 서너 세대가 함께 부대끼며 사는 이른바 멀티 제너레이션 시대(multi-generation)가 도래했다. 세대 차이는 자주 만나는 사람 사이뿐 아니라 모든 사회조직의 정책과 구조, 업무와 효과에 많은 영향을 미친다. 살아온 경험과 익숙한 사고방식이 달라 소통이 어렵고 오해가 발생하기도 한다. 2023년 세대 갈등에 관한 인식조사 결과에 따르면, 응답자 중 80%가 우리 사회의 세대 간의 갈등이 심각하다고 답했다.[199]

세대 갈등에 대한 심각성 인식

(단위: %)

구 분	18세~29세	30대	40대	50대	60대 이상	평균
매우 심각하다	28	29	27	24	22	25
심각한 편이다	45	53	61	53	57	55
심각하지 않다	27	18	12	23	21	20

자료: 한국리서치(2023)

　한편, 기성세대와 청년세대 간 인식의 차이를 두고 여러 해석이 나오고 있다. 그렇다면 청년들은 어떤 생각을 하고 있을까? 한국보건사회연구원(2023)의 조사 결과에 따르면, 청년의 절반에 가까운 46.5%는 한국사회

---

199 한국리서치가 2023년 2월 10일~13일, 전국의 만 18세 이상 남녀 1,000명을 대상으로 한 인식조사 결과다.

에서 차별받고 있다고 응답했으며, 청년세대 내에서 남녀 갈등(52.6%), 계층 갈등(55.4%), 정치적 이념 갈등(50.8%)이 심한 것으로 보고 있다. 그리고 65.6%는 이런 갈등이 언론, 정당, 기성세대 등 특정 집단에 의해 부추겨지고 있다고 여겼다.[200]

세대 차이와 갈등이 확연하게 드러나는 곳이 바로 일터다. 직장 내에서 중장년은 상명하복의 수직적 위계를 중시하고, 개인의 성장보다 조직의 발전을 중시하는 기업문화를 경험한 세대인 반면, 청년세대는 소통과 수평적 조직문화, 일과 삶의 균형을 중시하는 등 양 세대 간 가치관이 뚜렷하게 구분되고 있다. 대한상공회의소(2020) 조사에 따르면, 직장인 63.9%가 세대 차이를 느끼는 것으로 나타났다.[201] 연령별로 20~30대의 체감도는 각 52.9%, 62.7%로 나타났지만, 40~50대는 각 69.4%, 67.3%로서 위 세대로 갈수록 세대 차이를 크게 느끼고 있었다.

또한 '성과를 위해 야근은 어쩔 수 없다'는 항목에 대해 40~50대는 각각 35.5%, 42.8%가 긍정적인 반응을 보였다. 반면 20~30대는 26.9%, 27.2%만이 긍정해 큰 차이를 나타냈다. '의무 중심'으로 생각하는 위 세대는 맡겨진 일을 우선하는 반면, '권리 중심'으로 생각하는 아래 세대는 근로계약서상 근무시간을 중요시하는 것으로 보인다. 실제, 2030세대는 '조직이 성장해야 내가 있다'거나 '조직을 위해 개인을 희생할 수 있다'는 항목에서 '동의한다'는 응답이 현저히 낮았다.

---

200 한국보건사회연구원, 「사회통합 실태진단 및 대응방안(X)-공정성과 갈등 인식」, 2023.
201 대한상공회의소에서 30개 기업, 1만 3,000명을 대상으로 조사한 '직장 내 세대 갈등 실태보고서 결과다. 대한상공회의소, 「직장 내 세대갈등과 기업문화 종합진단」, 2020. 4.

집단주의에 대한 세대별 인식

(단위: %)

구 분	20대	30대	40대	50대 이상
조직이 성장해야 내가 있다	57.6	65.3	79.4	87.9
조직을 위해 내가 희생할 수 있다	35.2	33.5	47.4	66.7

자료: 대한상공회의소(2020)

4 멀티 제너레이션, 함께 살아가는 시대

멀티 제너레이션(multi-generation) 시대는 여러 세대가 동시에 살아가는 시대를 의미한다. 과거에는 한 세대가 보통 30년마다 구분되었지만, 현대사회에서는 평균수명이 길어지고 의료 및 과학기술이 급속도로 발전함에 따라 6세대 또는 8세대가 함께 공존하고 있다. 90대 어른부터 갓 태어난 아기까지, 다양한 시대를 경험한 사람들이 함께 살아가고 있다는 뜻이다. 이러한 공존은 세대 간 차이는 물론 갈등을 불러일으킬 수 있다. 그러나 이러한 차이는 서로 간에 배우고 이해할 수 있는 기회를 제공할 수 있다. 서로 다른 배경과 경험을 가진 사람들이 교류하면서 더 풍부한 대화를 나누고 다양한 관점을 배울 수 있다. 오히려 사회 전반에 긍정적인 영향을 미칠 수 있다. 비관적으로 볼 필요가 없다는 것이다.

세대 차이, 서로 인정하고 존중해야 한다

세대 간의 차이 또는 갈등은 심각한 대립으로 사회적으로 문제가 될 수도 있지만, 역설적으로 이 문제를 해결하는 과정에서 열린 마음으로 다양한 의견을 듣고 해소하고자 노력한다면, 오히려 건강한 사회로 나갈 수 있다. 그러기 위해서는 교과서 같은 얘기지만 세대 간 서로 존중하는 자세를 길러야 한다. 온라인, 스마트기기 등 급변하는 과학기술로 인해 적응하지 못하는 기성세대와 빠르게 받아들이는 청년세대의 가치관과 문화는 다를 수밖에 없다. 이는 가족 간의 대화, 직장에서의 관계, 크게는 정치적 이념까지 영향을 미친다.

기성세대는 자신들이 이룩해 놓은 업적과 논리를 청년세대에 강요하고 싶어 하고, 청년 세대들은 이러한 기성세대의 강요를 고리타분한 것으로 여긴다면 갈등은 심해질 수밖에 없다. 하지만 지금의 청년 세대들은 기성세대 누군가의 자녀, 손자, 손녀이다. 또 지금의 기성세대는 누군가의 부모, 조부모이다. 즉, 다른 세대는 그리 멀리 있는 것이 아니라 나의 가족일 수 있다는 생각을 바탕에 두고 서로의 생각을 존중하는 것이 무엇보다 중요하다. 그리고 끊임없는 소통의 노력이 필요하다. 서로의 입장만 고수할 것이 아니라 대화를 통해 자기 생각을 조금씩 양보하고 서로를 이해하려 노력한다면 세대 간의 차이는 이해되고 갈등은 줄어들 수 있다.

세대 간 차이, 갈등으로 보지 말자

어느 사회나 여러 세대가 모여 살다 보면, 개인 또는 여러 집단 사이에서 다른 의견, 행동, 신념, 정서, 목표 등의 차이가 있을 수밖에 없다. 서로의 가치와 신념이 다르다 보니 불편하고 그 차이로 인해 충돌이 발생할 수도 있다. 하지만 세대 사이에 의지나 처지, 이해관계 따위가 다르다고 무턱대고 적대시하거나 충돌하지는 않는다. 차이를 알고 존중하면서 얼마든지 살아갈 수도 있다. 차이는 다름이고 갈등은 충돌이다. 세대 차이가 곧 세대 갈등은 아니라는 것이다.

여론조사기관의 질문 항목부터 이러한 오류에 빠져 있다. 첫 질문부터 "세대 갈등을 느끼느냐?"이다. 세대 차이 정도로 인식하고 있는 응답자일

지라도 "느낀다"라고 대답을 할 수밖에 없는 질문방식이다. 이 조사결과가 언론매체를 통하여 여과 없이 확산되고 있다. 갈등이 아닌 것을 자꾸 갈등이라 부르면, 진짜 갈등이 된다. 우리가 일상을 살아가면서 세대 차이를 느낄 수도 있고, 갈등이 있을 수도 있다. 이것을 가볍게 여기는 것도 문제일 수 있으나, 그것이 사회통합을 훼손하는 주요소인 것처럼 과장하는 것도 바람직하지 않다.

부정적 세대론, 근거 없는 유행어 경계

목적 다분한 세대 담론을 경계할 필요가 있다. 최근의 세대 담론이 오히려 세대 갈등을 조장하고 있다는 지적이다. 연일 이어지는 언론보도를 보면 온통 MZ세대 얘기다. 베이비붐 세대, X세대, 밀레니얼 세대, Z세대도 모자라 알파세대(Alpha)가 온다느니, 그 사이에 잘파세대(Z+alpha)가 있다느니 근거도 없는 세대론이 인터넷을 뒤덮고 있다. 이런 것들이 세대 간의 거리감을 벌리는 요인 중 하나이다.

MZ가 대표적 유행어다. 자기중심적이라고 여겨지는 특성을 풍자하거나, 기성세대와 차별화된 취향을 분석할 때 자주 등장하는 용어가 되었다. 기업의 마케팅이나 정부의 정책준비 과정에서도 MZ세대의 여론에 주목하려는 모습 역시 자주 보인다.[202] 하지만 이는 허점이 많다. 1980년대 초반 출생한 밀레니얼(M) 세대부터 2000년대 초반 출생한 Z세대까지를 통칭하는데, 지금의 20대부터 40대까지를 단일한 세대로 보는 것이다. 이 주장에 동의하는 사람은 많지 않을 것이다. 1980년생과 20년 위인 1960년생 간에 어떤 동질감이 있을 수 있을까? 그래서 부정적으로 쓰이는 세

---

202 MZ세대란 말은 2018년 11월, 주간지 '대학내일 20대 연구소'에서 발간한 책 『트렌드 MZ 2019』에서 마케팅을 위한 목적으로 MZ세대라는 명칭을 사용하기 시작했다. 이 책에서는 1980~1994년생인 밀레니얼 세대(M세대)와 1995~2010년생인 Z세대를 하나의 세대로 묶고 있다.

대론이나 근거 없이 남발하는 유행어는 경계할 필요가 있다.

정치권, 상업주의, 언론의 세대 갈라치기

오늘날 세대논쟁은 정치권과 시장에서 만들어지고 언론에서 확산되는 양상이다. 정치권에서는 대통령 선거, 국회의원 선거, 지방선거할 것 없이 모든 선거에서 세대 간 갈라치기로 정치적 이득을 취해 왔다. 지난 2017년 대선에서는 '이대남', '이대녀'라는 용어를 만들어 세대 간 갈등, 젠더 간 갈등을 조장하기도 했다. 갈등을 조율해야 할 정치권이 도리어 갈등을 조장해 이득을 보려는 것이 한국 정치의 일상이 되었다. 시장의 상업주의도 마찬가지다. 이 부분에서도 MZ라는 용어가 거슬린다. 'MZ 소비트렌드', 'MZ세대 사로잡기'와 같은 광고가 포털사이트를 도배하고 있다. 'MZ세대 사용설명서'라는 어처구니없는 문구도 서슴없이 나돌고 있다.

이런 세대 갈라치기는 언론을 통해서 더욱 부각된다. 기사 클릭 수에만 급급한 언론은 자극적인 용어를 동원하여 퍼뜨리고 있다. 세상에는 매우 다양한 사람들이 살고 있다. 애어른과 철부지 그리고 나이에 얽매이지 않고 폭넓은 관심사를 가진 이들도 많다. 나이라는 숫자보다도 오히려 소득 수준이나 가정환경 그리고 직업, 달리 말하면 경험의 폭과 깊이가 그 사람의 많은 것을 좌우한다. 세대를 구분하는 것은 문화의 차이다. 따라서 세대를 특징짓는 일은 세대 간 '틀림'을 지적할 것이 아니라 '다름'을 인식하는 것으로부터 출발해야 한다.

15
다문화 사회로의 전환, 개방성과 수용성 제고

1 이민정책 이전에 외국인 주민 먼저

한국사회는 1980년대 농촌총각 장가보내기 운동을 시작으로 결혼이주여성이 본격적으로 유입되었다. 오늘날에는 결혼이주여성을 비롯하여 유학생, 외국인노동자, 해외동포 유입 및 각계의 전문인력 등 다양한 형태로 외국인이 유입되고 있다. 이제는 외국인 주민이 200만 명을 넘어섰다. 앞으로도 글로벌 교류의 확산 추세와 국내 노동력 부족 현상을 감안할 때, 국내 외국인 인구는 지속적으로 증가할 것으로 예측된다. 2027년에는 국내에 거주하는 외국인의 수가 전체인구의 10% 선인 500만 명을 넘을 것이라는 분석도 있다. 대한민국에 살고 있는 인구의 열 명 중 한 명이 외국인 또는 외국 출신의 한국인이 된다는 것이다.

통상적으로 이주민이 전체인구의 5%에 달하면 다문화 사회로 진입했다고 보는데, 우리나라도 국내 거주 이주민의 양적 측면에서는 진입을 눈앞에 두고 있다. 다문화 사회라 함은 다양한 인종이 공존한다는 의미만을 지니는 것이 아니다. 이주 사회에서 다양한 민족과 인종이 함께 거주하며 인간으로서의 보편적 권리를 향유하고, 각각의 특수한 삶의 방식을 존중받으며 공존할 수 있는 사회·문화·제도·정서적인 인프라를 만들어 낼 수 있는 환경 구축이 필요로 하는 등 사회 전반적으로 다차원적인 변화가 요구된다.

이에 따라 우리나라는 지난 2004년 다문화 사회로의 진입에 대한 정책적 요구와 문제에 대응하기 위해 '국적법'을 개정하고 2007년 '재한외국인 처우 기본법'을 제정한 바 있다. 이후 2007년 '재한외국인 처우 기본법' 제정, 2008년 '다문화 가정지원법 제정' 등 다문화 정책을 마련하여 시행해왔다. 이러한 법적 근거에 의해서 전국 200개 지역에 '다문화가족지원센터'를 운영해 왔다. 이 센터는 한국사회 적응을 돕기 위하여 한국어 교육과 심리상담을 해 주고, 취업도 알선하고 있다. 그러나 아직은 인적, 물적, 제도적 인프라가 매우 미흡한 실정이다.

세계 각국의 다양한 문화가 함께 공존한다는 것이 결코 쉬운 일은 아니지만, 서로 다른 문화 간의 차이와 다름을 이해하고 존중할 줄 알아야만 새로운 문화로 발전해 갈 수 있다. 지금도 많은 다문화 이주민이 국내로 유입되고 있다. 그들 자신의 필요에 의해 들어오기도 하지만, 우리가 필요로 하기 때문이기도 하다. 더구나 인구급감 위기에 직면하면서 최근에는 이민정책에 대한 논의도 활발하다. 미래의 이민자도 물론 중요하지만, 그 이전에 이미 우리 사회 구성원으로 살고 있는 외국인 주민에 대한 관심이 더 긴요하다. 또 그들이 우리 사회에 적응하는 것 못지않게 우리도 다문화 사회 적응도를 높여야 하는 과제를 안고 있다.

2 국내거주 외국인, 총인구 4% 넘어

행정안전부(2022)가 발표한 외국인 주민 현황자료에 따르면 2021년 11월 1일 기준, 국내 거주 외국인 주민 수는 213만 4,569명으로 우리나라 총인구 51,738,071명 대비 4%가 넘는다. 이 중에 한국 국적을 가지지 않은 주민은 164만 9,967명(77.3%), 한국 국적을 취득한 사람은 21만 880명(9.9%), 외국인 주민 자녀는 27만 3,722명(12.8%)으로 나타났다.

외국인 주민 유형별 현황(2021)

구 분	한국국적을 가지지 않은 자						한국국적 취득자	외국인 주민자녀 (출생)	합 계
	외국인 근로자	결혼 이민자	유학생	외국 국적동포	기타 외국인	계			
인원수 (명)	395,175	174,632	156,607	368,581	554,972	1,649,967	210,880	273,722	2,134,569
비 중 (%)	18.5	8.2	7.3	17.3	26.0	77.3	9.9	12.8	100.0

자료: 행정안전부(2022)

지역별로 보면, 경기도 71만 4,497명(33.5%), 서울시 42만 6,743명(20.0%), 인천시 13만 4,714명(6.3%), 충남도 12만 4,492명(5.8%), 경남도에 12만 3,074명(5.8%) 순으로 외국인 주민이 많이 살고 있다. 시·군·구별로 보면, 안산시(9만 4,941명), 수원시(6만 5,885명), 시흥시(6만 4,570명), 화성시(6만 2,542명), 부천시(5만 3,080명) 순으로 집계되는데, 외국인 주민 수가 많은 상위 5개 지역 모두 경기도에 해당된다.

외국인 주민 1만 명 이상 또는 인구 대비 5% 이상 거주하는 '외국인 주민 집중거주지역'은 총 86개 지역이며, 경기 23개 지역, 서울 17개 지역, 경남 8개 지역, 충남과 경북이 각 7개 지역이다. 이렇게 우리나라 대부분 지역은 결혼이주민, 이주노동자, 외국인 유학생이 없으면 유지되기 어려울 정도다.

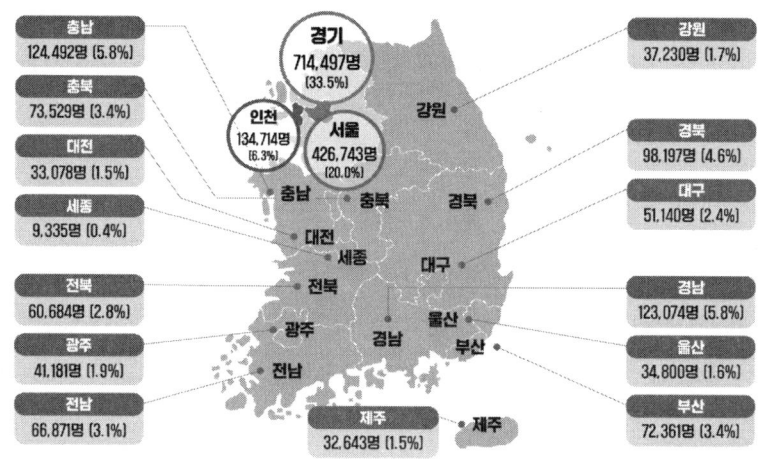

외국인 주민 시·도별 현황(2021)

자료: 행정안전부(2022)

    국적별 현황을 살펴보면, 한국 국적을 가지지 않은 외국인 중 절반가량 (43.4%)이 중국 출신으로 나타났다. 중국 출신은 전체 716,146명(43.4%)으로, 한국계 중국인이 523,073명(31.7%), 중국인이 193,073명(11.7%)을 차지하며, 두 그룹 사이에 베트남인이 200,265명(12.1%)을 차지하고 있다. 다음으로는 태국인 158,567명(9.6%), 우즈베키스탄인 59,898명 (3.6%), 미국인 57,815명(3.5%), 필리핀인 40,870명(2.5%), 캄보디아인 40,415명(2.4%), 네팔인 35,415명(2.1%), 몽골인 32,700명(2.0%) 등 순이다. 시간이 지날수록 수적으로 급증하고 있으며 국적도 다양해지고 있다.

    외국인 주민 가운데 다문화 가구를 구성하고 있는 가구원은 전체 1,119,267명으로 나타났다. 다문화 가구는 귀화의 방법으로 국적을 취득한 사람 또는 외국인이 한국인(귀화자 포함)과 혼인한 결혼이민자가 존재하는 일반 가구를 의미한다. 구성원으로는 한국인 배우자 161,395명 (14.4%), 결혼이민자 174,122명(15.6%), 귀화자 196,372명(17.5%), 자녀 286,848명(25.6%), 기타 동거인 300,530명(26.9%)으로 나타났다. 시·도 지역별로 보면, 경기도 29.6%(330,934명), 서울시 16.7%(187,022명), 인천시 6.9%(76,765명) 등 수도권에 53.1%(594,721명)가 거주하는 것으로 나타났다.

국적별 인원수 및 구성비 순위(2021)

(단위: 명, %)

순위	국 적	인원수	순위	국 적	인원수
1	중국(한국계)	523,073(31.7)	14	일본	23,935(1.5)
2	베트남	200,265(12.1)	15	러시아(한국계)	21,999(1.3)
3	중 국	193,073(11.7)	16	러시아	19,291(1.2)
4	태 국	158,567(9.6)	17	스리랑카	19,148(1.2)
5	우즈베키스탄	59,898(3.6)	18	캐나다	15,595(0.9)
6	미 국	57,815(3.5)	19	대만	15,131(0.9)
7	필리핀	40,870(2.5)	20	방글라데시	13,089(0.8)
8	캄보디아	40,415(2.4)	21	파키스탄	10,086(0.6)
9	네 팔	35,415(2.1)	22	키르기스탄	5,513(0.3)
10	몽 골	32,700(2.0)	23	영국	5,209(0.3)
11	인도네시아	31,724(1.9)	24	말레이시아	4,702(0.3)
12	카자흐스탄	28,286(1.7)	25	동티모르	2,164(0.1)
13	미얀마	24,317(1.5)	26	라오스	1,410(0.1)

자료: 행정안전부(2022)

다문화가구 가구원 시·도별 현황

(단위: 명, %)

구 분	한국인 배우자	결혼이민자 귀화자	자 녀	기타 동거인	합 계
서울시	26,176	72,378	38,123	50,345	187,022(16.7)
부산시	7,370	13,651	12,690	13,882	47,593(4.3)
대구시	4,928	9,997	9,532	9,424	33,881(3.0)
인천시	10,910	28,091	18,444	19,320	76,765(6.9)
광주시	3,412	7,208	7,162	6,550	24,332(2.2)
대전시	3,568	6,681	6,538	6,352	23,139(2.1)
울산시	3,257	6,700	6,073	5,379	21,409(1.9)
세종시	891	1,626	1,593	1,544	5,654(0.5)
경기도	47,935	119,325	78,367	85,307	330,934(29.6)
강원도	4,463	8,068	8,373	9,028	29,932(2.7)
충북도	5,823	11,529	10,903	10,465	38,720(3.5)
충남도	8,802	18,301	16,536	16,376	60,015(5.4)
전북도	6,213	11,896	13,479	12,338	43,926(3.9)
전남도	7,085	13,163	15,909	14,287	50,444(4.5)
경북도	8,130	15,922	17,091	15,959	57,102(5.1)
경남도	9,594	20,767	20,875	18,974	70,210(6.3)
제주도	2,838	5,191	5,160	5,000	18,189(1.6)
합 계	161,395	370,494	286,848	300,530	1,119,267(100.0)

자료: 행정안전부(2022)

3 다문화 국가로 진입, 이민자 수용력

다문화 가정에 대한 차별적 시선 감소세

다문화 가정에 대한 차별적 시선이 여전히 존재하는 것으로 나타났다. 다만 다문화 사회로의 전환이 빨라지고 있는 만큼 이러한 인식이 다소 감소세를 보이고 있다. 엠브레인 트렌드모니터(2024)가 실시한 '2024 다문화 사회(가정) 관련 인식 조사' 결과에 따르면, 일상생활에서 외국인들을 자주 접한다는 응답이 과거에 비해 계속 증가하는 것으로 나타났다.

2017년에 46.4%, 2022년에 49.2%, 2024년에는 57.8%로 절반을 훨씬 넘어서고 있다. 그리고 이제 다문화 사회에 속한다는 의견이 지배적이다. 21.3%는 다문화 사회를 확실하게 인정하고 있으며, 대체로 다문화 사회에 해당한다는 의견이 60.4%에 이른다.[203]

다문화 사회 장점에 대한 의견

장 점	응답비중 (%)
국내의 인구절벽 현상으로 인해 줄어드는 노동력을 보충할 수 있을 것 같다	60.7
여러 문화를 접하게 되면서 서로 다른 문화를 이해할 수 있는 기회가 될 것 같다	45.8
미래의 다양한 관점을 수용하게 되어 타인에 대한 배려와 관용이 확대될 것 같다	25.0
자녀 양육단계에서 다양한 언어를 접할 수 있는 환경을 자연스럽게 접할 수 있을 것 같다	21.6
다른 문화의 관점에서 한국사회의 문제를 비교해 볼 수 있을 것 같다	20.4
당장 어떤 의견은 없지만, 다문화 사회가 되면 문제점보다는 좋은 점이 더 많을 것 같다	8.8

주: 중복 의견임.
자료: 트랜드모니터(2024), 뉴시안(2024)

아울러 평소 다문화 가정 구성원을 대면한 비율도 2017년 59.6%에서 2022년 69.8%, 2024년 72.1%로 크게 증가했다. 특히, 과거에는 평상시 일상에서 만나는 경우가 많았는데, 이제는 일터에서 만나는 경우가 2022년 32.0%에서 2024년 37.0%로 늘고 있으며, 자녀의 초중고 학교를 통해 만나는 경우도 2022년 16.9%에서 2024년 19.7%로 증가했다. 한국사회에 정주하고 있는 외국인과의 만남이 빈번해진 만큼, 다문화 가정의 구성원들이 일상생활의 일부로 자리 잡고 있음을 보여 주는 것으로 풀이된다. 이 때문인지 전체 응답자의 78.9%가 앞으로 우리나라는 다문화 국가가

---

[203] 2024년 7월, '엠브레인 트렌드모니터'가 전국의 만 19~59세 남녀 1,000명을 대상으로 조사한 결과다. 뉴시안, "10명 중 8명 앞으로 다문화 국가 될 것 같다", 2024. 7. 24.

될 것이라는 전망을 내비치기도 했다.

한국사회가 점차 다문화 사회로 변모할 것이라는 전망과는 대조적으로 다문화 가정에 대한 인식은 여전히 편향적인 것으로 나타났다. 다문화 가정이라고 하면 대체로 한국인 남편(남성)과 외국인 부인(여성)을 연상하는 경우가 많았고(85.5%), 경제적 계층은 중하층(53.2%), 학력은 고교 졸업(55.5%) 정도일 것이라는 평가가 많아, 차별적 시선이 존재하고 있음을 보여 주고 있다. 그럼에도 스스로가 인종에 대해 편견이 있다고 느낀다는 의견이 2017년 64.1%에서 2022년 61.3%, 2024년 57.7%로서 소폭 감소하는 추세이며, 서로 사랑하는 사이라면 인종과 상관없이 결혼할 수 있다는 인식이 76.0%에 이르렀다. 그리고 자녀가 다양한 문화권 사람들과 낯설지 않게 지내면 좋겠다는 의견이 87.0%, 다문화 가정 아이들과 잘 지냈으면 좋겠다는 응답도 86.5%로 높게 나타났다. 그만큼 다문화 가정과 교류나 교감에 대해 개방적인 태도를 보였다.

외국인 이민자 수용 그리고 기대와 우려

저출산·고령화 문제해결을 위한 새로운 방안으로 외국인 이민정책이 대두되고 있다. 인구위기 해소를 위한 이민정책이 주목되는 가운데, 우리 국민들은 외국인 이민자에 대해 어떤 인식을 가지고 있을까?[204] 일단, 국민 3명 중 1명은 지인 중에 이민자가 있다는 사실이다. 외국인 이민자가 우리 일상생활 속에 스며들면서 이민정책에 대한 관심도 높은 편이다. 10명 중 5명 이상(55%)이 우리나라의 이민정책에 대해 '관심 있다'고 답했다. 구체적으로 보면, 70세 이상이 68%로 가장 관심이 많고, 다음으로 60대(58%), 50대(55%) 등의 순이다.

---

204 한국리서치는 2024년 2월 23일~26일 전국 만 18세 이상 남녀 1,000명을 대상으로 외국인 이민자와 이민정책에 대한 국민인식 조사를 진행했다. 한국리서치, 여론 속의 여론, 2024. 7. 9.

이민정책에 대한 관심도

(단위: %)

구 분	18~29세	30대	40대	50대	60대	70대 이상
관심 있다	53	47	52	55	58	68
관심 없다	47	53	48	45	42	32

주: 관심 있다(관심 있는 편이다+매우 관심 많다), 관심 없다(관심 없는 편이다+매우 관심 없다)
자료: 한국리서치(2024)

    이민자 수용에 대한 자평도 긍정적인 편이다. 우리 사회는 이민자에게 경제적인 기회가 풍부한 사회라는 의견에 66%가 수긍을 했다. 그리고 다양한 인종과 배경의 사람과 잘 어우러져 살아갈 수 있다는 의견도 61%로 나타났으며, 외국인 근로자의 인권 보호 등에 대한 제도가 잘 마련되어 있다는 의견에도 53%가 동의했다. 또 외국인 이민자에게 우호적이라는 의견에도 52%가 '그렇다'라고 응답했다. 이민자 증가가 한국사회에 끼칠 영향에 대해서는 전체 응답자의 39%는 큰 영향이 없을 것이라고 응답했으며, 좋은 영향을 미칠 것이라는 응답은 37%, 나쁜 영향을 미칠 것이라는 응답은 10% 수준을 보였다. 특징적인 것은 모든 항목에서 30대 이하 저연령층보다 40대 이상 고연령층에서 긍정적인 응답이 높게 나타났다.

외국인 이민자 수용역량에 대한 자평

(단위: %)

수용 역량	그렇다	모르겠다	그렇지 않다
한국은 이민자에게 경제적인 기회가 풍부한 사회이다	66	8	27
한국사회는 다양한 인종과 배경의 사람과 잘 어우러져 살아갈 수 있다	61	8	33
한국은 외국인 근로자의 인권보호 등 제도가 잘 마련되어 있고, 외국인이 일하기 좋은 환경이다	53	7	40
한국 사람들은 외국인 이민자들에게 우호적이다	52	7	41

자료: 한국리서치(2024)

한편, 노동력 문제 해소 등 경제적 측면에서는 긍정적으로 보고 있지만 인구문제 해소에 대해서는 기대가 크지 않았다. 외국인 근로자 유입이 우리나라 경제에 도움이 된다는 의견이 43%였으며, 국가재정에 부담을 초래한다는 의견은 34%로 나타났다. 하지만 인구위기 해결책에 대한 반응은 달랐다. 47%는 외국인 이민자가 늘어나도 인구감소로 인한 문제는 해결하기 어려울 것이라고 답했고, 32% 정도가 해결할 수 있다는 의견을 나타냈다.

사회문화적으로는 기대보다 우려의 목소리가 크게 나타났다. 전체 응답자 63%가 외국인 이민자가 늘어나면 범죄 등 사회문제가 증가할 것이라고 답했다. 반면, 증가하지는 않을 것이라는 의견은 16%에 그쳤다. 문화적 다양성에 관해서도 낙관적이지만은 않았다. 인종, 종교의 확대를 통해 문화가 더욱 풍부해질 것이라는 의견은 31%인 데 반해, 우리의 고유문화가 훼손되고, 문화적 차이로 인한 갈등이 심화될 것이라는 의견이 46%로 나타났다.

4 다문화 사회의 시민의식 함양

다문화 가정과 자녀들에 대한 보살핌 긴요

외국인 주민들이 우리 사회 구성원으로 동화될 수 있도록 적극 도와야 한다. 낯설고 물설고, 말도 잘 통하지 않은 처지에서 한국사회에 적응하기란 쉽지 않다. 안타깝게도 이들은 가족 구성원 간 소통 문제, 국민의 다문화 수용성 부족 등으로 사회적응에 어려움을 겪고 있다. 특히, 한국어 구사 능력이 부족한 상태에서 결혼이민여성들이 출산한 자녀들은 별다른 준비를 하지 못한 채 학교로 보내진다. 많은 아이들은 새로운 환경에 적응하지 못한 채 차별과 편견의 늪 속에서 학업 부진 및 포기로 이어진다. 집에서는 부모의 문화적 차이, 언어 차이로 가족 간 의사소통이 어렵고, 학교에서는 학습 부진과 다른 외모로 또래들에게 따돌림과 차별에 노출된다. 결국 우리 사회의 공동체 구성 일원으로 활동하지 못하고 이방인으로 겉돌게 된다.

이들 자녀 문제를 다문화 가정 스스로 풀어야 할 것으로 치부해서는 안 되며, 편견과 차별인식의 전환이 절실하다. 그리고 이들을 위한 사회안전망을 구축해야 한다. 이 문제를 선제적·장기적으로 준비하지 않으면 향후 이민정책도 낙관할 수 없다. 지금의 자녀들이 글로벌 인재로 성장해 지구촌 경쟁 사회에서 한국의 진주가 될 수도 있다는 점을 인식해야 한다. 우리 사회는 이미 다민족·다문화 사회이다. 국적, 피부색 등으로 주류사회로부터 차별하지 말아야 하며 이들이 가진 이중 언어·문화의 특징을 최대한 살려 차세대 성장동력으로 성장할 수 있도록 세심한 관심과 배려가 필요하다. 우리는 결혼하고 가정을 이루기 위해, 부족한 일손을 채우기 위해 그들을 불러들였다. 그러기 때문에 기꺼이 배려해야 할 일이다.

다양성이 존중되는 개방사회, 시민의식 요구

2000년대에 들어서면서 외국인 노동자, 국제결혼 증가로 인해 다문화 가정이 급격하게 늘었다. 다문화 가정의 증가는 농촌 인력난 해소, 저출산에 따른 인구감소 시점을 늦추는 등 경제를 지탱하는 데 많은 보탬이 되고 있다. 그럼에도 불구하고 다문화 가정에 대한 편견과 차별이 우리 사회 곳곳에 남아 있다는 것은 자가당착이 아닐 수 없다. 우리나라의 다문화 수용성은 여전히 낮은 수준에 머물러 있다. 여성가족부가 발표한 '2021년 국민 다문화 수용성 조사' 결과에 따르면 '인종, 종족 문화적 다양성 확대가 국가경쟁력에 도움이 된다'는 데에는 38.1%만 동의했고, '어느 국가든 다양한 인종·종교·문화가 공존하는 것이 좋다', '외국 이주민이 늘어나면 우리나라 문화는 더욱 풍부해진다'는 데에 대해서는 각각 39.3%, 37.3%만이 동의했다. 이주민들 역시 한국인들의 차별과 사회적 거리감을 인식하고 있으며 한국을 차별하는 사회로 보고 있다.

인구급감 위기에 대응하기 위해 이민정책까지 추진하는 마당에 이미 들어와 살고 있는 외국인들에게 푸대접하는 것은 큰 문제다. 다문화 사회는 이들이 얼마나 갈등 없이 잘 지내고 있는가에 맞추어진다. 그러기 때문에 다양한 문화를 수용하는 국민들의 의식변화가 이루어져야 한다. 다문화 사회에서 필요한 지식과 다른 문화들의 차이를 존중하고 인정할 수 있는 교육과 다문화 수용성 등이 지속적으로 밑받침되어야 한다. 다시 말해서 다문화 가족들이 사회적으로 차별과 배제를 벗어나 평등과 다양성, 존엄하고 평화로운 공존의 의미를 다 함께 되새기며, 이주민에 대한 차별과 혐오를 멈추고 우리 사회의 일원으로 포용하는 인식의 전환이 요구된다. 이렇게 보면 외국인보다 내국인에 대한 교육이 더 절실하다.

'다문화 가정' 용어 그 자체가 차별

'다문화'라는 개념과 정서는 '공존과 통합'이라는 당초 취지와는 달리 우리 문화와 구분하는 경계가 되어 버렸다. 편견을 걷어 내려 사용했지만 '다름'에 초점 맞춰져 쓰이면서 오히려 편견을 강화했다는 지적이다.[205] 우리는 미국과 유럽의 백인과 서구문화를 다문화라 부르지 않는다. 다문화는 우리보다 경제적, 문화적으로 열등하고 피부색이 다른 동남아시아 사람과

---

205 '다문화 가정'이란 말은 2004년 4월 27일, '건강가정시민연대'가 편견을 걷어 내자는 취지에서 제안했던 순화어다. 이때부터 언론, 학계, 정부 모든 영역에서 '다문화 가정'이 본격적으로 쓰이기 시작했다. 2006년 10월 여성가족부에 제출된 연구용역 이름도 '다문화가족지원법 마련을 위한 연구'였다.

문화를 상징한다. 신문, TV, 인터넷 등 대중매체를 살펴보면 특이한 점이 발견된다. 베트남이나 캄보디아와 같은 동남아 출신 배우자를 둔 가족을 다문화 가족이라고 부르고, 미국이나 유럽 등 서구 출신 배우자를 둔 가정을 글로벌 가족으로 지칭한다. 다문화 가정은 가족끼리 다투고 시대에 뒤떨어진 모습들로 묘사되지만, 글로벌 가정은 화목하고 트렌디한 문화를 누리는 장면들로 채워진다. 다문화는 결국 백인과 유색 인종, 서구와 아시아를 가르는 인종차별적 수식어가 되어 버렸다.[206]

교육 현장에서도 다르지 않다. 교육부는 지난 '2021년 교육기본통계'를 내면서 전체 학생 수와 다문화 학생 수를 분류했다. 우리나라 전체 초·중·고 학생 수는 2011년 760만 1천 명에서 2021년 595만 7천 명으로 줄었다. 여기서 '다문화 학생'으로 분류한 학생들은 같은 기간 4만 7천 명에서 16만 명으로 늘었다. 더 이상 행정 편의적인 구별 짓기 이유마저 줄어든 상황이다. 당사자들도 '다문화'로 불리기를 원치 않는다.[207] 그래서 경기도 안산시 경우는 2019년에 '다문화지원본부'를 '외국인 주민지원본부'로 변경했다. 아이들 상당수는 한국인이라는 정체성을 갖고 자라고 있는데, 초등학교를 졸업하고 중·고등학교, 대학생으로 성장해도 '다문화 가정의 학생'으로 불려서야 되겠는가? 앞에 '다문화' 수식어를 붙이는 것부터 차별일 수 있다.

---

206 가톨릭뉴스, "다문화는 없고 차별만 있다", 2021. 11. 16.
207 경향신문, "빛바랜 선의, 다문화 가정 용어를 넘어서", 2021. 9. 13.

제4부
다이나믹 코리아!
강물은 바다로 향한다

국가는 그 나라의 국민과 영토를 포함한 매우 포괄적이고 추상적인 유·무형의 공동체 전체를 의미한다. 대한민국이라는 국가는 정권이 바뀌어도 변하지 않는 지속성을 가져야 한다. 지속성을 위협하는 권력자는 역사를 배반하는 것이다. 그리고 민주주의를 표방하는 국가 안에는 다양하면서도 서로 상반된 의견을 가진 국민이 살고 있다. 그들은 서로 갈등하기도 하고 힘을 합치기도 하며 각자 자신의 의사를 표명하면서 직간접적으로 정치적 활동에 동참하면서 살아간다. 국가는 국민 전체의 이러한 모든 활동을 포괄한다. 한국사회 공동체의 총의를 모아 바람직한 길을 찾아 보자.

16
민주주의는 생각보다 쉽게 무너질 수 있다

1 민주주의 위기 알리는 경고, 선거독재국가

　우리가 영원한 금과옥조로 여기고 있는 민주주의도 순식간에 파괴될 수 있다는 징후들이 나타나고 있다. 민주주의의 꽃이라고 할 수 있는 투표가 자칫하다가는 국민이 스스로 독재자를 당선시키는 수단이 될 수 있기 때문이다. 쿠데타에 의한 민주주의 붕괴는 눈으로 볼 수 있기라도 하지만, 선거로 시작되는 민주주의 붕괴는 국민이 알아차릴 수 없는 미묘한 방식으로 진행된다. 국민은 속는 존재일지도 모르겠다. 최근 이 같은 민주주의의 위기를 알리는 경고음이 곳곳에서 울리고 있다.
　많은 석학들이 대의민주주의의 지속가능성에 대한 우려를 잇달아 표명하고 있는 가운데 최근 미국의 한 여론조사기관에서 충격적인 보고서를 내놓았다. 2023년 퓨리서치센터(Pew Research Center)가 세계 각국 사람들을 대상으로 조사한 결과에 따르면, 59%가 민주주의 작동 방식에 불만을 품고 있는 것으로 나타났다.[208] 대의민주주의 체제가 매우 좋다고 하는 답변이 2017년 조사 때보다 크게 낮아졌다. 독일의 경우 46%에

---

[208] 미국 퓨리서치센터가 2023년 2월~5월 세계 24개국 성인 3만 861명을 대상으로 실시한 여론조사 결과다. 정정화, "10명 중 6명 민주주의 불만, 선거 독재국가를 막으려면?", 프레시안, 2024. 4. 27.

서 37%, 인도는 44%에서 36%, 영국과 캐나다는 43%에서 31% 등으로 10%포인트 정도 하락했다. 반면, 강력한 지도자가 의회·법원 등의 견제를 거치지 않고 결정하는 정부 체제를 선호한다는 비율은 2017년에 비해, 인도는 55%에서 67%, 멕시코는 27%에서 50%, 브라질은 27%에서 36%, 독일은 6%에서 16%로서 큰 폭으로 상승했다. 놀라운 것은 우리나라도 23%에서 35%로 늘어났다는 점이다.

이 같은 조사결과는 유럽과 미국 그리고 한국에서 왜 극우 세력이 득세하는지에 대한 이유를 설명해 주는 지표라고 할 수 있다. 심지어 미국에서는 독재체제를 선호한다는 비율이 26%에 달했다. 형식적으로 선거는 치르고 있지만, 실제로는 선거독재국가(electoral autocracies)가 창궐하는 환경이 만들어지고 있는 것으로 해석된다.

대의민주주의가 매우 좋다고 생각하는 응답률

(단위: %)

구 분	독 일	인 도	영 국	캐나다
2017	46	44	43	43
2023	37	36	31	31

자료: 퓨리서치센터(2024)

강력한 정부체제를 선호한다는 응답률

(단위: %)

구 분	인 도	멕시코	브라질	한 국	독 일
2017	55	27	27	23	6
2023	67	50	36	35	16

자료: 퓨리서치센터(2024)

2   사법권력과 언론의 협작, 세차작전

2016년 트럼프(Donald Trump)가 미국의 45대 대통령으로 당선된 직후, 하버드대 교수인 스티븐 레비츠키(Steven Levitsky)와 대니얼 지블랫(Daniel Ziblatt)은 미국이 그토록 자랑하는 민주주의도 어이없게 무너질 수 있음을 깨달았다고 한다. 저서 『어떻게 민주주의는 무너지는가』 (How Democracies Die, 2018)에서 그들은 선거로 당선된 대통령이라고 하지만, 언론과 사법부를 공격하고 정적을 표적으로 삼으며 민주적 규범을 침해했다고 지적했다. 그런데 아이러니하게도 그 트럼프가 2024년에 또다시 47대 대통령으로 당선되었다. 민주주의를 의심하지 않을 수 없는 이유가 또다시 확인된 셈이다. 헌법에 보장된 권력을 선출된 독재자가 마구잡이로 휘두를 때 민주주의는 전제주의로 전락한다는 것이다.

또 다른 브라질의 사례에서 민주주의는 생각보다 허술하게 무너질 수 있다는 것을 보여 준다. 지구 반대편에 자리한 브라질과 우리나라는 공통점이 많다. 두 나라 모두 식민지 지배를 거쳤다. 오랜 군부독재 끝에 민주정권이 들어섰다. 그러나 기득권 카르텔이 공고해지는 과정에서 검찰과 사법부, 일부 언론이 활약한다. 국민은 분열하고 극우와 보수기독교가 득세한다. 중심에는 살아 있는 권력에 대한 수사를 통해 검찰권과 사법권을 무소불위로 휘두른 검찰과 사법부가 자리한다. 오늘날 한국의 정치검찰은 브라질 사례를 떠올리게 한다.

브라질 대통령 룰라(Luiz Inácio Lula da Silva)는 초등학교도 채 마치지 못한 금속 노동자 출신이다. 그는 3번의 낙선 끝에 두 차례 대통령에 당선되었다. 대통령 재임 기간인 2003년~2010년 기간 동안 빚더미에 있던 브라질의 국가부채를 해결하고 세계 8위의 경제 대국으로 올라가게 하는 등의 업적으로 퇴임 당시에도 87%의 높은 지지율을 유지하며 국내외적으로 높은 평가를 받았다. 그러나 기득권과 언론들은 그를 헐뜯고 비난했다. 위기에 처한 기득권의 반동이었다. 룰라가 퇴임하자마자 그들은 이른바 세차작전(Opreation Car Wash)을 개시했다. 권력자와 검찰이 내통하여 민주정부를 전복시키기 위한 사법 쿠데타였다. 검찰은 진보 공직자의 구속을 유도하고, 언론이 사건을 확대하여 부각시켜 대중의 분노를 유발하여 공격하게 한다. 이미 기득권의 한통속인 그들은 수사 결과의 증거가 약해도 기소를 하면, 판사는 예외 없이 유죄판결을 내린다.

넷플릭스 다큐 「THE EDGE OF DEMOCRACY」 포스터

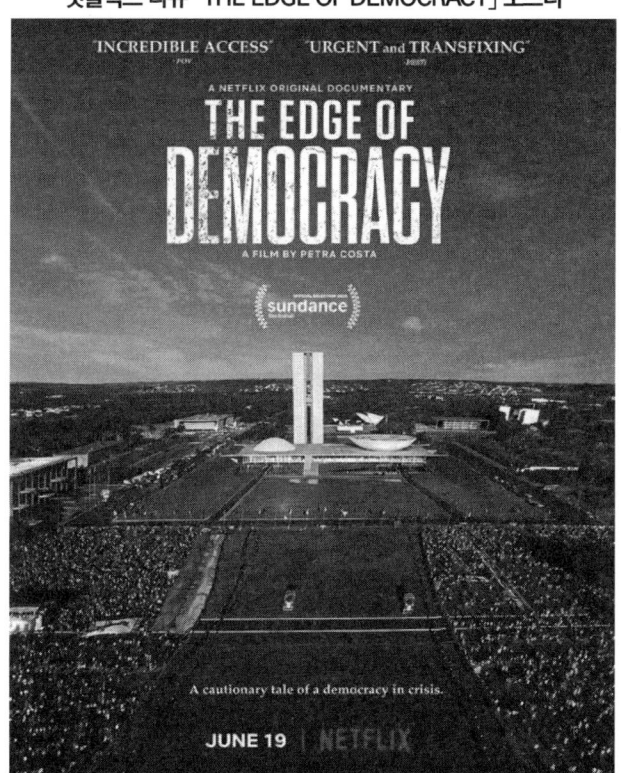

자료: NETFLIX(2019. 6. 19.)

브라질은 특이하게도 연방판사가 수사까지 담당하는 사법제도로 우리나라보다 그 권력이 훨씬 강하다. 세차작전을 통한 사법 쿠데타는 집권당 및 정부의 진보인사들을 구속시켰고, 심지어 룰라의 후임 지우마 호세프(Dilma Rousseff) 대통령도 범죄혐의를 씌워 탄핵시켰다. 급기야는 룰라가 다시 대선에 출마하는 것을 막으려고, 뇌물죄 등의 혐의를 씌워 구속시키고, 피선거권을 박탈해 버린다. 반면에 극우 정당의 대선후보 보우소나루(Jair Messias Bolsonaro)에게 제기된 소송들은 모두 기각해서 면죄부를 주었고, 결국 그가 대통령으로 당선되었다. 당시 이 작전을 진두지휘한 사람은 세루지우 모루(Sérgio Fernando Moro)라는 검사였다. 그는 자신의 권력과 권한을 가지고 정치인, 경제인들을 마구 잡아들였다. 그는 작전을 마치고 보우소나루 정권의 법무부장관에 올랐다.

　극우정권의 무능과 부패에 대하여 국민들이 저항해도 아무런 소용이 없었다. 저항하는 사람들은 검찰에 의해 구속되었고, 판사는 유죄판결로 합법적으로 그들을 감옥에 가두어 버렸다. 그 결과 빈곤층의 고통은 룰라 이전으로 회귀하였으며, 기득권의 이익은 룰라 이전으로 복구되었다. 브라질의 세차작전은 과거처럼 민주주의가 총과 칼을 동원한 군부 쿠데타에 의해 전복되는 것이 아니라, 정치화된 사법권력이 기득권 및 언론과 손잡고 소리 없이 민주주의를 전복시킬 수 있다는 것을 보여 주는 실제 사례이고, 민주주의는 생각보다 기득권의 반동과 작전에 손쉽게 무너질 수 있음을 그대로 보여 줬다.

　룰라는 감옥 인터뷰에서 이렇게 말했다. "브라질 엘리트 계층은 빈곤층의 사회적 상승을 용납하지 않는다. 나에게 죄가 있다면, 빈곤층에게 대학 입학을 허용하고, 부유층과 동일한 인도를 걷게 하고, 쇼핑물과 공항을 이용할 수 있게 한 것이다." 2018년에 뇌물수수 혐의로 구속당하는 등 어려운 시기를 겪었으나, 이후 2021년 브라질 대법원에서 유죄판결이 무효로 최종 확정되었고 2022년 대선에 출마해 당선되어 브라질 역사상 첫 3선 대통령이 되었다.

3 인공지능시대, 조선 말기 '진령군' 소환

디지털과 로봇, 인공지능으로 상징되는 4차 산업혁명 시대에 전혀 이해할 수 없는 황당한 일들이 알게 모르게 우리 주변에서 자주 일어나고 있다. 설마설마하면서 무시하지만, 어처구니없는 사건이 상상하기 어려운 의외의 곳에서 나타나기도 한다. 권력 깊은 핵심부에서 무슨 무슨 스승이니, 법사니, 도사니, 보살이니 하는 사람들이 입에 오르내리는 상황을 보고 있노라면 황당할 따름이다. 영락없는 '전설의 고향'이다. 우리에게 130~140년 전 조선 말에 펼쳐졌던 사건이 겹쳐 보이는 지금의 장면을 어떻게 봐야 할지 난감할 따름이다. 그 '전설의 고향' 주인공은 바로 무당 '진령군'이다. 그는 여성이라는 사실과 고종이 내려 준 이름 즉, 봉호(封號)만 알려져 있을 뿐, 다른 구체적인 내용은 역사 기록에서 찾기 어렵다.[209]

어떻든 여러 사료에 따르면, 그는 왕비였던 민비와의 인연을 시작으로 역사에 등장한다.[210] 1882년 임오군란 때 성난 군사들에게 죽을 뻔한 민비가 충주 장호원으로 도망을 쳤다.[211] 민비가 숨어 지내며 갑갑해하던 때, 인척 민응식이 무당을 데려왔는데 그가 바로 진령군이다. 민비를 만난 무당은 "자신과 만난 날로부터 50일 이내에 환궁할 것"이라고 예언을 했다.

---

209 야사에 따르면 본명이 이성녀 또는 박창렬이라는 등 몇 가지 추측이 있지만 분명한 근거는 없다.
210 배상열, 『조선을 홀린 무당 진령군』, 추수밭, 2017.
211 임오군란(壬午軍亂)은 1882년 훈련도감에서 해고된 구식 군인들의 13개월 동안 체불된 임금을 정부가 저급 불량쌀로 지급하여 일어난 난이다. 10년 전 실각했던 흥선대원군과 위정척사파들이 정권 재창출을 위해 민비와 외척 제거 및 비리 척결 그리고 일본과 서양 세력에 대한 배척 운동으로 확대시켰다.

그런데 우연의 일치인지 실제 그가 말한 그 날짜에 환궁하는 일이 벌어진 것이다.[212] 궁궐에서 쫓겨 죽음의 공포와 절망 속에서 지내던 민비의 처지에서 보면 끔찍이 고맙고 홀딱 빠질 만도 했다. 그래서 환궁 행렬에도 그를 앞장세웠다는 얘기도 있다.

민비와 함께 궁궐로 입성한 무당은 조정의 정사에 관여하면서 고종의 신임을 얻었다고 한다. 고종은 대소사를 그 무당에게 의견을 물었다고 하니 '왕 위에 무당'이라는 말이 틀리지 않았던 것 같다. 마침내 고종은 그에게 '진실로 영험하다'는 의미를 담은 진령군(眞靈君)이란 작호를 내렸다. 왕족에게나 내리는 군(君)이 당시 천한 신분으로 여겨지던 무당에게 주어졌으니 실로 기상천외한 일이었다. 궁중의 무당이 된 진령군은 왕실을 위한

---

212 성공하는 듯했던 임오군란은 중전 민씨를 놓친 데다가 고종의 요청으로 청나라군이 개입하며 진압되었다. 흥선대원군은 청나라로 끌려가고 척화파들은 제거됐으며, 청나라와 결탁한 민비가 이 무녀와 함께 충주에서 환궁하면서 민씨 외척들이 조정을 완전히 장악했다.

산천기도, 굿과 제사를 도맡았으며, 고관대작들 벼슬에 임명하고 내쫓는 일에도 관여할 만큼 기세등등했다. 그녀의 아들도 당상관 벼슬까지 올랐다. 간신배들이나 출세에 눈이 어두운 자들은 그 무당에게 누님 또는 어머님이라고 불렀다고 하니 그의 위세는 참으로 대단했던 것 같다.

국고를 탕진하는 일도 서슴지 않았다. 훗날 순종이 되는 세자가 허약했는데, 그 세자의 병을 고친다고 금강산 1만 2천 봉우리마다 쌀 한 섬과 돈 열 냥씩을 바치면서 굿을 벌였다. 매년 여름이면 한강에서 수신제(水神祭)를 지내는데, 이때는 쌀 5백 석의 밥을 지어 물고기에게 풀었다고 한다. 또 자신이 관우의 딸이라고 자칭하면서 나랏돈으로 서울 북방에 관우의 사당인 북묘를 건립하고 이곳을 본거지로 삼아 돈을 긁어모았다. 민비도 이곳을 찾아와 점도 치고 굿판을 벌였다고 한다. 이 같은 기괴한 짓을 저지른 진령군의 뒤에는 언제나 왕비가 있었다. 권력과 친족에 대한 민비의 지나친 집착은 무당의 굿판을 키우는 이유가 되었다. 민비는 조선의 앞날에는 관심이 없고 오로지 자신의 이해에만 몰두했다. 왕실과 조정의 요직은 물론 지방의 수령까지 여흥 민씨들로 채웠다.

진령군의 세도가 10년 넘게 기고만장하자 사간원의 안효제가 목숨을 걸고 진령군을 통렬히 규탄하는 상소를 올렸다고 한다. 그런데 고종은 진령군을 자제시키기는커녕 오히려 안효제를 추자도로 귀양을 보내 버렸다. 이후에도 강직한 선비들이 진령군을 탄핵하는 상소문을 올렸으나 도승지는 고종에게 올리지 못했다고 한다. 무능한 고종과 영악한 민비를 들었다 놨다 하던 그녀를 역사는 요무(妖巫)로 기록하고 있다.

4 '민주주의 리포트' 민주화가 독재화로

대한민국 민주화의 흐름이 윤석열 정부가 들어오면서 독재화로 반전되었다는 사실이 공신력 있는 국제기관의 평가에서도 여실히 나타났다. 스웨덴의 민주주의 다양성연구소(V-Dem Institute)가 최근 발표한 '민주주의 리포트 2024'는 한국이 민주화에서 독재화로 뒷걸음질 친 나라의 대표적 사례라고 밝혔다. 이 보고서는 179개국의 민주화 수준을 '자유민주주의 지수(Liberal Democracy Index: LDI)로 수치화해서 비교하고 있는데, 한국은 0.60점으로 47위가 되었다. 2019년 18위, 2020~2021년 17위, 2022년 28위였던 것이 47위로 급격히 떨어져 이제는 라틴아메리카의 웬만한 나라보다도 더 낮은 순위다.[213] 세계에서 유례없이 민주화가 진행되고 있었던 한국이 독재화로 인해 예전의 상태로 돌아갔다는 평가를 받고 있다.

그림 '세계 각국의 자유민주주의 지수'에서 독재화로의 반전이 가장 현저한 10개국의 상황을 보여 주고 있다. 민주화(democratization)의 진전은 그림에서 위로 향한 움직임으로 나타나고 있는 반면, 독재화(autocratization)로의 진행은 아래로 향한 움직임을 나타내고 있다. 한국처럼 그래프가 명확한 종(bell) 모양의 곡선을 그리고 있다는 것은 민주화가 확실하게 독재화로 반전되었다는 U-턴 현상의 발생을 뜻한다. 이 보고서는 민주화에서 독재화로 전환 중인 국가로 그리스, 폴란드, 홍콩, 인도 등과 함께 한국을 꼽았다. 특히 한국과 인도네시아를 민주화 진전이 끝난 후 5년 이내에 독재화가 다시 진행된 사례로 언급하기도 했다. 한국은 불과 2년 만에 30위인 일본, 31위인 대만보다도 한참 뒤떨어진 참담한 민주

---

213 LDI는 각 국가의 선거민주의, 삼권분립과 시민자유, 표현의 자유, 평등 등 관련 지수를 바탕으로 종합적으로 산출한다. 0~1까지로 1로 갈수록 높은 수준의 민주주의를 의미한다. V-Dem Institute, Democracy Report 2024, 2024.

주주의 지수를 기록하고 있다.

그리고 이 보고서는 박근혜 전 대통령 부패 스캔들 이후 인권 변호사 출신인 문재인 전 대통령이 취임하며 LDI를 높였으나, 다음의 윤석열 대통령이 한국 민주주의 지수를 다시 떨어뜨렸다고 분석했다. 윤석열 정부 출범 후 성평등에 대한 공격, 전임 정권 및 야당을 향한 강압적 조치가 이뤄졌다는 점을 그 근거로 들었다. 또한, 언론의 자유가 위축되었다는 점에 대해서도 언급했는데, 한국을 언론의 대정부 비판이 위축된 나라 20개국 중 한 곳으로 지목하면서, 표현의 자유와 언론의 자유가 침해받는 일이 비단 가혹한 독재국가만의 일이 아님을 보여 준다고 꼬집었다.[214] 이어 한국이나 인도와 같이 인구가 많거나 글로벌 영향력이 강한 나라들이 독재화하는 것은 다른 나라에도 영향을 미쳐 세계적으로 독재화 물결을 더욱 가속할 수 있다고 우려하기도 했다.

한편, 2023년 조사대상 179개국 중 91개 국가가 민주주의, 88개 국가가 독재정치 진영으로 분류되었다. 인구수 기준으로 보면, 민주주의 진영의 인구는 약 23억 명으로 29%에 불과한데, 독재 또는 권위주의 진영은 약 57억 명으로 71%에 이른다. 이러한 수치는 10년 전과 비교해 48% 늘어난 것이다. 팔레스타인 무장 정파 하마스와 전쟁 중인 이스라엘은 반세기 만에 처음으로 자유민주주의 국가 범주에서 벗어났다. 전체적으로 일반 사람들이 경험하는 민주주의가 냉전시대 말기인 1985년 수준까지 떨어졌다고 지적했다.

---

214 강화뉴스, "국제기구 발표, 한국 민주주의 28위→47위 대폭락", 2024. 11. 18.

세계 각국의 자유민주주의 지수

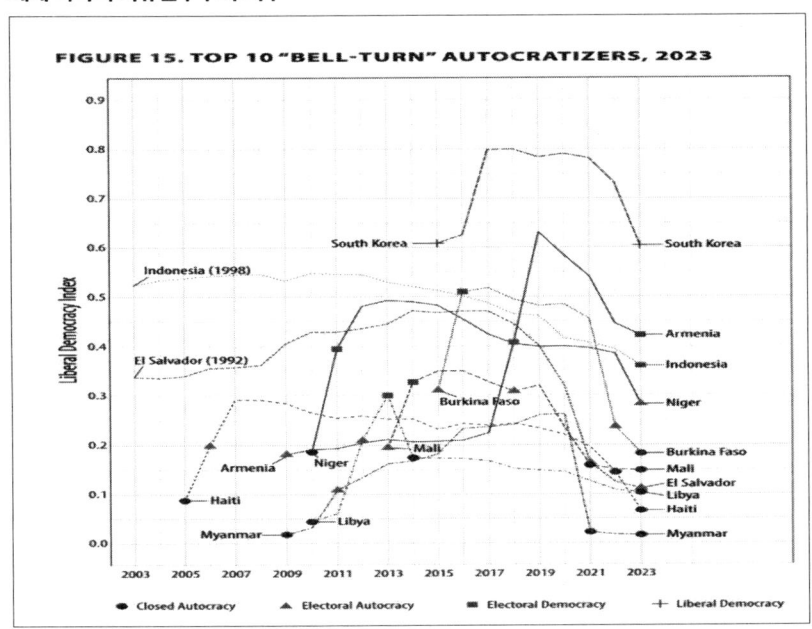

자료: V-Dem Institute(2024)

    LDI 순위에서 1위는 덴마크 0.88이었으며, 스웨덴이 0.85로 2위를 차지했다. 독일은 11위, 프랑스 12위, 미국 20위, 일본 30위, 대만 31위 등으로 나타났다. 중국과 북한은 각각 172위, 178위로 나타났다. 한국처럼 독재화 유형에 속하는 국가로는 홍콩, 폴란드, 헝가리 등을 언급했는데 자유민주주의 최상위 그룹 32개 나라 중에 독재화 국가로 분류된 곳은 한국뿐이다. 독재화 국가는 2003년 11개국에서 2023년 42개국으로 20년 사이에 4배 가까이 늘어 민주주의의 후퇴가 세계적인 현상임을 보여 주고 있다.

5 2024년 대한민국 '친위 쿠데타' 발발

　2024년 12월 3일은 우리 현대사에 비극의 날로 기록될 것이다. 윤석열 대통령의 반헌법적 비상계엄 선포에 나라가 발칵 뒤집혔다. 1979년 신군부 세력이 반국가 세력의 내란 획책을 이유로 비상계엄을 선포한 지 45년이 지난 2024년, 군부가 아닌 국민의 손으로 뽑은 대통령이 비상계엄을 선포했다. 윤석열 대통령은 심야 비상계엄 선포로 시민들의 피와 땀으로 일궈 온 한국 민주주의를 무너뜨리려 했다. 헬기를 타고 온 계엄군은 국회 본관에 난입해 민주주의 심장부를 유린했다. 무장 계엄군의 국회 난입은 상상조차 하기 힘든 일이었다. 마치 「서울의 봄」 영화에서나 봄 직한 장면을 목도한 시민들은 불안과 충격에 휩싸였다. 그러나 그것은 잠시, 시민들은 하나둘 국회의사당 앞으로 모여들었고, 국회는 계엄 선포 153분 만에 계엄을 해제시켰다. 민주공화국 대한민국을 지키려는 시민과 그 민심에 부응한 국회가 백척간두의 민주주의를 구해 냈다.

　비상계엄이라고 했지만, 친위 쿠데타(self-coup)이자 내란이 분명하다. 비상계엄으로서 실체적 요건과 절차적 요건을 전혀 갖추지 못했기 때문이다.[215] 친위 쿠데타는 이미 권력을 쥐고 있는 권력자가 자신의 지위를 유지 또는 강화하기 위해 군대, 경찰 등 권력기관을 동원해 정치 체제를 재편하거나 반대 세력을 억압하는 쿠데타의 한 형태다. 일반적으로 기존 권력을 유지하고 강화하려는 성격이 강하며, 외부 세력이 아닌 내부 권력구조 내의 충성 세력에 의해 이루어지는 점에서 다른 형태의 쿠데타와 구별된다.

---

215 대한민국 헌법 제77조는 계엄선포의 요건으로 '전시·사변 또는 이에 준하는 국가비상사태에 있어서 병력으로써 군사상의 필요에 응하거나 공공의 안녕질서를 유지할 필요가 있을 때 법률이 정하는 바에 의하여 선포할 수 있다'고 못 박고 있다. 윤석열의 비상계엄 선포는 전시·사변, 국가비상사태, 공공의 안녕질서 유지 등 헌법이 정한 요건을 단 하나도 충족하지 못했다. 또한 정상적인 국무회의를 거치지도 않았고, 국회에 통보해야만 하는 법적 절차를 거치지도 않았다. 헌법 및 계엄법을 위반한 것이다.

주로 최고 권력자가 정치적으로 위기에 몰렸다거나 정당성을 상실한 상황에서 반대파나 도전 세력을 숙청하고 권력을 강화하기 위하여 법적, 제도적 제약을 무력화하는 방식으로 진행된다. 과거 대표적인 사례로 1972년 박정희 정권의 유신체제를 들 수 있다. 박 대통령은 1960년대 경제성장과 국정운영의 성과를 바탕으로 장기 집권을 원했지만, 1971년 대선에서 야당 김대중 후보와의 접전으로 정치적 불안을 느낀 나머지 군부와 정보기관을 동원하여 비상계엄령을 선포하고 국회를 해산한 뒤 새로운 헌법을 제정해 대통령의 연임을 가능하게 했다.

2024년 교수신문은 올해의 사자성어를 '도량발호'(跳梁跋扈)로 정했다.[216] 이 뜻은 권력을 가진 자가 높은 자리에서 제멋대로 행동하며 주변 사람들을 짓밟고 자기 패거리를 이끌고 날뛰는 모습을 의미하는 옛말이다. 이는 권력을 위임받은 자들이 그 권한을 오히려 사적 이익과 왜곡된 욕망을 위해 남용할 때 발생하는 문제를 함축한다. 대한민국을 강타한 12.3 심야 비상계엄령 사건은 권력남용 사례 중 최악이 아닐 수 없다. 국민적 합의와 정당성 없이 발동된 계엄령은 민주주의의 근간을 흔들었으며, 권력 남용의 위험성을 여실히 드러냈다.

윤석열 정권은 출범 이후 권력을 사유화하며 민주적 규범을 지속적으로 훼손해 왔다. 임기 내내 검찰권은 정적 제거와 권력 유지를 위한 도구로 활용했고, 반대파를 정치적으로 고립시키는 데 동원했다. 그뿐 아니라 법적 책임을 회피하거나 자신에게 불리한 법안을 차단하기 위해 대통령 거부권을 남발했다. 이런 식으로 국회와의 협력적 정책 실행을 사실상 마비시켰다. 권력 남용은 공권력의 부당한 행사를 통해 더욱 두드러졌다. 진상규명 요구를 무시하거나 방해하며, 정의와 투명성을 기대했던 국민들의 신뢰를 철저히 저버렸다. 이는 단순한 정치적 실책을 넘어 민주주의 핵심

---

216 교수신문, "제멋대로 권력을 부리며 함부로 날뛰다", 2024. 12. 9.

가치를 망가뜨렸다. 결국 그 퇴행의 극단은 12.3 내란으로 나타났다.[217]

한국 민주주의는 민주시민들의 희생과 헌신으로 이룩된 위대한 역사다. 4·19 혁명에서 부정선거에 맞서 싸운 시민들은 유신독재에 저항하며 목숨을 걸었고, 신군부에 맞선 5·18 광주민주화운동에서는 수많은 이들이 목숨을 잃었다. 1987년 민주항쟁은 직선제를 쟁취하며 국민 주권의 가치를 실현했고, 2017년 촛불집회는 국정농단 권력을 심판하며 민주주의 생명력을 입증했다. 그런데 2024년 대한민국은 또다시 위기를 맞았다. 외신들은 "한국의 민주주의가 심각한 시험대에 올랐다"고 보도하면서, 비판과 우려의 기사를 보내고 있다. "윤대통령 자신의 정치적 위기를 모면하기 위해 저질렀다"고 보도하면서, "한국의 경제와 안보는 위험에 빠졌고, 민주주의는 심각하게 훼손되었다."고 지적했다.

12.3 내란, 국회 본관으로 진입하는 계엄군

자료: 오마이뉴스(2024. 12. 6.)

---

217 고영구, "탄핵 가결! 민주주의는 민주시민의 힘으로 지켜진다", 충청매일, 2024. 12. 16.

절차적 정당성을 가진 민주주의도 지도자를 잘못 선택하면 이처럼 비극적인 결과를 초래할 수 있다. 현직 대통령의 내란은 그 비극의 전형적인 사례다. 민주주의는 '국민으로부터 권력을 위임받은 지도자는 헌법과 법치의 한계를 존중하며 권력을 행사한다'라는 기본 전제를 바탕으로 작동한다. 그러나 권력자가 민주주의를 조작하고 권력을 남용한다면, 민주주의는 생각보다 쉽게 붕괴될 수 있다. 민주시민으로서 소양과 비판의식, 참여가 없는 한 독재로 변질될 위험성이 크다는 것이다. 민주주의는 저절로 주어진 것이어서 우리를 둘러싼 공기처럼 당연하게 누릴 수 있다는 생각은 이제 버려야 할 것 같다. 당연한 민주주의는 없다.

6 지도자의 덕목, '아모스'로부터 배운다

정치는 인간만의 영역이라고 누가 말했던가? 동물은 약육강식과 적자생존의 본능만 좇을 뿐이라고 과연 말할 수 있나? 세계적인 영장류 학자 프란스 드 발(Frans de Waal)은 고도의 정치적 기법으로 그네들만의 관계와 서열을 그물처럼 엮어 가는 네덜란드 아른험(Arnhem)의 침팬지 집단을 관찰하면서, 우리에게 정치의 기원이 인간의 기원보다 더 오래되었음을 다시 한번 각인시켜 준다. 드 발 교수는 평생 침팬지와 보노보, 카푸친 원숭이를 연구하며 영장류와 인간의 행동을 비교하는 수백 편의 논문을 썼는데, 이를 통해 갈등을 해결하고 화해하고, 협력하고, 공감하는 인간 능력의 뿌리가 영장류에게 있다는 사실을 찾아냈다.[218]

그는 생전에 자신의 연구에 대해 원숭이는 조금 위로, 사람은 조금 아래

---

218 Frans de Waal, *Chimpanzee Politics: Power and Sex Among Apes*, Johns Hopkins University Press, 2007.

로 이동시켜서 유인원과 인간을 조금 더 가깝게 만들었다고 설명했다. 그의 저서 『침팬지 폴리틱스』(Chimpanzee Politics)는 침팬지들의 사회적 행동과 정치적 전략을 연구한 내용이다. 고블린과 아모스라는 두 마리의 우두머리 수컷 침팬지의 이야기가 흥미를 끄는데, 고블린과 아모스는 서로 다른 성격과 리더십 스타일을 가지고 있었다. 고블린은 폭력적이고 독재적인 우두머리였고, 아모스는 친절하고 협력적인 우두머리였다.[219]

프란스 드 발 『침팬지 폴리틱스』 표지

자료: 바다출판사(2018)

---

[219] 유시민, "다시, '침팬지 폴리틱스'", 시애틀코리안데일리, 2023. 12. 25.; 세상을 바꾸는 시민언론 민들레, "고블린과 우리 모두의 운명에 대한 유시민의 답", 2024. 11. 18.

고블린은 책에서 가장 폭력적이고 독재적인 우두머리 수컷 침팬지로 소개된다. 그는 무리 내 다른 침팬지들을 위협하고 상해를 입히는 등 오로지 폭력으로 우두머리 자리를 지켰다. 그는 자신의 지위를 위협하는 다른 수컷들을 공격하거나 추방하고, 암컷들을 강간하거나 납치했다. 그리고 무리의 일원들에게 어떤 혜택이나 보호도 해 주지 않았고 오로지 자신의 이익만을 위해 행동했다. 자신의 지위를 위협하는 다른 수컷들을 무자비하게 공격하거나 추방하기도 했다. 누군가 자신을 반대하는 시도를 할 때, 그들을 무차별적으로 공격하고, 손가락과 발가락을 물어뜯고 고환까지 잘라 죽였다. 고블린은 암컷들을 강간하거나 납치하여 자신의 성적 독점권을 확보하고, 자신의 짝 암컷들을 다른 수컷들에게 허락하지 않았고, 다른 수컷들의 암컷들을 빼앗아 자신의 무리에 합류시켰다. 다른 침팬지들의 고통이나 곤란에 무관심했고, 약자들을 돕거나 싸움을 막는 등의 관용적인 행위를 보이지 않았다. 고블린의 이러한 행태는 모두를 적으로 만들고, 생은 비참하게 마무리된다. 그가 나이가 들어 병들고 약해지자, 다른 수컷이 우두머리 자리를 노린다. 그때 무리 내 다른 침팬지들도 일제히 달려들어 공격해서 결국 처참하게 살해당했다. 고블린은 자신의 폭력과 독재로 인해 무리의 존경이나 애정을 받지 못했고, 그의 죽음을 애도하는 침팬지는 하나도 없었다.

아모스는 고블린과 다르게 가장 친절하고 협력적인 우두머리 수컷 침팬지로 소개된다. 아모스는 무리 내 약자들을 돕는 우두머리였다. 그는 다른 침팬지들과 친밀하게 교류하고, 싸움을 막거나 조정했다. 예를 들자면, 아모스는 고블린이 공격한 루이트의 시신을 발견하고, 그의 죽음을 애도하며 그를 묻어 주었다. 고블린이 납치한 암컷들을 구출하고, 그들에게 위로와 보상을 주었다. 또 암컷들과 상호 존중하는 관계를 유지하고, 새끼들을 돌보거나 놀아 주었다. 아모스는 암컷들에게 강간이나 폭력을 가하지 않았고, 그들의 성적 선택권을 존중했다. 새끼들에게 늘 친절하고 관대했고, 그들의 놀이나 학습에 참여했다. 아모스는 무리의 안녕과 행복을 위해 행동했다. 아모스는 자신의 이익보다 무리의 이익을 우선시했고, 다른 침팬지들의 감정이나 요구에 귀를 기울였다. 아모스는 무리의 분위기를 좋게 만들기 위해 웃음소리를 내거나 장난을 치기도 했다. 아모스 역시 그가 행동한 대로 그의 운명으로 이어졌다. 그가 병이 들어 우두머리 자리에서 내려온 후에도 다른 침팬지들이 그를 돌봐 주었으며, 그가 죽자 다른 침팬지들은 며칠 동안 먹이를 먹지 않고 그의 죽음을 애도했다. 아모스는 자신의 친절과 협력으로 인해 무리의 존경이나 애정을 받았고, 그의 죽음을 슬퍼하는 침팬지도 많았다.

인간사회도 마찬가지다. 권력을 얻고 유지하는 방법이 고블린과 아모스의 행동과 같이 두 가지가 있다고 할 때, 하나는 폭력과 독재로 다른 이들을 억압하고 강제하는 것이고, 다른 하나는 친절과 협력으로 다른 이들을 돕고 존중하는 것이다. 전자의 방식은 장기적으로 자신의 적을 늘리고, 후원자를 잃고, 결국 쓸쓸하고 비참하게 죽어 간다. 후자의 방식은 장기적으로 자신의 동지가 늘어나고, 지지자를 얻고, 끝까지 존경과 사랑을 받는다.

17
갈등공화국, 칡넝쿨과 등나무가 얽힌 사회

1 고질적이고 구조적인 갈등 구조

어느 조직이든, 사회든, 나라든 갈등이 전혀 존재하지 않는 곳은 없다. 갈등이란 개인 또는 여러 집단 사이에서 다른 의견, 행동, 신념, 정서, 목표로 인해서 서로 충돌하여 서로의 이익에 상충하는 방향으로 상호작용하는 과정을 말한다. 본래는 한자로 칡 갈(葛) 자와 등나무 등(藤) 자를 조합한 것으로 칡은 왼쪽으로 덩굴을 감으며 올라가고, 등나무는 반대로 오른쪽으로 덩굴을 감으며 올라가서, 두 개체가 얽히면 아주 풀기 어려운 모습이 된다. 게다가 칡과 등나무는 서로 질기고 자르기도 굉장히 힘들고 뿌리마저도 뽑기 힘든 나무라고 해서 개인이나 집단 사이에서 나타나는 의견 충돌 및 마찰을 비유하여 나온 말이다.

현대사회에서는 개인 간뿐만 아니라 국가 간의 갈등, 지역 간의 갈등, 집단 또는 단체 간의 갈등이 자주 일어나는 편이며, 서로 타협하면서 해결되기도 하지만, 경우에 따라서는 의외로 장기간 지속되는 경우가 있어서 사회문제로 작용하고 있다. 물론, 두세 사람만 모여도 갈등은 생길 수밖에 없고, 그것의 발생 자체를 거부하는 것은 불가능하다. 또한 다른 관점에서 보면 새로운 아이디어의 원천이 될 수 있고, 집단 소속감과 응집성을 촉진하며, 욕구불만의 탈출구를 제공할 수도 있다. 전체주의나 권위주의 사회가 아니라면 말이다.

그러나 오늘날 우리 사회의 갈등 상황은 긍정적으로 보기 어렵다. 한국 사회의 갈등 문제는 고질적이고 구조적으로 얽혀져 있으며, 자타가 공인하는 갈등 공화국이다. 2021년 영국 킹스컬리지(King's College)가 실시한 조사에 따르면, 한국이 가장 심각한 나라로 나타났다.[220] 전체 12개 갈등 항목 가운데 7개 부문에서 1위를 기록했다. 특히, 빈부격차에 대해 한국 국민들 대부분이 심각하다고 응답했는데, 칠레와 함께 공동 1위다. 또 우리가 피부로 느끼고 있는 젠더 갈등, 세대 갈등, 학력 차별도 세계 평균의 두 배 수준으로 심각한 것으로 나타났다.

2 갈등지수, 정치·경제·사회분야 세계 3위

경제협력개발기구(OECD) 30개 회원국을 대상으로 정치·경제·사회 분야를 종합해 '갈등지수'를 산출한 결과, 한국은 불행히도 3위를 기록했다.[221] 2016년 기준, 한국 갈등지수는 55.1p로서, 이는 선진국가 프랑스(25.8p, 22위), 독일(29.8p, 18위), 영국(41.4p, 8위), 미국(43.5p, 6위), 일본(46.6p, 5위)보다 높으며, 멕시코(69.0p, 1위), 이스라엘(56.5p, 2위)에 이어 세 번째로 높은 수치다.

정치분야 갈등지수는 4위를 기록했는데, 언론자유의 법적 제한, 뉴스매

---

220 2021년 6월, 영국 킹스칼리지(King's College)가 여론조사 기관인 입소스(IPSOS: Institut Publique de Sondage d'Opinion Secteur)에 의뢰해 발간한 보고서다. 28개국 2만 3천여 명을 상대로 조사를 했는데, 당초 목표는 영국 사회의 갈등이 얼마나 심각한지를 다른 나라와 비교하기 위함이었지만, 가장 튀는 국가는 불행히도 한국이었다. MBC, "한국은 어쩌다 갈등공화국이 되었나", 인터뷰 자료, 2022. 3. 20.
221 전국경제인연합회, "국가갈등지수 OECD 글로벌비교", 보도자료, 2023. 8. 19.

체에 대한 정치적 통제 등이 5위를 차지했으며, 언론의 정치적 편향성은 11위를 차지했다. 이는 정치권의 언론에 대한 법적·정치적 통제가 강하고, 언론사의 이념적 색채에 따라 편향성이 심해 갈등을 촉발하는 요소로 작용했음을 시사한다. 경제분야 갈등지수는 3위로서, 지니계수 등 소득불평등을 나타내는 항목의 순위가 높아 갈등의 요인으로 작용하는 것으로 보인다. 사회분야 갈등지수는 2위로서 인구밀집, 주택문제, 공장·공공시설의 입지문제 등 사회적 갈등이 발생함을 시사한다.

갈등을 해결하는 능력도 떨어지는 것으로 나타났다. 갈등관리 지수가 바닥권인 27위로 나타났다. 멕시코(30위), 그리스(29위), 헝가리(28위)에 이어 낮은 순위이다. 정부 효율성, 규제의 질 등으로 구성된 갈등관리 지수가 낮다는 것은 갈등관리를 위한 제도적·재정적 인프라 수준이 낮음을 의미한다.

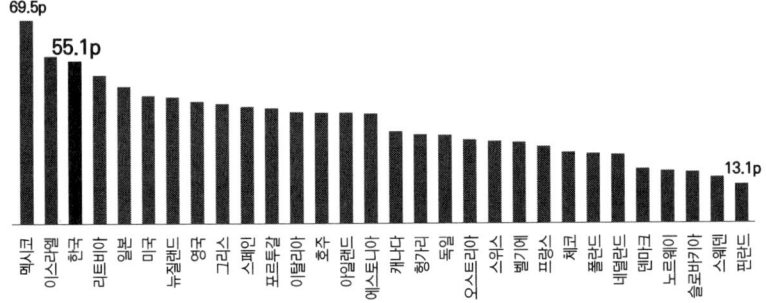

자료: 전국경제인연합회(2023)

사회적 불신도 다른 나라들에 비해 큰 것으로 나타났다. 경제협력개발기구(OECD)가 35개 회원국을 조사한 결과 '다른 사람들을 신뢰할 수 있는가?'라는 물음에 한국은 26.6%만이 '그렇다'고 응답해 23위에 머물렀다. 덴마크가 74.9%로 가장 높았고 노르웨이(72.9%), 네덜란드(67.4%), 스웨덴(61.8%) 순이다. 한국은 OECD 평균(36.0%)에도 훨씬 못 미치는 수준이며, 일본(38.8%), 미국(35.1%)보다 낮았다. 미국의 정치학자 프랜시스 후쿠야마(Francis Fukuyama)는 지속적인 경제성장을 달성한 국가는 신뢰라는 자본이 풍부한 국가라고 설명했다. 신뢰가 높은 사회일수록 계약의 이행 가능성을 높이기 위한 지출을 줄일 수 있고 거래가 활성화되어 경제가 발전한다는 논리다.[222] 한국사회를 향한 경고로 읽히는 대목이다.

OECD 회원국 사회적 신뢰도 비교

순위	국가	신뢰도(%)
1위	덴마크	74.9
2위	노르웨이	72.9
3위	네덜란드	67.4
4위	스웨덴	61.8
5위	핀란드	61.6
10위	독일	45.4
14위	일본	38.8
17위	미국	35.1
23위	한국	26.6

자료: OECD(2016), 서울신문(2019. 1. 20.)

3 사회적·이념적 갈등, 고소·고발 만연

국민 10명 중 9명, 우리사회 갈등 심각

국민들도 우리 사회의 '집단갈등'이 매우 심각하다고 느끼고 있다. 10명 중 9명 이상은 진보와 보수의 갈등이 심각하다고 생각했는데, 절반 이상

---

222 서울경제, "사회적 불신이 성장률 갉아먹어 韓 갈등관리 비용만 매년 240조", 2019. 1. 20.

이 정치 성향이 다르면 연애나 결혼을 하지 않겠다고 답할 정도다. 전체적으로 사회 투명성에 대한 신뢰가 높지 않고, 정치 성향에 따라 소통의 단절도 큰 것으로 해석된다. 2023년 기준으로 국민 65.1%는 한국사회가 공정하지 않다고 생각하는 것으로 나타났다. '우리 사회는 공정한 편이다'라는 데 동의한 응답자는 34.9%에 그쳤다.[223]

영역별로 국민들은 기업의 성과 평가 및 승진 심사(57.4%), 사법·행정 시스템(56.7%), 신입사원 채용(43.4%), 대학입시(27.4%) 등 순으로 불공정하다고 느꼈다. 사회적 불공정이 발생하는 가장 큰 원인으로는 '기득권의 부정부패'(37.8%)라는 의견이 가장 많았다. 그리고 '지나친 경쟁시스템'(26.6%), '공정한 평가 체계의 미비'(15.0%), '공정에 대한 사람들의 낮은 인식'(13.0%), '계층이동 제한과 불평등 증가'(7.6%) 등이 뒤를 이었다. 이것은 사회의 투명성에 대한 신뢰가 높지 않음을 시사하는 결과다.

불공정이 심하다고 생각하는 영역

구 분	기업의 성과평가 승진심사	사법·행정 시스템	신입사원 채용	대학입시
응답률 (%)	57.4	57.4	43.4	27.4

자료: 한국보건사회연구원(2024)

윤석열 정부 출범 이후, 사회적 갈등 극심

사회 통합도는 낮아진 반면, 갈등도는 높아지는 것으로 나타났다. 사회 통합도는 10점 만점에 4.2점으로 2021년 4.59점에서 0.39점 하락했으나, 사회 갈등도는 2018년 2.88점에서 2023년 2.93점으로 높아졌다. 성

---

223 한국보건사회연구원, 「사회통합 실태진단 및 대응방안: 공정성과 갈등 인식」, 2024.

별로는 남성이, 연령대별로는 중장년이, 소득분위별로는 1분위(소득 하위 20%)가, 지역별로는 농어촌 거주자가 사회갈등 심각도가 높았다. 사회갈등에 대해 청년과 중장년층은 미래 삶의 불확실성 심화와 계층 간 사회적 이동성 단절을 주된 원인으로 보고 있었다. 노년층은 미래 삶의 불확실성 심화와 지도층의 도덕적 책임 부족을 더 중요한 원인으로 지적했다.[224]

한편, 사회갈등 중에 진보와 보수 간 정치적 갈등이 가장 심각한 것으로 나타났다. 우리 사회에서 진보·보수 갈등은 언제나 첨예한 갈등으로 꼽혔는데, 그 정도는 점점 심해지는 것으로 보인다. 응답자의 92.3%가 진보와 보수의 갈등이 심각하다고 생각하고 있었다. 정치 성향의 차이는 교제 성향에도 영향을 미치는 것으로 조사되었는데, 응답자의 절반 이상(58.2%)은 정치 성향이 다르면 연애나 결혼도 하지 않겠다고 답했다. 71.4%는 정치 성향이 다르면 사회활동을 함께하지 않겠다고도 했다. 진보와 보수 정치 성향에 따른 갈등에 이어 다음은 정규직과 비정규직 사이의 갈등(82.2%), 노사 갈등(79.1%), 빈부 갈등(78.0%), 대기업과 중소기업 사이 갈등(71.8%), 지역 갈등(71.5%) 등의 순이었다.

주요 갈등유형 순위(2023)

유 형	진보-보수	정규-비정규직	노사	빈부	대-중소기업	지역
응답률(%)	92.3	82.2	79.1	78	71.8	71.5

자료: 한국보건사회연구원(2024)

특히, 국민들은 윤석열 정부 출범 이후 갈등이 늘었다고 인식하고 있었다. 윤 정부 이후 과거 대비 갈등이 늘었다는 응답이 57.8%인 반면, 갈등

---

224 경향신문, "국민 65% "불공정"…'갈등' 쌓이는 한국", 2024. 8. 4.

이 줄었다는 응답은 10%에 불과했다. 그 이유로는 56.1%가 윤석열 정부가 야당이나 반대 세력과 협치를 하지 않기 때문이라고 지적했다. 다음 국정운영 기조 자체가 문제라는 응답자는 19.9%, 반대 세력이 갈등을 조장하기 때문이라는 의견은 15.9%였다.[225] 윤 정부가 집단 간 갈등을 줄이기 위해 노력하고 있지 않다는 응답도 73.1%나 되었다. 이는 윤 정부 출범 후 검찰, 감사원 등 권력기관을 동원해 야당이나 전 정부 인사를 겨냥한 대대적 사정에 돌입하고 경제, 부동산, 외교·안보 등 주요 정책에서도 국민적 여론을 거스르는 흐름과 관련성이 깊다는 분석이다. 이 정도면 보수 성향 응답자도 이 부분에 대해선 공감대가 형성된 것으로 볼 수 있다.

갈등이 늘었다고 생각하는 이유

갈등증가 이유	응답률 (%)
윤석열 정부가 야당이나 반대세력과 소통과 협치를 하지 않기 때문	65.1
윤석열 정부가 추진하는 국정운영 기조나 정책의 문제 때문	19.9
윤석열 정부의 국정운영에 대해 야당이나 반대세력이 갈등을 조장하기 때문	15.9
경제적, 사회적 환경이 나빠졌기 때문	7.1
기타 다른 이유	1.0

자료: 한국사회갈등해소센터(2024)

고소·고발 사건 해마다 최고치 갱신

우리 사회의 갈등 심각성은 고소, 고발 사건에서도 잘 보여 주고 있다. 2024년에는 검찰에 접수된 고소·고발 사건이 2021년 이후 최고치를 기록할 전망이다. 그러나 이 기간 동안 검찰에서 처분한 사건 중 기소까지

---

225 한국사회갈등관리센터와 한국리서치가 국민 1,000명을 대상으로 2023년 12월 27일에서 31일까지 실시한 '2022 한국인의 공공갈등 의식조사' 결과다. 한국사회갈등관리센터, 2022 한국인의 공공갈등 의식조사, 2024.

이어진 사건은 25%에 불과해 고소·고발 제도가 남용되고 있다는 지적이 나왔다. 2024년 1~9월 전국 검찰청에 접수된 고소·고발 사건은 총 46만 2,434건(경찰 송치사건 포함)이다. 고소·고발 사건 접수 건수는 2021년 40만 6,172건을 기록했다가 2022년 46만 3,937건, 2023년 48만 1,231건으로 점차 증가하는 추세다. 2024년 말에 가서는 60만 건을 넘길 것이라는 관측도 나온다.[226] 문제는 고소·고발 사건의 상당수가 혐의가 없거나 공소권이 없어 불기소 처분이 나는 사안이라는 점이다. 검찰이 2024년 9월까지 처분한 40만 3,735건 중 기소한 건수는 10만 2,284건으로, 기소율이 25%에 불과했다. 반면 불기소 건수는 13만 8,808건에 달한다.

오래전 자료지만 우리나라와 사법체계가 유사한 일본과 비교해 보면, 고소·고발 남용 현상이 더 뚜렷하다. 2010년 기준 우리나라는 인구 10만 명당 평균 1,068명이 고소를 당하고 있는데, 일본은 7.3명으로 무려 146.3배나 차이를 보인다. 2018년에는 이러한 차이가 217배로 더 커진 것으로 나타났다.[227]

검찰 고소·고발 사건접수 건수

구 분	2021	2022	2023	2014 (1~9월)
접수건수 (건)	406,172	463,937	481,231	462,434

자료: 중앙일보(2024. 11. 9.)

---

226 중앙일보, "올해만 50만건 고소·고발 남용 실태, 정작 기소는 25%", 2024. 11. 9.
227 윤동호, "고소고발사건 입건제도 개선 필요성", 「고소·고발사건 남용방지를 위한 입법토론회 발표자료집」, 한국형사·법무정책연구원, 2021. 12. 8.

고소·고발 남발되면서 법률시장 팽창

고소·고발이 남발되면서 법률시장도 급속하게 팽창해 왔다. 2022년 국내 법률 서비스 시장 규모는 약 8조 1,861억 원으로 2021년 대비 5.8%가량 성장했다. 10년 전과 비교하면 55%가량 규모가 커졌다. 이는 국세청의 법무법인과 개인 변호사의 부가가치세 과세표준 신고액을 기준으로 추산한 수치로, 지난 10년 동안 매년 5~10% 수준의 성장률을 나타냈다.[228] 법률시장 매출규모가 커진 만큼 우리 사회 갈등지수가 높다는 것으로 해석된다. 법률시장을 산업이라고 보는 법조계에서는 성장이라는 표현을 쓰고 있지만, 결코 달갑게 들리지는 않는다. 산업성장이 아니라 우리 사회가 부담하고 있는 갈등비용으로 봐야 옳다.

갈등은 사회적 신뢰와 직결되는 문제이다. 이러한 사회적 신뢰의 결여로 최대 250조 원 가까이 갈등관리 비용으로 쓰고 있다는 연구결과도 나와 있다. 삼성경제연구소(2013)는 1인당 GDP의 27%를 사회적 갈등관리 비용으로 쓴다며, 연간 최대 246조 원이 되며, 모든 국민이 매년 900만 원씩을 사회적 갈등 해소에 쓰고 있는 셈이라고 밝힌 바 있다.[229] 현대경제연구원도 사회갈등지수가 상승하면 1인당 GDP가 하락하는 상관관계가 확인됐다며, 사회적 갈등 수준이 OECD 평균 수준으로 개선된다면 실질 GDP는 0.2%p 정도 추가 상승할 것이라고 분석했다.[230]

---

228 더벨뉴스, "변협 8년 갈등봉합, 법률서비스 게임체인저 될까", 2023. 11. 9.
229 박준, "한국사회 갈등의 현주소와 관리방안", 「제2차 국민대통합 심포지엄」, 전국경제인연합회, 2013. 8. 21.
230 서울경제, "사회적 불신이 성장률 갉아먹어 韓 갈등관리 비용만 매년 240조", 2019. 1. 20.

4 갈등조장, 정치·사법·언론 기득권 집단

한국사회 갈등 원인으로는 여러 가지가 있겠지만, 대표적으로 기득권의 부정부패, 지나친 경쟁체제, 불공정성 등을 들 수 있겠다. 그리고 민간기업에서 인사문제, 사법 및 행정체제에 대한 신뢰가 매우 낮은 것으로 나타났다. 그리고 갈등을 조장하는 세력들에 대해 큰 우려를 나타내고 있다. 그들은 소위 말하는 기득권 집단들이다. 먼저, 정치집단이 사회적 갈등을 부추기는 경향이 크다는 지적이다. 엠브레인 트렌드모니터(2023) 조사에 따르면, 2022년에 82.3%였는데, 2023년에는 86.1%로 올랐다. 부추기는 것 이외에도 정치가 제 역할을 못 하고 있기 때문이라는 인식이 전년도 75.5%에서 2023년 84.4%로 한층 높아졌다. 이는 윤석열 정부 출범 이후 사회적 갈등이 더욱 첨예화된 경향이 있는데, 실제 그렇다는 의견이 지배적이다. 정부에 대한 국민 불신이 깊어지고 있다는 점에서 매우 우려되는 사안이다. 한편, 언론에 대한 비판 의식도 팽배했다. 전체 응답자 10명 중 8명(83.5%)이 한국의 사회적 갈등은 언론이 부추기는 경향이 있다고 평가했으며, 언론보도를 신뢰한다는 응답은 16.4%에 불과했다. [231]

그리고 2023년 10월, 한국리서치가 실시한 국민여론조사에 따르면,[232] 우리 사회에 전문직 중에 대해 국회의원(87.8%), 판사(87.2%), 검사(85.8%) 순으로 영향력이 크다고 응답했다. 그다음, 정부 관료(83.1%), 언론인(82.5%), 기업인(72.6%), 변호사(60.9%), 경찰(51.6%), 군인(22.7%)이 그 뒤를 이었다. 정치권을 대표하는 선출직 국회의원이 가장 큰 비중을

---

[231] 전국 만 19~59세 성인 남녀 1천 명을 대상으로 조사한 것이다. 엠브레인 트렌드모니터, 「2023 사회적 갈등 및 공동체 의식 관련 조사」, 2023. 9. 7.; 불만닷컴, "한국사회의 갈등양상, 성별, 정치 가장 심각", 2023. 9. 7.
[232] 한국리서치가 2023년 10월16일~18일간 전국 만 18세 이상 남녀 1,000명을 대상으로 한 조사 결과다.

차지하고 있지만, 직군으로 보면 판검사, 변호사 등 법조인의 영향력이 가장 큰 것으로 해석된다. 국가정책을 관장하는 정부관료, 국민여론을 형성하는 언론 등도 적지 않은 영향력을 갖고 있다고 응답했다. 실제 이들은 정치권력, 사법권력, 행정권력, 언론권력을 구축하고 우리 사회를 좌지우지하고 있다. 이들이 갈등의 해결사이어야 하는데, 오히려 조장하고 있다는 의심을 받는 이유도 여기에 있는 것으로 분석된다.

한편, 갈등을 해결해 나가는 방식에도 문제가 많다고 보고 있다. 전체 응답자 10명 중 8명(78.4%)이 갈등을 해결하는 과정에서 아직 선진국 수준에 미치지 못한다는 데에 동의했으며, 갈등이 자주 발생하는 원인으로는 역사적으로 공정하게 갈등이 수습된 경험이 부족했기 때문이라는 의견이 65.3%로 가장 많았고, 그동안 많은 갈등문제를 공권력에 의존해 온 탓이라고 지적한 의견도 64.6%나 되었다. 그리고 전체 응답자 중 80.4%가 시간이 걸리더라도 갈등 당사자 간에 충분히 토론하고 이해하려는 노력이 필요하다는 의견을 보였다.

갈등 원인과 해결 방식에 대한 인식

구 분	응답내용	동의율 (%)
갈등의 근본 원인	사회적 갈등은 자기 입장만 주장해서 생긴다.	83.6
	사회적 갈등은 서로 의견을 들으려 하지 않아 생긴다.	78.2
	사회적 갈등은 서로 양보를 안 하기 때문에 생긴다.	76.5
갈등의 해결 방식	아직 갈등 해결과정이 선진국 수준에 미치지 못한다.	78.4
	갈등이 자주 발생하는 이유는 공정하게 수습한 경험이 부족하기 때문이다.	65.3
	우리 사회는 많은 갈등을 공권력으로 해결해 온 경향이 있다.	64.6

주: 중복응답임.
자료: 트렌드모니터(2023)

그뿐 아니라, 갈등 해소를 위해 자신이 양보할 수도 있다는 미덕을 보이기도 했다. 만약 내가 갈등 상황에 놓여 있다면, 상대방의 의견을 충분히 들어 볼 용의가 있고(76.9%), 상대방의 의견에 납득이 간다면 손해를 보더라도 양보할 용의가 있다는 응답(60.3%)도 적지 않았다. 우리 사회 시민의식을 기대해 볼 수 있는 대목이다. 아울러 공동체 의식의 필요성에도 크게 공감하는 모습을 보였다. 전체 응답자의 86.3%가 한국사회 내 공동체 의식이 필요하다는 주장에 동의한 것으로 나타났다. 그러나 이러한 문제의식과는 달리 오늘날 '다른 사람들과 더불어 함께 살아가고 있느냐'는 질문에 대해서는 '그렇다'고 응답한 사람이 38.6%이고, '일체감을 느낀다'고 응답한 사람은 34.9%에 불과한 것으로 나타났다. 지금의 심각한 문제의식과 앞으로 해결 의지를 동시에 보여 주고 있다.

다원화되고 민주화된 사회에서 사회적 갈등은 자연스러운 사회현상이고, 어떤 면에서는 사회발전을 촉진하기도 한다. 그러나 우리 사회는 최근 지나치게 고조되었으며, 책임이 있는 집단에서는 관리는커녕 오히려 조장하고 부추겨 왔다. 최근의 이념 갈등은 윤석열 정부가 적대화의 극한으로 치달으면서 해결의 기미가 요원하다. 따라서 한국사회의 갈등의 현주소를 냉철하게 진단, 국민 갈등의 해소를 위한 생산적이고도 건설적인 정치 시스템의 정립과 정치 시스템을 혁신시킬 정치 지도자가 절실하다. 하루가 멀다 하고 수많은 고소·고발과 법정 공방으로 치닫는 진풍경이 벌어지고 있다. 책임 소재를 따지자면 간단하다. 언론에 자주 오르내리는 그 사람과 그 집단들이다.

18
한반도 평화와 번영, 언제쯤 우리는 하나가 될까

1 통일하기 좋은 조건 따로 없다

남북관계가 단절된 지 오래다. 분위기는 점점 험악해지고 통일에 대한 희망은 점점 멀어지는 느낌이다. 2018년 한반도를 뜨겁게 달궜던 남북관계는 정권이 바뀌면서 전에 없던 냉각기를 맞고 있다. 1971년 이산가족 협의를 위한 적십자 회담으로 남북대화가 시작된 이래 최장기간 단절이 지속되고 있다.[233] 2019년 하노이회담 결렬 이후 북미, 남북 사이에 협상 교착이 계속되고 있는 상태다. 게다가 윤석열 정부가 집권하면서 남북 간의 긴장은 더욱 고조되고 있으며, 남북대화, 남북교류, 한반도 평화 같은 말만 꺼내도 반국가 세력으로 낙인찍히는 실정이다.

정권이 바뀌면 남북 관계는 언제 그랬냐는 듯이 뒤집혀 왔다. 대북정책은 정권교체와 함께 정책의 지속성이 훼손되는 악순환을 가져왔다. 사실 미국이나 중국, 일본과의 외교보다도 안정적으로 관리되고 지속되어야 하는 것이 대북정책이고, 통일정책이다. 그러나 한반도 평화와 통일 노력의 과정에서 사라진 정치, 무력화된 민주적 절차로 인해 남북관계는 가다 서다를 반복해 왔다. 최근에도 과격한 보수세력이 주도하는 강경노선으로

---
233 김태경, "현재를 낯설게 하는 미래 그리고 과거와의 대화", 뉴스1, 2023. 9. 26.

인해 대결 국면은 더욱 격화되고 있다. 이러한 악순환이 반복되는 것은 불안한 일이다. 우리는 전쟁이 끝나지 않은 나라, 세계 어느 곳보다 위험한 한반도에 살고 있기 때문이다. 권력을 잡았다고 남북관계를 훼손하는 일은 없어야 하며, 정권과 상관없이 평화와 통일을 위한 노력은 일관되어야 한다.

평화를 원치 않는 사람은 없을 것이다. 그렇다면 통일을 원치 않는 사람도 없어야 말이 되는데, 오히려 원치 않는다는 여론이 점점 늘고 있다. 분단의 아픔을 겪은 세대가 일선에서 물러나고, 주변 국가들이 한반도 문제 해결에 비협조적이다 보니 통일에 대한 열망도 식어 가는 듯하다. 과거 1980년대까지만 해도 당시 대학생들은 "가자! 한라에서, 오라! 백두에서"를 외쳤다. 우리 가슴을 울렸던 가요 「홀로 아리랑」 가사에는 "우리네 마음들은 어디로 가는가, 언제쯤 우리는 하나가 될까"라는 간절한 소망을 담고 있다. 이처럼 통일은 이것저것 따질 것도 없이 우리의 숙명이었다. 이것은 하나의 핏줄, 언어, 역사를 형성해 온 민족사적 정당성이고, 이산가족의 아픔과 외세에 의한 강제적 분단에 대한 저항 의식에 기반한 통일 논리로서 1990년대 이전까지 주된 가치였다.

그러나 이제는 민족사적 가치와 열정보다는 현실적인 이유가 더 중시되고 있다. 따라서 평화담론과 실용주의적 당위론 측면에서 그 당위론을 강조할 필요가 있다. 전자는 궁극적 목표인 통일을 이루기 위해서는 전쟁의 위협에서 벗어나 평화체제를 구축하는 것이 중요하며, 한반도 평화와 번영이라는 공동목표를 지향하는 것이다. 후자는 폭넓은 공감을 얻기 위한 현실론으로서 통일의 정당성을 경제적 이익과 국력의 향상에 맞추는 것이다. 더욱이 세계화의 경제질서가 강화되면서 국가경쟁력이 가장 중요한 화두가 되었다.[234] 왜 통일을 이루어야만 하는가? 이 질문과 대답은 끊임

---

234 정일영, "정권 교체하면 리셋? 남북관계 이대로 안된다", 오마이뉴스, 2023. 9. 5.

없이 이어져야 한다. 평화와 번영, 국가경쟁력에 대한 논의도 자주 할수록 현실이 된다. 통일하기 좋은 조건은 따로 없다. 빠를수록 어려움이 줄고 부담도 적다.

2   통일의식: 경제적 부담, 사회적 불안

서울대학교 통일평화연구원(2023) 국민 의식조사에 따르면, 대체로 통일에 대해 남북이 하나의 국가로 합치는 것으로 보고 있지만, 약간의 다른 생각도 나타냈다.[235] 통일이라고 하면 가장 먼저 무엇이 떠오르느냐는 질문에 국민들이 제일 먼저 생각한 이미지는 '남북이 하나의 국가로 합쳐지는 것'이라는 응답 비중이 과반을 넘는 60.3%에 달했다. 이것은 정부가 '민족공동체 통일방안'에서 궁극적 목표로 상정하고 있는 '1민족, 1국가, 1체제, 1정부'의 통일국가를 국민 다수가 통일로 인식하고 있음을 의미한다. 이와는 달리 통일로 나아가는 과정에 해당할 수 있는 '사람과 물자가 자유롭게 왕래하는 것(21.3%)', '남북 간 경제협력이 심화되는 것(12.7%)', '가치, 문화, 교육이 서로 가까워지는 것(5.8%)' 등을 통일로 여기는 국민도 적지 않게 나타났다.

---

[235] 서울대학교 통일평화연구원은 2007년부터 2023년까지 여론조사 기관 갤럽에 의뢰해 전국에 거주하는 성인남녀 1,200명을 대상으로 통일에 대한 인식, 북한에 대한 인식, 정부의 대북정책에 대한 평가 및 태도 등을 조사해 왔다. 서울대학교 통일평화연구원, 2023 통일의식조사, 2023. 12. 21.

통일 형태에 대한 이미지

(단위: %)

구 분	2018	2020	2023
남북이 하나의 국가로 합쳐지는 것	58.1	62.9	60.3
남북 간 경제협력이 심화되는 것	14.8	13.3	12.7
사람과 물자가 자유롭게 왕래하는 것	19.3	17.7	21.3
가치, 문화, 교육이 서로 가까워지는 것	7.5	5.8	5.8
기타	0.3	0.3	0.0

자료: 서울대학교 통일평화연구원(2023)

남북통일의 필요성에 대해서는 시간이 지나면서 약화되는 것으로 나타났다. 통일이 '매우 필요하다'고 응답한 비중은 15.3%, '약간 필요하다'고 응답한 비중은 28.6%, '보통이다'라고 응답한 비중은 26.3%, '별로 필요하지 않다'고 응답한 비중은 24.2%, '전혀 필요하지 않다'고 응답한 비중은 5.7%이다. 한편 '매우 필요하다'와 '약간 필요하다'를 합한 응답 비중은 43.8%로 2007년 조사 시작 이래 가장 낮은 수준을 보이는 반면, '별로 필요하지 않다'와 '전혀 필요하지 않다'를 합한 응답 비중은 29.8%로 가장 높은 비중으로 상승했다.

통일의 필요성에 대한 인식

(단위: %)

구 분	매우 필요하다	약간 필요하다	그저 그렇다	별로 필요하지 않다	전혀 필요하지 않다
2007	34.4	29.4	21.1	12.7	2.4
2010	27.3	31.8	20.4	16.6	4.0
2015	21.6	30.4	24.5	17.8	5.8
2020	20.9	31.9	22.5	19.8	4.9
2023	15.3	28.6	26.3	24.2	5.7

자료: 서울대학교 통일평화연구원(2023)

이처럼 통일에 대한 국민들의 인식이 낮게 나타나고 있는데, 특히, 20대와 30대 젊은 층에서 두드러진다. 19~29세 연령대에서 통일은 '매우 필요하다'와 '약간 필요하다'를 합한 비중이 2018년 54.1%에서 2020년 35.3%, 2023년 28.2%로 계속 하락하고 있으며 반대로, '별로 필요하지 않다'와 '전혀 필요하지 않다'는 의견를 합한 비중은 2018년 17.6%에서 2020년 35.3%, 2023년 41.2%로 증가 추세를 보이고 있다. 30대의 경우도 통일이 '매우 필요하다'와 '약간 필요하다'를 합한 비중이 2018년 52.9%에서 2020년 43.0%, 2023년 34.0%로 하락하고 있으며, '별로 필요하지 않다'와 '전혀 필요하지 않다'를 합한 비중도 2018년 19.8%에서 2020년 30.8%, 2023년 35.0%로 증가하고 있다.

통일의 필요성에 대한 연령대별 인식

(단위: %)

구 분		19~29세	30대	40대	50대	60대 이상
매우 필요하다	2018	13.3	17.3	23.2	27.2	24.6
	2020	7.6	16.8	23.0	28.0	26.9
	2023	7.3	8.5	9.2	17.7	28.1
약간 필요하다	2018	40.8	35.6	35.4	42.2	37.5
	2020	27.7	26.2	35.9	34.9	33.6
	2023	20.9	25.5	33.1	34.2	27.5
그저 그렇다	2018	28.3	27.4	26.4	16.0	23.4
	2020	29.5	26.2	21.8	18.4	18.2
	2023	30.6	31.0	25.9	22.7	23.7
별로 필요하지 않다	2018	14.0	17.5	13.8	13.3	9.3
	2020	28.6	23.8	16.5	13.0	18.6
	2023	32.5	28.0	25.5	20.8	17.6
전혀 필요하지 않다	2018	3.6	2.3	1.1	1.2	5.2
	2020	6.7	7.0	2.8	5.8	2.8
	2023	8.7	7.0	6.3	4.6	3.1

자료: 서울대학교 통일평화연구원(2023)

통일을 이루어야 하는 이유와 관련해서는 '같은 민족이니까'라는 응답 비중은 낮아지고 있지만, '전쟁 위협을 없애기 위해'라는 응답 비중은 높아지고 있음을 알 수 있다. '같은 민족이니까'라는 응답 비중은 2007년 50.6%를 기록한 이후 계속 하락하여 2023년에는 최저치인 30.6%로 하락했다. 반면 '전쟁 위협을 없애기 위해'라는 응답 비중은 2007년 19.2%로 이후 계속 상승하여 2023년에는 38.9%에 이르렀다. 전쟁에 대한 국민들 불안감이 높아지고 있다는 의미로 읽히는 대목이다. 그리고 한 가지 주목할 점은 20대, 30대들은 다른 세대에 비해 '같은 민족이니까'라고 응답한 비중이 상대적으로 낮게 나타나고 있다는 사실이다. '같은 민족이니까'라고 응답한 비중이 각각 22.8%와 22.5%로 다른 연령대에 비해 상대적으로 낮게 나타나고 있다. 이러한 경향은 민족적 당위 차원에서 통일이 되어야 한다고 생각하는 국민이 20대와 30대를 중심으로 줄어드는 반면, 현실적으로 무언가 도움이 되어야 한다는 의식이 점차 늘고 있음을 시사한다.

다른 한편, 통일하지 말아야 한다고 생각하는 가장 이유는 '통일에 따르는 경제적 부담(33.9%)' 때문이며, 다음으로 '통일 이후 생겨날 사회적 문제(28.7%)', '남북 간 정치체제의 차이(20.0%)', '남북 간 사회문화적 차이(13.3%)' 등의 순이다. 수년 동안 이러한 인식은 변함없이 이어지고 있다. 그러므로 한반도 평화와 통일을 위한 국민적 공감대를 넓히기 위해서는 이 같은 경제적 부담과 사회적 불안감의 본질을 잘 파악해서 이해하고 해소하기 위한 노력이 중요하다.

통일을 이루어야 하는 이유

(단위: %)

구 분	2007	2010	2015	2020	2023
같은 민족이니까	50.6	43.1	41.9	37.3	30.6
이산가족의 고통을 해결해 주기 위해	8.9	7.0	11.5	7.4	10.7
남북 간 전쟁 위협을 없애기 위해	19.2	24.1	25.7	37.9	38.9
북한 주민도 잘 살 수 있도록	1.8	4.0	6.2	1.9	5.5
한국이 보다 선진국이 되기 위해서	18.7	20.7	14.1	15.3	14.3
기타/없다/모름/무응답	0.7	0.6	0.5	0.3	-

자료: 서울대학교 통일평화연구원(2023)

통일하지 말아야 하는 이유

(단위: %)

구 분	2018	2020	2023
남북 간 정치체제의 차이	19.2	21.1	20.0
남북 간 사회문화적 차이	13.7	13.4	13.3
통일에 따른 경제적 부담	35.2	34.8	33.9
통일 이후 발생될 사회적 문제	26.8	27.6	28.7
통일로 인한 주변국 정세 불안정	4.5	2.6	4.1
기타/무응답	0.7	0.6	-

자료: 서울대학교 통일평화연구원(2023)

3 경제적 관점: 남북한 경제통합은 한반도 번영

통일비용, 분단비용에 비할 바 못 돼

통일에 대한 논의를 진전시키다 보면 자연스럽게 통일비용과 분단비용을 비교하게 된다. 통일비용이라 함은 남북한이 통일된 이후 남한이 북한 경제가 자립할 수 있을 때까지 지원해야 하는 비용이나 통일 정부가 북한의 경제 수준을 남한의 수준 정도로 올려놓기까지 투자해야 하는 비용을 말한다.[236] 여기에는 북한의 이주민 대책이나 북한주민 기본생활 보장 비용, 북한의 사회간접자본과 산업부문 투자액, 북한이 갖고 있는 기존의 외채상환 비용 등이 포함된다. 반대로 분단비용은 남북한이 분단된 상태에 처해서 생기는 일체의 기회비용으로서 군사비와 외교비가 포함된다. 군사비는 군사장비, 정규병력 및 예비병력, 군사훈련 등에 투입되는 비용이며, 외교비용은 국제무대에서의 외교적 공방 및 남북한 체제 경쟁에 투입되는 비용이다.[237] 그리고 무형의 분단비용으로서 정치적·군사적 대치 상황으로 인한 증오심, 전쟁 위협, 이념적 갈등 등이 포함된다. 이러한 무형의 분단비용은 수치화하기 어려우나, 사회적이고 심리적인 손실과 피해가 큰 비용으로 나타난다.[238] 여기서 핵심은 분단비용은 말 그대로 버려지는 비용이지만, 통일비용은 한반도의 번영을 위한 투자적인 성격이 강하다는 점이다. 통일비용이 분단비용에 비할 바 못 되는 이유가 여기에 있다.

그리고 통일 이후의 경제적 효과 즉 얻을 수 있는 이익의 관점에서 보면 기대가 크지 않을 수 없다. 일단 통일이 되면, 지금까지 부담해 오고 있는 엄청난 분단비용이라는 지출항목은 사라진다. 이 자체가 경제적 이익이다. 그다음 통일 이후 비용·편익을 분석해 볼 수 있다. 국회예산정책처의 보고서에 따르면, 통일에 따른 경제적 부담은 2020년부터 2060년까지 기준으로 매년 103조 원씩 총 약 4,000조 원에 달한다. 통일비용이 그 정도라는 것이다. 하지만, 통일로 얻을 수 있는 경제적 효과는 같은 기간 연평균 321조 원씩 총 1경 4,451조 원에 이르는 것으로 분석했다.[239] 이 밖에

---

236 북한의 명목 국내총생산(GDP)은 약 36조 2,000억 원에 그쳤다. 남한의 1/60 수준이다. 1인당 국민소득 격차는 30배, 무역액 격차도 892배에 달한다. 통계청, 2023 북한의 주요통계지표, 2024.
237 통일부 북한정보포털, "분단비용", 2023.
238 예를 들어, 전쟁 위협은 국가신용 등급 평가에 부정적인 영향을 미치고, 이는 경제에 직접적인 손실로 이어진다. 그러나 무형의 분단비용은 우리 눈에 보이지도 않고, 수십 년 동안 지속되면서 무감각해지면서 별 문제의식 없이 지내고 있을 뿐이다. 통일부 북한정보포털, "분단비용", 2023.
239 국회예산정책처, 한반도 통일의 경제적 효과 토론회 보도자료, 2014. 11. 24. 머니투데이, 매년 100조, 통일 꿈 접어라? 300조씩 번다, 경제효과 상상초월, 2024. 10. 3.

도 북한 내 열악한 인프라를 개발하면서 얻는 경제적 파급효과도 막대할 것이다. 또 중국의 동북 3성 1억 3,000만 명의 경제권을 공유하는 엄청난 기회를 얻을 수 있으며, 지금 남한이 직면한 저출생·고령화, 저성장 등 여러 국가적 난제도 해결할 수 있다.

한반도 자원 활용과 네트워크 확대

통일 이후에는 우리나라가 사실상의 섬나라에서 대륙경제 국가로 변화하게 되고, 내수시장의 규모가 커져서 경제적인 가능성이 확대될 것으로 예상된다. 또한, 산업 수명주기가 연장되고 중간 단계를 뛰어넘는 급격한 성장이 이루어질 것으로 예상된다.[240] 그리고 통일 한반도는 북한지역에 잠재된 많은 양의 지하자원을 개발함으로써 '지하자원 부국'으로 변모할 수 있다. 현재 남한은 대부분의 지하자원을 수입에 의존하고 있다. 그러나 한반도 북부지역에는 마그네사이트, 석탄, 철광석, 우라늄, 금 등이 풍부하게 매장되어 있으며, 특히 첨단제품 생산에 필요한 희토류도 상당량 보유하고 있다고 알려져 있다. 이러한 지하자원을 효과적으로 활용한다면 에너지와 자원의 수입의존도를 크게 낮출 수 있으며, 중국, 러시아, 일본, 동남아시아 등으로 자원을 수출할 수도 있다.

또한, 통일 한반도는 북부지역에 대한 관광 수요와 동북아시아의 연계관광 중심지, 관광대국으로 부상할 수 있다. 과거 독일의 통일 이후 외국인 관광객이 크게 늘어난 것처럼 통일 한반도 역시 '평화관광의 메카'로 거듭날 수 있다. 특히 북한지역은 오랜 기간 외국인의 접근이 제한되어 있었기 때문에 통일 이후에는 전 세계인의 관심이 집중될 수 있다. 게다가 부산, 원산, 나진, 인천과 같은 동해안, 서해안 항구도시들은 해상 크루즈관광 루

---

240 현대경제연구원, 「통일 한국의 12대 유망산업」, 2014. 5.

트로 활용할 수 있으며, 시베리아횡단철도(TSR)와 중국횡단철도(TCR)를 이용한 철도여행이 가능해지면서 관광 허브로 발전할 수 있다. 전 세계를 대상으로 해상교류가 더욱 활성화되고, 육상교역이 가능해질 수 있다.[241]

4 사회문화적 관점: 이념갈등 해소, 한류

이산가족의 아픔과 이념갈등 해소

통일 한국은 분단으로 인해 겪고 있는 이산가족의 아픔을 치유하는 계기가 될 것이다. 2021년 12월 31일 기준, 통일부 '이산가족정보통합시스템'에 등록되어 있는 이산가족상봉 신청자 총 133,619명 중 생존자는 46,215명, 사망자는 87,404명으로 사망자 숫자가 생존자의 2배에 가깝다. 2020년 12월 31일 당시 사망자 총계는 83,954명이었으므로, 1년 만에 약 3,450명이 가족을 만나지 못한 채 세상을 떠난 것이다. 이산가족들의 고령화로 인해 생존자 대비 사망자 비율은 계속해서 증가할 것으로 예상된다. 또한 납북자 가족과 북한에 가족을 두고 온 북한이탈주민들도 고통을 겪고 있다. 통일은 바로 이들의 고통을 해소하고 치유하는 길이다.

또한 분단시대가 낳은 이념적 대립과 사고의 획일화 그리고 편견에서 벗어나 민족 구성원 개개인의 가치관과 생활양식이 존중되는 문화적 다원주의 실현이 촉진될 것이다. 남북분단은 그동안 우리 민족 내부의 이념대립을 야기하고, 권위주의와 집단 간 대립, 차별의식, 사고의 획일화 등을 촉발하여 개인의 의식과 사회의 다양성을 제한해 왔다. 특히 남한의 수구

---

241 시베리아횡단철도(TSR)는 러시아 모스크바의 야로슬라브스키역에서 블라디보스토크역 구간 9,288.2km를 연결하고 있다. 단일 철도노선으로는 세계 최장거리다. 중국횡단철도(TCR)는 중국 동부에서 중앙아시아와 러시아 지역을 거쳐 유럽까지 8,613km에 이르는 국제철도로서 동서양 교역로이자 문명을 교류한 실크로드를 따라 철도를 놓았다고 해서 新실크로드 또는 철의 실크로드라고 불린다.

권력자들은 낡은 이념논쟁을 촉발시키고 분단 상황을 자신들의 기득권을 지키는 수단으로 악용해 왔다. 따라서 남북통일을 이루게 된다면 이러한 악행의 고리를 끊고, 상호신뢰와 존중의 정신이 발현될 것이며, 다양한 문화가 조화롭게 공존하는 가운데 개인의 자율성과 창의성이 증진될 것이다.

지속가능한 한류, 세계적인 트렌드 선도

우리 민족의 전통문화를 보전하고 활용하여 통일의 계기가 되는 동시에, 남북이 각각 형성하고 발전시킨 현대문화를 창의적으로 융합하여 새로운 한반도 문화를 창출할 수 있다. 통일 독일의 사례를 봐도, 1989년 베를린 장벽이 무너지고 독일 통일이 이루어지면서 베를린은 새로운 에너지를 얻었다. 세계적인 예술가, 음악가, 기업가들이 모여들어 창의성과 발명의 중심지가 되었다. 또 일렉트로닉 음악과 실험예술의 상징이 되었으며, 과거와 현재가 얽혀 있는 독특한 개성을 가지고 있다.[242] 통일 한국의 서울과 평양에서도 이러한 창조적인 연출이 가능할 수 있다.

특히 오늘날 한류의 세계적인 영향력이 통일 한국으로 이어진다면 문화 콘텐츠가 더욱 풍부해지고, 한류가 세계적인 트렌드를 선도할 수 있다. 당초 한류는 국내에서 이미 인기가 입증된 드라마나 영화가 해외로 수출되면서 시작되었다. 이러한 형태의 한류는 일본, 몽골, 중화권, 이슬람권, 동남아 등지에서 큰 인기를 얻었다. 하지만 K-pop이 이끌고 있는 신한류는 한국에서 인기가 형성된 뒤 해외로 퍼지는 것이 아니라 전 세계에서 동시다발적으로 소비되는 양상을 보인다는 게 특징적이다. 유튜브를 비롯한 소셜미디어가 한류를 전파하는 핵심 수단으로 떠올랐기 때문이다. 이것은 한류의 영향력이 더욱 확장될 수 있음을 의미한다.

---

242 도시역사문화점프, "독일 베를린 역사, 문화강국 개성이 넘치는 도시", 세계 도시탐험, 2023. 10. 2.

그러나 한류의 절대다수가 대중문화에만 국한되었다는 점에서 한계가 있다. 한류의 구성요소 대다수는 감정적으로 세계인을 즐겁게 하는 것은 사실이다. 그러나 물질주의 등과 같은 형이하학에만 신경 쓸 뿐이라는 지적이 있다. 경희대 이만열(2013) 교수가 주장한 바와 같이, 한때 문화적으로 강대했던 만주족이 정작 그들만의 철학 및 사상과 같은 형이상학적 요소에는 무관심함으로써 그들 문화가 흔적도 없이 사라졌다.[243] 이런 관점에서 본다면 한류 역시 한민족 또는 한반도의 정신과 문화를 관통하는 문화콘텐츠로 이어질 때 지속 가능할 것이며, 이것은 남과 북이 역사·문화자원을 공유할 때 충분히 뒷받침될 수 있다. 통일 한국에서 세계적인 트렌드를 이끌어 갈 수 있는 강력한 소프트 파워가 나올 수 있다는 얘기다.

5 세계사 관점: 민족국가 완성, 대륙국가로 발전

현대적 민족국가 완성

통일은 일제 강점기와 분단이라는 비극적인 역사를 해소하고 현대적인 민족국가를 구축하는 것을 의미한다. 통일로 완성되는 민족국가는 폐쇄적인 민족주의나 자민족 중심주의가 아니라 문화적 다양성을 존중하는 열린 민족주의를 추구함으로써 자유, 평등, 인권 등 인류의 보편적 가치를 존중하는 선진국가로 성장할 수 있다. 또한, 한반도는 동북아시아와 세계의 평화와 번영을 선도하는 국가로 발전할 것이다. 또한 통일 후에는 남북 간의 소모적인 외교전을 종결하고, 통일 한반도의 이익을 우선으로 하는 정책으로 전환할 수 있다.

그리고 통일 한반도는 냉전시대의 갈등을 평화적으로 극복한 역량과 민

---

243 임마누엘 페스트라이쉬(이만열), 『한국인만 모르는 다른 대한민국』, 21세기 북스, 2013.

족적인 결집력을 바탕으로 동북아시아와 세계의 평화와 번영에 기여할 수 있다. 미국, 일본 등 해양세력과 중국, 러시아 등 대륙세력의 대립이 더욱 심화되고 있는 21세기 동북아시아에서 다자 평화안보체제를 확립하는 '평화의 가교' 역할을 담당하며, 동북아시아 지역의 공동 번영을 선도할 수 있다. 또한, 비핵화와 평화를 추구하고 이룬 나라로 세계 평화의 사례가 될 것이다.[244]

이 밖에도 통일은 재외동포들의 삶에도 긍정적인 영향을 줄 수 있다. 외교부 공식 집계에 따르면 2020년 12월 현재, 해외에 거주하는 재외동포는 193개국 732만 5,143명이다. 국가별로는 미국 263만 3,777명, 중국 235만 422명, 일본 81만 8,865명, 캐나다 23만 7,364명, 우즈베키스탄 17만 5,865명, 러시아 16만 8,526명, 호주 15만 8,103명, 베트남 15만 6,330명, 카자흐스탄 10만 9,495명 순이다. 남북분단과 국제사회에서의 경쟁, 동포사회의 이념적 분열 등으로 인해 이들의 역량이 분산되고 위축되어 있다.

섬나라 남한, 한반도 대륙국가로 변모

지금 우리는 북쪽 휴전선을 넘을 수 없다. 삼면의 바다에 한 면은 철책선이다. 반도 국가이자 유라시아 대륙의 일원이면서도 분단으로 인해 지경학적 이점을 누리지 못하고 있다. 남북한이 분단되지 않았더라면 한반도는 대륙과 대양을 연결하는 가교역할을 할 수 있을 것이다. 지금의 남북한은 섬보다도 못한 불리한 여건 속에서, 물류망 연결로 얻을 수 있는 편익을 누리지 못할 뿐만 아니라 막대한 추가 비용을 감수하고 있다. 그렇지만 통일 한반도는 중국, 러시아 등 대륙국가와 미국, 일본, 동남아시아 등

---

244 통일부 국립통일교육원, 「2022 통일문제의 이해」, 2022. 2.

해양국가를 연결하는 교통의 요지가 되면서 동북아시아 무역·물류기지로 부상할 수 있다.

그동안 남북은 2000년대부터 분단 이후 끊어져 있던 경의선·동해선 철도·도로 연결 사업을 진행함으로써 동북아시아 무역·물류기지로 부상할 수 있는 물적 기반을 갖추는 데 힘을 기울여 왔다. 여기서 지난 문재인 정부의 신북방정책을 주목할 필요가 있는데, 신북방정책은 중국의 일대일로(一帶一路),[245] 러시아의 신동방정책 등 주변 국가들의 움직임에 대응하여, 해양과 대륙을 잇는 가교 국가의 정체성을 회복하고 북방지역을 새로운 '번영의 축'으로 삼는 것을 목적으로 한 핵심적인 대외정책 중 하나였다. 즉, 동북아 주요국 간 다자협력을 제도화하고 나아가 한반도·유라시아 지역을 연계해 나가는 정책이다.[246] 섬나라 같은 남한이 통일 한반도로 여세를 몰아 대륙 국가로 부상하는 꿈을 실현할 수 있다.

6 대북 강경론, 통일 비관론 경계

남북문제와 남북통일에 대한 접근은 언제나 신중하게 다루어져야 한다. 그런데 최근 국내 상황이 매우 위태롭다. 윤석열 정부는 출범 이후 북한의 비핵화를 명분으로 강경한 대북정책을 채택하며, 한반도의 군사적 긴장을 고조시키고 있다. 정부는 한미 연합군사훈련의 규모와 강도를 대폭 강화

---

245 중국 주도의 '新실크로드 전략 구상'으로, 내륙과 해상의 실크로드경제벨트를 지칭한다. 35년간 (2014~2049) 고대 동서양의 교통로인 현대판 실크로드를 다시 구축해서 중국과 주변국가의 경제·무역 합작 확대의 길을 연다는 대규모 프로젝트다. 2013년 시진핑의 제안으로 시작되었으며, 2021년 현재 140여 개 국가 및 국제기구가 참여하고 있다. 내륙 3개, 해상 2개 등 총 5개의 노선으로 추진되고 있다.

246 자원이 풍부한 동시베리아와 극동지역을 개발해서 러시아의 경제발전 및 아시아·태평양 지역으로 진출을 도모하는 것을 말한다. 푸틴(Vladimir Putin)이 2015년부터 신동방정책의 일환으로 매년 블라디보스토크에서 동방경제포럼을 개최하는 것도 이 때문이다.

했고, 이는 북한을 불필요하게 자극하는 결과를 초래했다. 과거 대화를 통해 긴장을 완화하려 했던 접근법과 달리, 군사적 압박을 우선시하는 태도를 보였다. 특히, 일부 민간 단체의 대북전단 살포에 대해 사실상 묵인하는 모습을 보인 점은 북한의 강한 반발을 불러일으켰다. 이는 남북 간 긴장을 더욱 심화시키며, 우발적 군사 충돌의 가능성을 높였다는 비판을 받고 있다.

외교적으로는 미국과 일본과의 군사 동맹 강화를 적극 추진하며 기존의 균형외교를 사실상 포기했다. 이는 중국과 러시아 등 주변 강대국을 견제하려는 전략으로 보이나, 한반도와 동북아 지역의 불안정을 더욱 심화시킬 위험이 크다는 우려를 낳고 있다. 이러한 정책 기조는 한반도를 전쟁의 위험에 더욱 가까이 몰아넣는다는 비판이 국내외에서 제기되고 있다. 이는 한반도 평화를 위한 노력보다 갈등의 악순환을 초래할 가능성이 높다는 점에서 심각한 우려를 자아낸다.

한편, 일부에서는 이제 더 이상 통일을 추구하지 말고, 남북이 각자 존중하고 협력하며 따로 사는 방안을 주장하기도 한다. 이들은 윤석열 정부가 군사적 힘에 의한 평화를 강조하면서 남북 간 대립과 갈등을 더욱 악화시키고 있으며, 북한도 남북 관계를 적대적 두 국가 관계로 공식 규정한 상황에서 통일의 가능성은 점점 더 멀어졌다고 주장한다. 악화된 남북 관계를 현실로 받아들이고, 더 이상 통일을 꿈꾸기보다는 각자 독립된 국가로 살아가자는 얘기다. 체제가 다른 두 국가가 국경선을 맞대고 상호 존중과 협력이 가능하다는 말인가? 분단을 고착화하자는 말과 다를 바 없다.

남북분단의 고착화 과정 4단계

구 분		분단성격
1단계	1945년 미·소 38도선 분할점령	국토·영토의 분단
2단계	1948년 두 개 정부수립 출범	정부·체제·제도의 분단
3단계	1950년 6.25 한국전쟁 발발	민족감정·민족정서의 분단
4단계	1991년 남북한 UN 동시가입	국제법적 국가의 분단

자료: 윤황(2006)

한반도 분단은 4단계에 걸쳐 고착화되었다. 윤황(2006) 연구에 따르면, 1945년 제2차 세계대전 이후 강대국들에 의해 지리·영토적 분단이 강요되었고, 1948년 남북한 각각 단독정부 수립으로 정치·제도적 분단이 이루어졌다. 1950년 동족상잔의 6.25 전쟁으로 인해 민족적 분단은 더욱 굳어졌으며, 1991년 남북한이 UN에 동시 가입하면서 국제법적 두 개의 국가로 규정되었다. UN은 오로지 주권 국가만이 가입할 수 있기 때문이다.[247] 이러한 분단 고착화 단계를 언급한 이유는 윤석열 정부의 극단적 대결노선이 다음 단계의 분단 고착화를 초래할 수 있다는 우려 때문이다. 이와는 별개로 2개 국가론 같은 무책임한 주장도 통일에 대한 신념을 약화시킬 수 있는 틈새가 될 수 있으므로 경계해야 마땅하다.

---

247 윤황, "남북분단의 고착화", 행정안전부 국가기록원, 2006. 12. 1.

19
저출산·고령화 극복, 생산성 제고와 생산인구 확대

1   저출산 현상과 고령화의 문제

우리나라 인구는 지난 2020년 5,184만 명을 정점으로 출생자보다 사망자가 많은 자연감소가 시작되었다. 저출산·고령화 현상이 가속화되면서 2070년에는 3,700만 명 수준으로 1,400만 명가량 감소하는 것으로 나타났다. 저출산의 여파다. 저출산 문제를 대수롭지 않게 바라보는 관점에서는 4차 산업혁명으로 인해 인공지능, 로봇기술로 자동화를 이루어 내면 인구 과잉의 부작용이 오히려 크다는 주장도 있다. 그러나 저출산도 저출산 나름이다. 한국의 경우 고령화 속도가 워낙 빠르고, 합계출산율이 OECD 평균에 미치지 못하는 초저출산 국가라는 점에서 큰 문제가 아닐 수 없다.

2022년 기준, 한국의 합계출산율은 0.78인데 이는 OECD 국가 중 압도적 최하위인 것은 당연하고 UN 회원국 중에서도 가장 낮은 수준이다. 사실상 전 세계에서 가장 낮은 수치다. 만성적인 저출산에 시달리는 이웃 나라 일본의 경우에도 1.27을 기록하여 한국과 1.63배 수준으로 차이가 난다. 무엇보다 한국은 신생아 수 25만 명 선까지 무너지면서, 앞으로 10년 안에 20만 명 선이 붕괴되는 것을 걱정해야 하는 처지다.[248]

---

[248] 일본도 저출산을 겪기는 했지만, 한국처럼 출산율이 수년간 1을 밑도는 수준으로 극단적인 저출산을 경험한 적은 없다. 이대로 저출산 경향이 지속된다면 한국의 생산가능인구 감소 속도는 일본이 경험한 속도 2배가 될 것으로 전망된다.

과도한 노인 인구로 인한 초고령화도 적지 않은 부담이다. 한국은 2070년 노인인구가 생산가능인구를 초월할 것으로 예상되며, 홍콩 다음으로 노인 비율이 많은 나라로 꼽혔다.[249] 노인인구의 증가는 가구 단위에서 노부모 부양에 따른 경제적, 비경제적 비용을 증가시킨다. 국가적 차원에서도 인구구조의 고령화는 복지수요를 증가시키고, 젊은 노동인구의 노인부양 부담의 증가를 유발한다. 비생산활동 인구의 증가는 국가적 차원에서 경제구조의 생산성을 크게 약화시키고, 이러한 경제구조의 변화는 저축률을 떨어뜨려 산업생산에 대한 투자를 감소시킨다.

영국 옥스퍼드대 데이비드 콜먼(David Coleman) 교수가 "저출산으로 지구상에서 사라지는 최초의 국가는 한국일 것"이라고 주장한 때가 2006년이다. 그는 당시 유엔 인구포럼에서 한국을 '1호 인구소멸국가'로 전망하면서 '코리아 신드롬'이라는 용어를 만들어 내기도 했다.[250] 한국이 저출산 대응 예산을 본격적으로 투입한 것도 바로 2006년부터다. 역대 정부는 2006년부터 2021년까지 280조 원가량을 투입했다. 하지만 출산율은 오히려 뚝 떨어졌다.

지금까지 추진해 온 저출산 대책은 왜 효과를 거두지 못했을까? 잘못된 대책일 수도 있고, 그 정도로는 부족했을 수도 있겠다. 또 다른 대책이나 방법은 없을까? 지금의 시점에서는 저출산 대책에 대한 점검이 필요하고, 인구문제에 대한 접근방법에 대해서도 재검토가 요구된다.

---

249 한국에 이어 일본, 이탈리아, 스페인, 대만, 그리스, 싱가포르, 슬로베니아, 태국, 독일, 중국, 핀란드, 네덜란드, 캐나다 순으로 노인국가 대열에 올랐다.
250 David Coleman, "저출산 위기와 한국의 미래: 국제적 시각에서 살펴보는 현실과 전망", 「국가소멸을 부르는 한국의 초저출산, 세계적 석학에게 묻는다」, 한반도미래인구연구원, 2023. 5. 17.

2 2040년 4천만, 2070년 3천만 명대 추정

앞으로 약 50년 뒤 우리나라 인구는 3천만 명대로 급감할 것이란 전망이다. 통계청(2023) 보고서에 따르면, 2030년 5,120만 명으로 줄고 2040년대에 4천만 명대로 급락한 후, 2070년에는 현재의 3분의 2 수준인 3,766만 명으로 감소한다는 것이다. 인구가 너무 많아 걱정이던 때도 있었는데, 이제는 줄어드는 것이 문제이다. 1960년 우리나라 인구는 2,500만 명이었고 1967년 3천만, 1984년에는 4천만이었다. 다른 나라들을 보면, 인도와 중국처럼 14억이 넘는 나라가 있는가 하면, 덴마크, 핀란드, 노르웨이, 뉴질랜드처럼 500~600만 명에 불과한 나라도 있다. 우리나라 인구수는 세계 29위로서 결코 작은 나라는 아니다.

그렇다면 적정한 인구규모는 몇 명일까? 한 나라의 적정인구라 한다면 일반적으로 기술, 자본, 노동 등 다양한 생산 요소를 최대한 활용할 수 있는 인구규모를 말하며, 국가의 지속 가능한 발전과 삶의 질을 고려하여 사회복지 수준을 갖출 수 있는 규모라고 할 수 있다. 적정인구에 비해 적은 과소인구는 노동력 부족과 협소한 시장규모에 따른 불이익을 발생시키며, 낮은 출생률은 미래의 노동력 부족으로 이어진다. 한편, 인구 부양력을 넘는 과잉인구는 식량 및 자원 부족 문제와 사회 전반의 복지 수준을 낮추는 문제를 가져온다.

한국은 인구 1960~70년대와 같은 3천만 명대로 줄어드는 것인데, 무엇이 문제일까? 우리나라의 경제적 상황이나 기술, 자본 등에 비해 너무 빠르게 감소하고, 노인인구 비중이 급속하게 높아지는 것이 문제다. 2023년 18.4%를 차지하는 고령인구가 2070년이면 46.4%로 2.5배 가량 증가하면서 인구의 절반 가까이 차지하게 된다. 경제활동인구보다 부양인구가 더 많은 심각한 초고령사회에 직면하는 것이다.

총인구수 및 인구구조 변화추이

(단위: 만 명, %)

구 분	2020	2023	2030	2040	2050	2060	2070
총 인 구	5,184	5,156	5,120	5,019	4,736	4,262	3,766
0~14세	631 (12.2)	569 (11.0)	433 (8.5)	443 (8.8)	417 (8.8)	327 (7.7)	282 (7.5)
15세~64세	3,738 (72.1)	3,637 (70.5)	3,381 (66.0)	2,852 (56.8)	2,419 (51.1)	2,066 (48.5)	1,737 (46.1)
65세 이상	815 (15.7)	950 (18.4)	1,306 (25.5)	1,725 (34.4)	1,900 (40.1)	1,868 (43.8)	1,747 (46.4)

자료: 통계청 KOSIS(2023)

　노령화 지수는 저출산·고령화 현상을 적나라하게 보여 준다. 즉, 0세에서 14세까지의 유소년층 인구에 대한 65세 이상의 노령층 인구의 비율을 수치로 나타낸 것이다. 통계청 자료에 따르면, 2013년 81.5에서 2023년 167.1로 최근 10년간 2배 이상 증가한 것으로 나타났다. 게다가 2015년 93.0, 2020년 129.3으로 노령화 지수 상승 폭은 해를 거듭할수록 점점 더 커진 것으로 나타났다. 이 추세로 간다면 2070년에 가서는 노령화 지수가 600을 넘길 것으로 예측된다. 이에 따라 총부양비가 지속적으로 상승할 것으로 보인다. 특히, 유소년 부양비는 감소하는 반면, 노인부양비는 급속하게 증가할 것으로 예상된다.[251] 2023년을 기준을 할 때, 생산연령인구 100명이 노인 26.1명을 부양 중인 것으로 나타나는데, 이것이 2070년에 가서는 일대일을 넘어서게 된다.

---

251 노령화 지수는 14세 이하 대비 65세 이상 인구 비율이다. 총부양비는 생산연령인구(15~64세)에 대한 유소년인구(0~14세)와 노인인구(65세 이상) 합의 백분비, 유소년부양비는 생산연령인구(15~64세)에 대한 유소년인구(0~14세)의 백분비, 노년부양비는 생산연령인구(15~64세)에 노인인구(65세 이상)의 백분비다.

노령화지수 및 부양비 변화추이

구 분		2020	2023	2030	2040	2050	2060	2070
노령화지수		129.3	167.1	301.5	389.5	456.2	570.6	620.6
부양비 (%)	총 부양비	38.7	41.8	51.4	76.0	95.8	106.3	116.8
	유소년 부양비	16.9	15.6	12.8	15.5	17.2	15.8	16.2
	노년 부양비	21.8	26.1	38.6	60.5	78.6	90.4	100.6

자료: 통계청 KOSIS(2023)

3 합계출산율의 경고, 잘못 쓰인 저출산 예산

저출산 예산 280조, 많은 것은 아닌데

우리나라 합계출산율이 2023년 역대 최저인 0.72명으로 주저앉았다. 경제협력개발기구(OECD) 회원국 중 가장 낮은 수치다. 정부는 2022년까지 16년간 280조 원가량의 저출산 대응 예산을 쏟아부었지만, 출생아 수는 오히려 10년 전 절반 수준인 24만 명 아래로 떨어져 '밑 빠진 독에 물 붓기'라는 비판 여론이 높았다.

그러나 우리나라가 출산율을 끌어올리는 데 지출한 예산의 액수는 프랑스, 독일, 일본, 영국, 미국 등 다른 주요국과 비교하면 턱없이 적은 금액이라는 것이 사실이다. 실제 2019년 기준 우리나라의 국내총생산(GDP) 대비 공공사회복지지출은 출산율 반등에 성공했다고 알려진 프랑스(31.0%), 독일(25.9%)의 절반 이하다. OECD 자료에 따르면 2019년 기준 국가별 GDP 대비 공공사회복지지출을 볼 때, 우리나라는 12.2%에 불과하다. 1990년 2.6%에서 2019년 12.2%로, 그나마 증가했지만, OECD 평균 20.0%의 절반을 조금 상회하는 수준이다. 해당 지출액이 우리보다 낮은 OECD 회원국은 전체 38개국 중 튀르키예(12.0%), 칠레(11.4%), 멕시코(7.5%)뿐이다.[252] 그리고 합계출산율 1.47명(2020년 기준)을 웃도는 프랑스의 경우 GDP 대비 31.0%의 재정을 공공사회복지지출에 쓰고 있다. 1989년 출산율 1.57명을 기록한 이후 1994년부터 이른바 '에인절플랜'을 시행한 일본도 GDP 대비 22.3%를 공공사회복지지출에 쓴다. 그래서인지 2021년 기준 일본 출산율은 1.3명으로, 한국보다 높다.

주요 국가별 사회복지지출 비중(2019년 기준)

(단위: %)

구 분	GDP 대비	정부지출 대비
프랑스	31.0	55.8
이탈리아	28.2	56.7
독 일	25.9	57.1
스페인	24.7	58.1
일 본	22.3	57.7
영 국	20.6	49.8
미 국	18.7	48.0
캐나다	18.0	43.0
호 주	16.7	45.6
네덜란드	16.1	39.1
한 국	12.2	34.5

자료: OECD(2019), 헤럴드경제(2023)

무늬만 저출산 예산, 실효성 있을 리 만무

정부가 인구변화에 대응해 2006~2021년 280조 원의 재정을 투입했으나 저출산 추세를 반전하는 데 실패했다. 출산대책 예산의 절대액이 주요국과 비교해 적은 것도 원인이지만 더 큰 문제는 무늬만 저출산 예산이 사례가 적지 않기 때문이다. 제대로 쓰이지 않았다는 얘기다. 역대 정부가

252 헤럴드경제, "저출산 예산 280조, 여태까지 잘 못 썼다", 2023. 3. 11.

저출산 대책과 큰 상관 없는 사업들까지 예산에 마구잡이로 집어넣어 금액만 늘었을 뿐 실속 있는 저출산 대책은 부족했다.

실제 엉뚱한 사업이 저출산 예산으로 진행되었다. 2022년 예산에 포함된 '그린스마트스쿨 조성' 사업에서 1조 8,293억 원을 가져갔다. 이 사업은 낙후지역 학교를 리모델링하는 사업이다. 정부 역점사업이란 이유로 예비타당성 조사마저 면제했다. 낙후지역 학교 리모델링이 출산율 제고에 얼마나 보탬이 도무지 알 수 없는 일이다. 상식적으로 이해가 가지 않는 예산은 더 있다. 청년 자산 형성을 돕는 '내일채움공제사업'에도 1조 3,098억 원의 예산이 들어갔다. 이 역시 출산율 제고와 부합한다고 보기 어렵지 않은가. '청년 대책'이라는 이유만으로 저출산 대책으로 꿰어 맞춘 것이다. 3,248억 원이 들어간 디지털 분야 '미래형 실무인재 양성'사업도 마찬가지다. 사업명만 들어도 저출산 대책과는 아무런 상관이 없다는 것을 알 수 있다. 심지어 첨단무기 도입을 위한 예산 987억 원조차도 저출산 예산에 포함되었다. 저출산·고령화로 군입대 인구가 줄어드는 만큼 첨단무기를 늘려야 한다는 것이 포함된 이유다. 누가 봐도 저출산 대책을 구실로 국방비로 쓰인 사례다. 이렇다 보니 2006년 2조 1,445억 원이던 저출산 대응 예산의 규모가 2021년 46조 6,846억 원까지 늘었다고 하지만 실효성이 있을 리는 만무하다.

저출산 예산에서 가장 큰 비중을 차지하는 주거지원 예산의 경우는 주택 구입 및 전세자금 융자로 '빌려줬다가 돌려받는' 예산이다. 주택도시기금에서 청년과 신혼부부들에게 시중보다 낮은 금리로 주택 자금을 대출해주는데, 이를 모두 저출산 예산으로 잡는 바람에 부풀려졌다는 지적이다. 교육부의 산·학·연 협력 선도대학 육성과 초중고 태양광 발전시설 설치 등 그린 스마트스쿨 사업비도 들어 있다. 국방부의 군무원과 부사관 인건비

증액, 여성가족부 디지털 성범죄 피해자 지원 사업비도 저출산용이다.[253] 말이 안 되는 얘기다.

논란이 된 저출산 예산(2022년 예산)

(단위: 억 원)

사업명	예산
그린스마트스쿨 조성	1조 8,293
청년내일채움공제 지원	1조 3,098
디지털 분야 미래형 실무인재 양성	3,248
첨단무기 도입	987

자료: 저출산고령사회위원회(2023), 헤럴드경제(2023)

저출산 예산은 시작할 때부터 어처구니없는 사업들로 짜였다. 지난 2007년부터 2010년까지 문화체육관광부는 '가족단위 여가문화 지원' 사업을 저출산 예산으로 올렸다. 5년간 지출한 금액은 1,383억 원이다. 이 사업은 템플스테이 운영지원과 향교의 전통예절 강좌 등으로 구성되었다. 또 '학교의 문화예술교육 활성화' 사업도 저출산 예산으로 제출했는데, 이것은 학교에 국악과 연극 등 예술강사를 파견하는 사업이다. 이 밖에 각 부처는 '인터넷 중독 및 음주·흡연 예방', 어린이 보호구역 등을 추진하는 '안전한 교통환경 개선' 사업도 저출산 예산으로 배정했다. '중소기업 매력도 제고'와 같이 다소 모호한 고용 예산도 포함되었다.

또 보육 예산도 매우 큰 비중을 차지하고 있는데, 주로 어린이집 등에 흘러가는 돈이다. 수요자 맞춤형 보육체계 예산, 가정양육수당 등이 반영된 예산이다. 교육부의 보육·유아교육과 초등학교 돌봄수요 대응, 보건복지부의 지역아동센터 내실화, 여성가족부의 아이돌봄서비스 등도 보육 예

---

253 예산을 쉽게 배정받으려고 저출산과 거리가 멀어도 '저출산용'이라고 이름 붙이는 관행이 있다고 한다.

산으로 들어갔다. 보육 예산에는 보육교사의 인건비, 운영비 등의 항목으로 지출된다. 보육 예산과 저출산 예산은 연결고리가 약하다. 보육 예산이 늘어난다고 해서 자녀를 더 낳는 것도 아니다. 특히, 보육교사들에게 지급하는 비용은 간접비용이라는 점에서 저출산 정책으로 보기 어렵다는 것이다.

저출산 대책이 아닌 저출산 예산(2007~2017)

(단위: 억 원)

구 분	주무부처	사업내용	예 산
2007	문화관광부	템플스테이 등 가족단위 여가문화 지원	205
2012	여성가족부	인터넷 중독 및 음주·흡연 예방	26
2012	행정안전부	안전한 교통환경 개선	865
2013	행정안전부	청소년 성범죄 예방활동 강화	1,242
2014	행정안전부	스마트워크 도입 및 확산	36
2015	여성가족부	성범죄자 재범방지 조치강화	80
2017	교육부	공교육 역량강화	921
2017	교육부	사교육 부담 경감	570
2017	미래창조과학부	SW 전문인력 양성	332
2017	고용노동부	중소기업 매력도 제고	1,218

자료: 저출산·고령사회위원회(2018)

4 저출산의 원인과 처방 그리고 대안

우리나라의 합계출산율이 1명 밑으로 떨어진 이상, 대체출산율 2.1명까지 올리는 것은 사실상 불가능하다는 판단이다. 인구감소 시대를 맞이할 준비를 하는 것이 바람직하다는 것이다. 기본적으로는 떨어지고 있는 출생률을 조금이라도 높이기 위한 노력을 지속적으로 경주해야 한다. 다만, 그동안 저출산 대책 중에는 용도 폐기해야 할 사업들이 많을 듯하다. 대부분 저출산 문제 해소와는 관련이 없는 곳에 쓰였기 때문이다. 저출산 대책에 많은 예산을 쏟아부었다고 비판하지만 사실은 전혀 다른 목적의 사업들이 저출산 대책으로 둔갑했던 것이다. 따라서 저출산의 원인을 밝혀내는 일이 무엇보다 중요하다. 진단을 잘못하면 엉뚱한 처방이 나올 수밖에 없기 때문이다.

그리고 인구감소 시대에 따른 제도와 틀을 갖추는 것이 중요하다. 김태유(2023) 주장처럼 저출산, 고령화에 따른 인구감소는 부양비 문제로 귀결된다.[254] 부양할 노인인구는 늘어나는데 일할 사람이 부족하다는 데 있다. 그렇다면 부양비를 낮춰야 하는데, 한 사람이 여러 사람의 몫을 담당하는 방법이 있을 수 있고, 또 하나는 이민정책을 포함하여 일하는 사람을 늘리는 방법이 있을 수 있다. 부양비에서 분모를 키우거나 분자를 줄이는 것이다.

저출산의 주범, 미래 불안감과 초고밀도 '서울'

저출산 문제의 원인은 복합적이고 구조적으로 얽혀 있다고 판단된다. 그중 가장 심각한 것은 미래에 대한 불안감과 초고밀도 서울에서 찾을 수 있다. 한국사회는 다른 나라들에 비해 지나치게 치열하고 경쟁적이다. 남들과 경쟁해서 이겨야 하고 돈도 남들 못지않게 벌어야 한다는 강박관념에 사로잡혀 있다. 그래야 마음이 놓인다. 이기지 못하고 벌지 못하면 미래가 불안하다. 그러니 행복지수도 낮을 수밖에 없다. 이러한 모습을 가장 쉽게 확인할 수 있는 곳이 바로 '서울'이다. 개발연대를 거치는 과정에서 한국의 경제성장을 이끌어 온 자랑스럽고 찬란했던 서울이 이제는 가장 불안한 사회로 바뀌고 있다.

서울 지하철에서 직장인들의 숨 막히는 출퇴근 장면을 보면 치열함 그

---

254 김태유, "한국의 시간, 기업의 시간", 「제46회 대한상의 제주포럼 발표자료집」, 대한상공회의소, 2023. 7. 14.

자체다. 콩나물시루 같은 지하철 안에서 이리저리 부딪히며 매일 스트레스를 겪는다. 스트레스 지수가 높아질수록 우리의 신체는 불안 반응을 일으켜 주어진 문제를 해결하기보다는 감정적, 방어적 대처 행동을 취한다고 한다. 맘이 편해야 가정도 꾸리고 아이도 낳는다. 2023년 우리나라 합계출산율은 0.72명인데, 서울의 출산율은 0.55명으로 전국에서 가장 낮다.

앞서 1부에서 언급한 바와 같이 유전자에서 가장 강력한 본능은 생존과 번식이다. 여기서 번식 본능은 생존을 전제로 한 개념으로서, 생명체는 다음 세대보다 자신의 생존을 우선시하는 존재라고 할 수 있다. 사람도 마찬가지다. 서울로 사람이 몰리고, 집값 상승, 교통난, 취업난이 가중되고 있는 현실은 청년들에게 분명 생존의 위협일 수밖에 없다. 결국 청년들은 결혼을 미루거나 거부하면서 출산을 포기하는 것으로 해석된다. 정부가 저출산 대책으로 엄청난 예산을 들였지만, 효과가 없는 이유를 생각해 보자. 피부질환의 근본 원인이 위장병인데, 단순히 겉 피부과 치료만 한 것 아닌가?

AI, 로봇기술 활용으로 1인당 생산성 제고

한 사람이 여러 사람의 몫을 커버함으로써 부족한 생산연령인구를 메꿔야 한다. 1인당 생산성을 높임으로써 이 문제를 해소할 수 있다. 한국의 노동생산성은 매우 낮은 수준에 머물러 있다. 2021년 우리나라 국내총생산은 세계 10위를 기록했다. 미국, 독일, 호주, 캐나다 등과 어깨를 나란히 할 만큼 부강한 나라로 보이지만 실상은 그렇지 않다. 1인당 GDP는 3만 5천 달러로 세계 24위다.[255] 부정적인 수치이지만 반대로 생각하면 생산

---

255 1인당 GDP가 낮아도 인구가 많으면 국내총생산은 높다. 중국, 인도가 국내총생산은 세계 최상위권이지만 선진국이 아닌 것은 1인당 GDP가 낮기 때문이다. 브라질과 호주의 국내총생산은 각각 1조 8천747억 달러와 1조 7천23억 달러로 우리와 비슷하지만 1인당 국내총생산은 호주 약 6만 달러로 세계 10위, 브라질은 약 7천500달러로 세계 69위에 머물러 있다. 그래서 호주는 선진국, 브라질은 개발도상국이다.

성을 올릴 여지가 충분하다는 해석도 가능하다. 즉, 노동투입량은 줄이고 기술을 고도화할 필요가 있다. 독일 사례를 본받을 만한데, 독일 정부는 이미 2000년대 초반부터 공장 자동화 공정에 정보통신(IT) 기술을 접목한 생산 시스템 확보에 주력해 왔다. 2011년부터 독일 정부 차원에서 제조업 혁신을 위해 추진하고 있는 '인더스트리 4.0' 정책도 궤를 같이한다.

따라서 기업을 중심으로 연구개발 투자를 확대하고 제조·서비스업의 기술 고도화를 적극 추진하고, 정부 차원에서는 4차 산업혁명 시대에 따른 제도를 정비하고 산업 생태계 조성을 지원하는 것도 필요하다.[256] 부양비 산출식으로 말하자면, AI, 로봇 등 기술을 활용하여 생산가능인구의 1인당 생산성을 높이자는 의미다.

생산가능인구 연령대 상향 조정

노인인구를 노동시장에 잔류토록 생산가능인구 개념을 전환할 필요가 있다. 고령층이 은퇴하기 전 다시금 경제활동에 뛰어들 수 있는 경제활동 이모작 사회 구축이 필요하다. 이러한 관점에서 정년 시기를 늘려 가는 방안도 마련해야 한다. 이들 고령층의 경험과 전문성을 발휘할 수 있는 기반을 마련해 준다면 전체 생산성 확대에도 크게 기여할 수 있다.

더욱이 평균수명과 건강나이를 봐도 충분히 가능하다. 한국인 평균수명은 83세로서 세계 3위 수준이다. 일본과 스위스가 아주 작은 차이로 앞서고 있는데, 사실상 우리는 지구상에서 가장 오래 사는 사람들인 셈이다. 향후 경제·사회적 조건을 반영한 예측 통계를 보면 2067년에 가서는 평균수명이 90세에 육박할 것으로 전망된다. 건강수명도 1999년 65.8년에서 2019년 73.1년으로 늘었다. 일본(74.1년), 싱가포르(73.6년)에 이어 3

---

256 부양비로 설명하면, 〈유소년인구(0~14세)와 노인인구(65세 이상)/생산연령인구(15~64세)〉 산출식에서 생산연령인구가 AI, 로봇 등 4차 산업혁명 핵심기술을 활용하여 생산성을 높이는 것이다.

위이다. 미국 66.1년, 영국 70.1년, 독일 70.9년, 프랑스 72.1년 등 여타 선진국들과 비교해도 건강하게 사는 셈이다.

이제는 노인 계층을 단순히 부양 대상이 아니라 축적된 지식과 노하우를 갖춘 잠재 생산 가능성이 높은 계층으로 봐야 한다. 노년층에 대한 재교육 시스템을 확립하고 연계망을 구축하는 것으로 생산인구 부족을 어느 정도 해소할 수 있다.[257] 부양비 산출식에서 부양인구에 속하는 노인인구 중에 적정 연령대를 생산가능인구로 전환하는 것이다.

이민정책, 세밀한 준비와 다양한 문화 수용

인구위기 문제를 이민정책으로 해결하려는 것은 문제가 있으나, 세계 선진국들이 인재 확보에 나서고 있는 상황에서 이민 확대는 우리도 피할 수 없는 현실이 되고 있다. 근본적으로 출산율이 제고되지 않으면 수평적 인구 이동이 그 대안이 된다. 나라 안에서 수평 이동은 지역 간 제로섬 게임이기 때문에 의미 없는 일이고, 나라 간의 인구 이동에서 해법을 찾아야 한다.[258] 그러나 이민정책은 또 다른 문제를 야기할 수 있다. 노동력 수급에 급한 나머지 무차별적으로 도입할 경우, 프랑스 사례와 같은 부작용이 발생할 수 있다는 얘기다. 프랑스는 일찍부터 알제리 등 북아프리카에서 노동력을 수입해 왔다. 이전 식민지라는 인연도 있고, 언어소통에도 어려움이 없었다. 저임금 노동력을 풍부하게 공급함으로써 인건비 억제에도 도움이 되었다. 그러나 이들은 프랑스 주류사회에 동화되지 못하고 구조적인 빈곤층으로 굳어져 버렸다. 손쉬운 방법으로 이민에 의존하다 보니

---

257 부양비로 설명하면, 〈유소년인구(0~14세)와 노인인구(65세 이상)/생산연령인구(15~64세)〉 산출식에서 부양인구에 속하는 노인인구 중에 적정연령대를 생산가능인구로 전환하는 것이다.
258 서광석, "저출산 위기 이민정책에서 찾자", 세계일보, 2023. 7. 5.

지금은 사회적으로 많은 문제가 발생되고 있다.[259]

반면, 캐나다의 이민정책은 서구 국가들 사이에서도 성공적이라 평가받는데, 이민자들의 언어능력, 경력 등의 자격 기준을 높여 캐나다 사회에 신속하게 정착할 수 있는 준비된 인력을 우선하고 있다. 선발과정에서 캐나다에서 교육받은 유학생들이나 단기취업으로 1년 이상 일한 경험이 있는 사람들을 우선하거나, 정착지원 단계에서 신규이민자들을 대상으로 캐나다 연방정부에서 90일간 인턴으로 일할 기회를 주는 식이다. 캐나다 정부로서는 신규이민자들의 정착지원과 언어·직업 훈련에 드는 비용을 줄이고, 이주자 입장에서는 더 고임금의 직업을 가질 수 있다. 이것이 정부의 세수 증가로 이어지는 선순환을 이루고 있다.[260] 이 못지않게 차별하지 않고 다양성이 존중되는 문화가 전제되고 있다는 사실이 중요하다. 이민을 통해 다양하고 활력이 넘치는 인구증가, 다양성과 통합을 이루어 내는 캐나다의 모델이, 사회적 갈등과 인구절벽, 지방소멸 문제를 안고 있는 우리에게 많은 시사점을 준다.

---

259 2020년 기준, 프랑스 인구의 13%를 차지할 정도로 비중이 높아졌다. 합계출산율도 1.8로 상승하여 성공 사례로 알려졌지만, 신생아 20%가 이민자 산모에게서 태어났다.
260 신현정, "加다양성, 韓동질성: 인구정책으로서의 이민정책", 영남일보, 2023. 8. 31.

20
기본소득제 도입, 먼 꿈인가? 우리 앞의 현실인가?

1   긴급재난지원금으로 부각된 기본소득

지난 2022년 대선 과정에서 기본소득(basic income)은 가장 뜨거운 쟁점이었다. 세계적으로도 경제사회구조의 급격한 변화, 그리고 코로나19에 따른 팬데믹 상황에서 소득분배구조가 악화될 것이라는 우려가 가중되면서 몇몇 나라에서 기본소득제도의 도입을 주장하는 목소리가 확산되었다. 당시에는 불안한 노동의 미래, 소득 및 자산 불평등의 심화, 기존 소득보장제도의 구조적 문제, 최저소득보장제도의 낙인 효과와 비효율성 등이 기본소득제도의 도입을 주장하는 중요한 논거로 제시되었다.

특히, 2020년 재난기본소득 도입으로 지방정부의 중요한 정책 대안으로 부각되었다. 코로나19 대책의 하나로 모든 가구에게 긴급재난지원금이 지급된 바 있는데, 보편적 기본소득의 요소 가운데 보편성, 무조건성, 현금성을 충족시키는 한시적 기본소득이라고 볼 수 있다. 또 2018년부터 정부가 만 7세 이하 아동에게 매월 지급하는 아동수당 제도를 도입해 운영 중이다. 나이를 제한하고는 있으나 무조건성, 개별성, 정기성, 현금성을 갖춘 부분 기본소득이라고 할 수 있다. 한편, 경기도는 만 24세 주민에게 100만 원 상당의 지역화폐를 분기별로 나누어 지급하는 청년기본소득 제도를 실시해 왔는데, 이것도 특정 지역과 나이에 한정된다는 한계가 있으나 무조건성, 개별성, 정기성, 현금성을 갖춘 부분 기본소득으로 볼 수 있다.

EU의 경우도 2008년 글로벌 금융위기로 혹독한 경기침체와 유례없는 고실업 위기를 겪었다. 이후 2013년 무렵부터 고용 상황이 나아지긴 했으나, 임금불평등과 양극화 문제는 심화되었다. 이러한 배경에서 기본소득제도는 심화되는 불평등과 빈곤 위험에 대응한 새로운 형태의 사회보장체계로 EU 회원국들의 주목을 받아 왔다. 지난 2016년 4월 유럽인 1만 명을 대상으로 실시된 설문조사에서는 65%가 기본소득에 우호적이라고 응답했다고 한다.[261]

무엇보다 인공지능 시대가 도래하고 있다는 점이다. 생성형 AI는 의료, 법률, 회계, 경영 심지어 창작의 영역까지 대체할 위력을 보여 주며 실제로 빠르게 대체하고 있다. 그러나 단지 인공지능에 일자리를 빼앗길 것 같아서 실업구제 대책으로 기본소득이 필요하다는 것이 아니다. 인공지능이 인간 직무의 상당 부분을 대체하게 된다면, 노동의 형태와 생활 보장의 방식을 '어떻게 바꿀 것인가?'라는 보다 근본적인 질문으로 접근해야 한다.[262] 기술진보의 충격이 두려워 혁신을 거부하거나 속도를 인위적으로 떨어뜨릴 것인가? 기술혁신의 진행을 무방비로 지켜보면서 고용의 불안정과 혁신 수익의 불평등한 배분을 그저 받아들일 것인가? 아니면 기술혁신을 능동적으로 수용하되 그 충격을 완충할 사회적 장치로서 기본소득제도를 도입할 것인가? 이러한 질문을 던진다면 자연스럽게 기본소득에 논의의 장으로 나아갈 수밖에 없다.

---

261 이선영, "기본소득제도, 불평등·빈곤의 대안 될까?", 「나라경제」, KDI경제정보센터, 2017. 8.
262 오준호, "기본소득, 먼 꿈인가 문앞의 현실인가", 소셜임팩트뉴스, 2024. 4. 30.

2 글로벌 IT기업 창업자들, 누구나 조건 없이

기본소득의 보편성 그리고 핵심요소

기본소득(basic income) 또는 보편적 기본소득(UBI: universal basic income)은 수여자의 사전 기여분 유무에 관계없이 국가에서 최소 생활비를 지급하는 제도이다. 구체적으로 재산이나 소득의 유무, 노동 여부나 노동 의사 등과 관계없이 사회 구성원 모두가 기본소득의 수여 대상자다. 따라서 수여자의 사전 기여분은 모든 대상자들이 국세, 간접세 등을 납부하는 기본적 경제활동을 통한 직간접적인 지속적인 재정기여로 갈음해야 한다. 이 같은 기본소득이 추구하는 가장 기본적인 취지는 노동과 소득을 분리하고, 모두의 인간다운 삶을 보장한다는 것으로, 인간의 실질적인 자유를 영위할 수 있는 일종의 '기본권'으로 접근한다. 그 핵심 요소는 다음과 같다.[263]

기본소득제 핵심요소

보편성	무조건성	개별성	정기성	현금성	충분성
한 사회 구성원 모두가 대상이 됨	소득이나 재산 등 수급자격조건 없음	가구가 아니라 개개인이 대상임	부정기가 아니라 정기적으로 지급함	현물이 아닌 현금으로 지급함	생활하기에 충분한 액수를 지급함

첫째, 모든 사람을 대상으로 하는 보편성이다. 한 사회의 구성원이라면 누구나 국적과 연령을 불문하고 수급권자가 될 수 있다. 한국에 거주하고 있는 외국인 노동자들도 원칙적으로 기본소득을 받을 자격이 주어진다. 필요한 사람이나 욕구가 있는 사람에게 지급하는 전통적 복지방식과 다르다.

---

263 최한수, 「각국의 기본소득 실험이 한국에 주는 정책적 시사점」, 한국조세재정연구원, 2017. 12.

둘째, 조건이 없다. 기본소득의 수급 자격이 소득 혹은 재산 수준과 상관없을 뿐 아니라 노동시장에서의 지위, 그리고 연금이나 고용보험료 납부 여부와도 연계되어 있지 않다. 즉 일정한 요건을 충족하면 청구권이 무조건적으로 생긴다는 점에서 보험료를 납부한 자에게만 허용되는 사회보험(social insurance)이나 일정한 소득 혹은 재산과 자격요건을 충족한 사람에게만 주어지는 사회부조(social assistance)와 구별된다.

셋째, 개별성이다. 혜택이 주어지는 기초 단위가 가구가 아닌 개인이다. 즉 특정한 경제공동체를 전제하지 않고 각각의 사람을 대상으로 지급한다는 의미다. 바로 이 점에서 기본소득제도는 우리나라의 대표적 사회부조제도라 할 수 있는 기초생활보장제도와 차이가 있다. 기초생활보장제도 기본단위는 가구다.[264]

넷째, 정기성이다. 동일 주기로 지속적으로 지급한다. 경기가 좋든 나쁘든 상관없이 계속해서 지급되어야 한다. 월 1회를 가정하는 경우가 많지만, 분기당 1회나 연간 1회 지급할 수도 있다.[265] 부정기적인 경기 안정화 정책과는 거리가 있다.

다섯째, 현금으로 지급한다. 현금성은 기본소득이 현물이 아닌 현금으로 지급해야 한다는 의미이다. 지역화폐로 줘야 하는지는 논란이 있다. 사용 지역과 업종에 제한이 있고 시한이 정해져 있는 지역화폐도 현금으로 간주해야 한다는 주장도 있다.

여섯째, 충분성이다. 기본적인 생활이 가능할 정도로 지급해야 한다. 충분성은 기본소득이 생활하기에 충분한 정도의 액수라야 한다는 의미인데,

---

264 기본소득을 기존 사회보험이나 사회부조와 구별 짓는 원칙은 무조건성(unconditionality)이다. 수급기준이 개인의 기여 여부(국민연금)나 고용상태(실업급여 혹은 근로장려금) 그리고 자산 및 소득 조사 결과(기초생활보장)에 달려 있지 않다는 점에서 기본소득은 대단히 파격적인 복지제도다. 조건성 측면에서 기본소득과 가장 가까운 현존의 제도는 기초연금이다.

265 이원재, "기본소득제 정의, 쟁점, 전망", 「시선집중 GSnJ」, 제280호, GSnJ Institute, 2020. 7. 22.

미미한 액수라도 의미가 있다는 주장부터 1인당 GDP의 25%가량이 돼야 한다는 주장까지 다양한 의견이 있다. 해당 요건을 만족하지 않으면 불완전 기본소득이라고 하는데, 재원의 문제 때문에 기본소득제가 도입된다 해도 불완전 기본소득이 될 확률이 높다.

마크 저커버그, 일론 머스크 등 기본소득 옹호

기본소득 아이디어의 원조라고 하면 영국 소설가 토머스 모어(Thomas More)다. 그는 소설 『유토피아』(Utopia, 1516)에서 모든 시민에게 기본적인 생계는 유지할 수 있도록 보장해야 한다는 논리로써 보편적 기본소득의 개념을 처음 제시했다. 미국 정치철학자 토머스 페인(Thomas Paine)은 「농업적 정의」(Agrarian Justice, 1795)라는 에세이를 통해 토지 소유자에게 세금을 걷어 미국 모든 시민들에게 제공하는 시민 배당금을 요구했다. 이 주장은 '토지는 인류의 공동 재산'이라는 기본 전제에 의거했다.

신자유주의를 대변하는 대표적인 경제학자로 불리는 밀턴 프리드먼(Milton Friedman)도 그의 저서 『자본주의와 자유』(Capitalism and Freedom, 1962)에서 보편적 기본소득을 주장했다. 그는 미국 저소득층이 겪는 가난의 문제를 해결하기 위해서는 비효율적인 복지 정책보다 보편적 기본소득이 더 효과적일 것이라고 주장했다. 프리드리히 하이에크(Friedrich Hayek)을 비롯한 다른 신자유주의 시카고학파 경제학자들도 그의 주장에 따랐다.

근래 들어 미국 실리콘밸리의 기업가들과 빈곤경제학자 등 다양한 영역에서 미래 소득분배제도로서 기본소득제가 제기되었다. 페이스북 창업자 마크 저커버그(Mark Zuckerberg), 테슬라 창업자 일론 머스크(Elon

Musk) 등 기업가들도 인공지능 시대의 도래 등으로 일자리 없는 시대가 도래할 것이므로 소비자에게 구매력을 제공하는 방법으로 기본소득제를 옹호하고 있다. 런던대 가이 스탠딩(Guy Standing) 교수 등은 플랫폼 경제 시대에 늘어나는 불안정 노동자를 위한 소득보장제도로서 기본소득제를 주장하고 있다.[266] 빈곤 경제학자로 2019년 노벨경제학상 수상자인 아브히지트 바네르지(Abhijit Banerjee), 에스테르 뒤플로(Esther Duflo) 등도 저개발국가 빈곤 해결책으로 초기본소득(Ultra UBI)을 제시했다.[267]

또한, 코로나19 사태 이후 재난대응책으로 모든 국민에게 조건 없이 일정한 금액을 지급하는 방안이 제안되고 집행되면서, 기본소득 논의가 급부상했다. 보수적 주류경제학자이자 미국 공화당의 정책 브레인이기도 한 하버드대 그레고리 맨큐(Gregory Mankiw) 교수와 진보적 주장을 펴고 있는 뉴욕대 누리엘 루비니(Nouriel Roubini) 교수가 동시에 모든 미국인에게 1천 달러를 지급하는 재난기본소득을 주장한 바 있다.

3 왜 기본소득에 주목하는가?

기본소득제 도입의 필요성은 다양한 관점에서 제기되고 있으며, 경제적 관점과 사회적 관점, 공유적 관점에서 주목받고 있다. 기본소득에 대한 인식도 조금씩 확산되고 있다. 엠브레인 트렌드모니터(2023)가 우리 국민들을 대상으로 실시한 조사에 따르면,[268] 기본소득제 도입에 대하여 응답자 중 52.2%가 필요하다, 24.9%가 필요하지 않다는 의견을 보였다. 같은 방

---

266 가이 스탠딩 지음, 안효상 역, 『기본소득: 일과 삶의 새로운 패러다임』, 창비, 2018.
267 이원재, "기본소득제 정의, 쟁점, 전망", 「시선집중 GSnJ」, 제280호, GSnJ Institute, 2020. 7. 22.
268 전국 만 19~59세 성인 남녀 1천 명을 대상으로 실시했다. 엠브레인 트렌드모니터, 「2023 기본소득제 및 최저임금제 관련 인식조사」, 2023. 7. 20.

식의 2020년 조사에서 46.6%가 필요하다는 의견을 보인 것에 비하면 필요성이 증가한 것이다.

　기본소득제를 찬성하는 이유로는 주로 경제 불평등 문제를 완화시킬 수 있고(43.9%), 미래에 대한 막연한 불안감을 없앨 수 있으며(42.2%), 사회적 양극화를 해소할 수 있다(41.3%)는 점을 언급하는 경우가 많았다. 다음 삶의 여유가 생기기 때문에(40.9%), 사회불안 요소를 줄일 수 있기 때문에(39.4%), 내가 진정이 원하는 일을 할 수 있어서(29.2%), 사람의 가치를 높일 수 있어서(22.7) 등의 순으로 응답했다.[269] 반대 의견도 다양했다. 막대한 세금이 들어가는 포퓰리즘 정책 같다(69.8%), 국민 세금이 너무 많이 소요될 것이다(66.7%), 또 일하지 않는 사람들이 늘어날 것이다(63.2%), 일하지 않는 사람에게 생활비를 주는 것은 공정하지 않다(62.4%)는 점을 반대 이유로 꼽았다.

기본소득제 도입의 필요성

경제적 관점		사회적 관점		공유적 관점	
일자리 부족 문제 해소	내수시장의 수요 확대	소득불평등 문제 해소	사회보험의 한계 보완	공유자산 수익의 배분	효율적이고 명확한 행정

경제적 관점: 일자리 불안 해소와 내수시장 확보

　경제적 관점에서 보면, 안정적인 일자리가 줄어드는 시대에 임금 일부를 대체할 안정적 소득원으로서의 기본소득이 필요하다는 것이다. 카이스트 정재승(2023) 교수는 일하지 않더라도 인간의 존엄을 유지할 수 있도

---

269 반면, 막대한 세금이 들어가는 포퓰리즘 정책 같고(69.8%), 제도 시행에 국민 세금이 너무 많이 들 것 같다(66.7%)는 점을 꼽았다. 또 일하지 않는 사람들이 늘어날 것 같고(63.2%), 일하지 않는 사람에게 생활비를 주는 것은 공정하지 않다(62.4%)는 점을 반대 이유로 꼽았다. 복수응답 형태다.

록 기본소득을 제공하지 않으면, 더 이상 자본주의 시스템이 작동하지 않을 수도 있다고 경고하고 있다.[270] 자동화와 인공지능 등 기술변화로 일자리가 사라지고 불안해지고 있다. 기업이 만든 부가가치가 고용과 임금을 통해 분배되던 시스템이 붕괴되면서 일자리 감소, 비정규직, 플랫폼 노동 등 다양한 문제가 발생하고 있다. 이런 고용 변화의 가장 큰 문제점은 평생 예측 가능한 안정적 소득 확보가 어려워진다는 점인데, 이를 보완하는 방법으로 근로 여부와 관계없이 지급하는 급여가 필요하다.

그리고 내수시장을 살리는 문제다. 수출주도 경제체제에서 내수시장에 돈이 돌고 수요가 발생하게 만드는 촉진자로서 기본소득이 필요하다. 한국경제는 수출 제조업 중심의 고성장을 이어 왔으나, 지난 수십 년 동안 자동화로 인해 제조업 고용은 거의 늘지 않고 있다. 내수 서비스시장, 특히 자영업은 높은 고용 비중을 차지하고 있음에도 돈이 돌지 않아 만성적 저부가가치 상태에 빠져 있다. 내수 서비스시장의 수요를 늘리고 자영업을 살리면서 이 부문을 고부가가치화하는 방법으로, 시장에 돈을 돌게 하는 기본소득이 필요하다.

사회적 관점: 소득 불평등 해소와 사회 안전망 확보

사회적 관점에서 본다면 소득 불평등이 가장 큰 문제다. 커져만 가는 소득불평등 문제에 대한 해법으로 기본소득이 필요하다. 자본주의 사회는 선진국과 후진국을 막론하고 상위 1%, 상위 10%로 점점 더 소득이 집중되면서 '세습자본주의'로 변화하고 있다. 이렇게 소수로 집중되는 소득을 대다수 국민에게 효과적으로 분배하는 방법으로서 고소득자, 고자산가에게 과세하여 이를 재원으로 모두에게 지급하는 기본소득제가 필요하다.

---

270 정재승, 『열두 발자국』, 어크로스, 2023.

그리고 사회보험으로는 한계가 있다는 것이다. 안전망으로의 편입조건을 근로와 연계시키는 것 즉, 노동연계 사회보장제도가 지적된다. 기존의 사회보험은 원칙적으로 근로소득이 있는 경우, 노동자가 자신의 소득에서 보험료를 부담하되 이후에 노동을 계속할 수 없는 위험에 직면하게 되었을 때 혜택을 받는 구조로 설계되어 있었다. 그런데 노동시장의 취약성과 사회안전망의 사각지대로 인해 노동의 제공이 사회보험의 혜택을 누릴 수 있는 조건과 반드시 일치하지 않게 되었다. 단적으로 이는 근로 형태별로 사회보험 가입률의 격차가 매우 크다는 사실에서 잘 드러난다.

2016년 8월 기준으로 정규직의 경우 최소한 80% 이상이 노령화(국민연금), 건강악화(의료보험), 실직(실업보험)의 위험과 관련된 각종 사회보험에 가입되어 있다. 반면에 비정규직의 경우 정규직에 비해 사회보험 가입률이 현저히 낮을 뿐 아니라 고용 형태에 따라 매우 큰 격차가 존재한다. 예를 들어 근로기간이 정해져 있는 기간제 근로자의 경우 사회보험 가입률은 최소 50% 이상을 넘고 있으나 파견근로자나 용역근로자와 같은 비전형 근로자는 그 수치가 30%도 넘지 못한다. 따라서 근로 여부가 수급권의 전제조건이 아닌 기본소득제도에 주목하는 것은 어찌 보면 자연스러운 현상이다.

공유적 관점: 토지 등 공유자원과 시행의 효율성

공유자산의 관점에서 보면, 모두가 권리를 갖는 자연물 및 공유자산에서 나오는 수익을 분배하기 위해 기본소득이 필요하다. 물, 바람, 공기 등 지구환경은 누구도 그 소유를 주장할 수 없는 공유자원이나, 이를 훼손하며 활용해 얻는 이익은 일부 기업과 주주들에게 귀속되고 있다. 인공지능 시대에 빅데이터의 가치는 점점 높아지고 있는데, 여기서 나오는 이익 대부분은 독점력을 가진 플랫폼 기업이 가져가며 실제 데이터 형성에 참여한 대다수 국민은 소외되고 있다.

토지로부터 나오는 이익은 불로소득이며 누구에게도 귀속될 수 없는 것인데, 토지 소유주가 이익을 독점해 자원의 비효율성이 생기고 있다. 이런 공유자원으로부터 나온 수익을 '공유부'라고 하며, 이는 모든 사람에게 직접 분배하는 것이 바람직하고, 그 방법으로 기본소득이 필요하다.

한편, 복지를 늘리면서도 행정 효율성을 높이기 위해서는 별도 행정절차 없이 개인에게 직접 지급하는 기본소득이 필요하다. 복지 규모가 커지면서 행정체계가 점점 더 복잡해지는데, 복잡하고 다양한 제도를 운용할수록 행정비용이 많이 든다. 공유자원을 이용함에 있어 구분하지 않고, 차별하지 않고, 누구나 모두에게 지급함으로써 간단하다. 기본소득은 각종 현금 수당 등 많은 복지제도를 하나로 통합할 수 있으며, 선별 절차 등이 없어 행정 효율성이 가장 높은 제도다. 따라서 기본소득제는 국가의 역할이 커지는 현대 자본주의 사회에 필요한 제도다.

4   기본소득제 사례: 핀란드, 스위스, 알래스카

국가 단위에서 도입한 곳은 아직 없지만, 세계 각국에서 기본소득 정책 실험과 시도가 있어 왔다.[271] 핀란드, 스위스, 알래스카 등의 사례를 살펴보면 다음과 같다.

---

271 이원재, "기본소득제 정의, 쟁점, 전망", 「시선집중 GSnJ」, 제280호, GSnJ Institute, 2020. 7. 22.

해외 기본소득 정책실험과 시도 사례

핀란드	스위스	알래스카
• 국가 차원에서 기본소득을 실험한 유일한 국가(2017) • 사회보장제도 부분 대체 기본소득	• 기본소득안 국민투표 실시하였으나 부결(2016) • 기본소득제도에 대한 인식을 확산시킨 계기	• 천연자원 판매로 조성된 재원 활용, 헌법개정(1976) • 가장 이상적이고 충실한 기본소득제 도입

핀란드 실험사례, 사회보장 부분대체 기본소득

핀란드는 현재 국가 차원에서 기본소득을 실험하고 있는 유일한 나라다. 현존하는 사회보장제도 전체를 기본소득으로 대체하려는 경우, 이를 '사회보장 완전대체 기본소득(full basic income)'이라고 부르는데, 핀란드의 기본소득은 전부가 아니라 그 일부 특히, 실업 관련 정부지출만을 대체하려 한다는 점에서 '사회보장 부분대체 기본소득'이라 볼 수 있다. 핀란드에서 기본소득을 받는 대상은 모든 국민이 아니라 노동시장 보조금 또는 실업수당을 받고 있는 사람들이 그 대상이다. 2017~2018년 2년간 실업부조 수령자 중 2,000명을 대상으로 같은 수준의 금액(월 560유로, 78만 원 상당)을 아무 조건 없이 지급하는 기본소득제 정책실험을 시행했다. 기존 실업부조 수령자 집단은 구직노력 등의 조건을 충족해야 급여를 받으며 취업하면 급여가 삭감되는 반면, 기본소득 수령자 집단은 아무 조건 없이 급여를 받고 취업해도 전액을 받았다. 이 같은 핀란드의 기본소득에는 사회보장제도를 보다 효율적으로 바꾸겠다는 우파정부의 의도가 담겨 있을 뿐만 아니라 가장 과학적 방식으로 설계되고 실험되고 있다는 점에서 우리에게 주는 시사점이 크다.

스위스 실험사례, 국민투표를 통하여 지지 여론 조성

스위스는 스위스의 경우 지난 2016년 성인 한 사람에게 매월 2,500 스위스프랑(약 한화 282만 원)을 지급하는 것을 골자로 하는 기본소득안에 대한 국민투표(referendum)가 진행되었다. 스위스는 일정 수의 시민이 서명을 하면, 이를 의무적으로 국민투표에 붙이는 일종의 민중발안(popular initiative system) 제도를 운용하고 있다. 이 규정에 따라 기본소득을 지지하는 사회단체들이 10만 명 이상의 시민 서명을 받은 후 국민투표를 요구했고, 그 결과 기본소득안에 대한 국민투표가 진행되었다. 그러나 스위스의 기본소득안은 찬성 23%, 반대 77%로 부결되었다. 개헌안 내용에는 기본소득의 구체적 도입 방안이나 금액은 명시되어 있지 않았다. 기본소득운동 진영에서는 기본소득 불모지이던 스위스에서 국민투표를 계기로 지지 여론 조성에 상당한 진전을 거둔 것으로 평가했다.

알래스카 도입사례, 기본소득 본래 취지에 가장 부합

미국 알래스카주는 1976년 이후 '알래스카 영구기금'을 설치하고 원유나 천연가스 판매로 조성된 금액의 최소 25%를 기금화해 매년 모든 주민에게 똑같은 금액의 조건 없는 소득으로 지급하고 있다. 현행 제도에 따르면 배당금을 받기 위해서는 신청자가 1) 최소한 1년 이상 알래스카주에 거주해야 하며, 2) 다른 주에서 거주자라는 이유로 받은 혜택이 없어야 하며, 3) 중범죄 전력으로 구금된 적이 없어야 한다. 당사자의 신청에 따라 1년에 한 번 지급되며 이는 과세소득으로 잡힌다. 알래스카의 기본소득은 자원 판매를 통해 조성되기 때문에 연도별로 그 액수가 다르다. 2016년의 경우 연간 1,022달러(약 116만 원)로 2015년 2,072달러에 비해 49% 감소했다. 알래스카의 경우 수급자격에 특별한 조건이 없으며 자산이나 소득조사도 없고 일정한 금액이 현금으로 주어진다는 점에서 이념적으로 가장 원형에 가까운 기본소득제도라 할 수 있다. 알래스카의 기본소득은 무조건적 현금 지급과 도입 당시 다른 어떤 사회급여도 대체하지 않았다는 점에서 기본소득의 이상적 정신에 가장 충실한 모델로 평가받는다.

5 재원 마련을 위한 여러 가지 대안

조세기반 기본소득 모델

기본소득 연구자들은 이미 다양한 재원 마련 방안을 내놓은 바 있으나, 전통적인 방식인 조세 세수를 활용하자는 의견이 가장 많았다. 여기에는 증세가 포함될 수밖에 없다. 오준호(2024)는 이 방식을 '조세기반 기본소득 모델'이라고 정의하고 있다.[272] 세금을 기반으로 한다면, 기본소득 규모에 따라 사용할 조세 목록도 다르고 조세개혁 규모도 달라질 수밖에 없다. 지금까지 논의된 재원마련 방안 중에는 2022년 대선에서 기본소득당이 제시한 모델이 가장 급진적이다. 최저생계비 이상 충분 기본소득을 목표로 매우 큰 규모의 재원계획을 제시했기 때문이다.

기본소득당은 전 국민 월 70만 원 지급을 목표로 연간 430조 원을 주장했다. 그 내용은 조세개혁을 통하여 탄소세, 토지세, 시민세 등의 목적세를 도입하여 240조 원을 거두고, 비과세 감면을 축소 또는 폐지하여 100조 원가량을 확보할 수 있다는 계산이다. 그리고 기본소득 자체 과세로 40조 원, 기존 사회복지 재원을 통폐합하며 50조 원을 동원하면 된다는 것이다. 다만, 이것은 최종적으로 도달할 목표로서 이 정도 규모의 조세개혁을 일시에 실시하는 것은 현실적으로 불가능하다. 그러므로 단계별 로

---

272 오준호, "기본소득, 먼 꿈인가 문앞의 현실인가", 소셜임팩트뉴스, 2024. 4. 30.

드맵을 통해서 기본소득 지급액과 조세개혁 양자의 규모를 점진적으로 검토해야 한다.

기본소득당의 재원확보 방안(전 국민 월 70만 원 가정)

(단위: 조 원)

구 분		소요예산 추정 (2026년 기준)
기본소득 목적세	탄 소 세	53.6
	토 지 세	44.2
	시 민 세	146.6
비과세감면 축소 및 폐지		106.4
기본소득에 대한 과세		42.1
사회복지제도 조정		44.4
합 계		437.3

자료: 오준호(2024)

공동자원 배당형 기본소득 모델

햇빛, 바람, 토지, 경관 등은 모두 공유부 혹은 공동자원이라 할 수 있다. 이 공동의 자원을 지자체 또는 지역공동체가 개발한다면, 그 수익의 일정한 몫을 공동체 구성원들에게 고루 돌아가야 한다. 이런 방식을 '공동자원 배당형 기본소득 모델'이라고 할 수 있다. 이러한 철학이 구현된 지역정책의 사례도 점점 늘고 있는데, 대표적인 것이 전남 신안군의 '햇빛연금'이다. 햇빛연금은 태양광발전에서 나온 수익을 주민에게 배당하는 제도다.

신안군은 2018년에 신재생에너지 개발이익 공유를 목적으로 하는 조례를 제정하고, 신재생에너지 사업에 주민이 자본 참여하게 하여 그 이익을 분배해 주고 있다. 주로 폐염전이나 폐양식장을 활용해 발전사업자가 태양광단지를 설치하고, 인근 지역 주민들이 협동조합을 구성해 자본금을 투자한다. 단 자본금은 군의 보증으로 금융기관에서 빌리고, 주민들은 협동조합에 소액의 참가비만 낸다. 이러한 식으로 태양광 발전사업을 시작하고 나서 신안군은 섬마을마다 햇빛연금을 최대 1인당 연 250만 원씩 수령하고 있다.[273]

공유부 배당 모델은 산지나 갯벌이 있어야만 가능한 것이 아니다. 우리나라에 태양광발전이 불가능한 지역은 없다. 도로와 주차장, 건물 외벽과 옥상 등을 활용할 수도 있다. 더욱이 기후위기 대응을 위해 재생에너지로의 전환은 피할 수 없다. 공공과 민간이 협력하여 지자체별로 재생에너지 설비를 확충할 방안을 모색하되, 발전 수익의 일정한 몫을 주민에게 '햇빛배당'으로 되돌려주면 재생에너지에 대한 주민 수용성이 높아질 것이다. 이 밖에도 지자체가 활용할 수 있는 관광자원 등을 공익적으로 개발하고 그 수익을 공동체 안에서 배당한다면 이것 역시 기본소득의 일부를 구성할 수 있다.

사회자산 펀드형 모델

사회자산 펀드는 국가가 주도적으로 기금을 만들어 투자하여 그 수익을 공익적 목적에 사용하는 기금 또는 제도를 말한다. 흔히 말하는 '국부펀드'(Sovereign Wealth Fund)가 대표적인 사회자산 펀드다. 전 세계에 이미 133개의 국부펀드가 운영 중이고, 가장 큰 펀드는 노르웨이의 정부연금 펀드로서 재정규모가 1,500조 원에 달한다. 우리나라 국부펀드로는 '한국투자공사'가 있다. 각국 국부펀드들은 수익률을 높이기 위해 주로 해외 주식과 부동산 등에 투자하며, 정부는 국부펀드에 투자한 대로 수익 배

---

273 햇빛연금이 실시되자 안좌도는 인구가 증가했으며 폐교 직전이던 분교가 다시 문을 열었다. 신안군은 해상 풍력발전장치까지 완성되면 '햇빛바람연금'으로 배당을 키워 모든 주민에게 월 50만 원씩 지급한다는 계획을 가지고 있다.

당을 받아 대개는 정부 재정으로 사용한다. 별도의 수익 사용처를 두지 않은 것이다. 예외가 있다면 알래스카 영구기금(Alaska Permanent Fund)인데, 기금 수익 일부를 알래스카 법률이 정한 대로 연 1회 알래스카 주민 전체에게 같은 액수로 분배한다. 이러한 방식을 '사회자산 펀드형 모델'이라고 볼 수 있다.

최근 사회자산 펀드 곧 '국민 부펀드'를 만들어 그 수익을 국민에게 똑같이 배당하자는 제안이 여기저기 나온다. 구체적인 내용은 조금씩 다르지만, 미국에서는 힐러리 클린턴(Hillary Clinton), 오픈 AI CEO인 샘 올트먼(Sam Altman), 조지프 스티글리츠(Joseph Stiglitz) 등이 제안했거나 지지 의사를 밝힌 바 있다. 그들은 사회자산 펀드를 통해서 불평등을 줄이고 국민의 소득 안정을 도모함으로써 급격한 기술변화, 사회변화에 대처할 수 있다는 것이다. '국부펀드'와 대비하여 '국민 부펀드'라 부르는 이유는 기금의 수익을 정부가 임의로 쓰지 말고 국민에게 배당하라는 취지가 담겨 있기 때문이다.

6 기본소득제에 대한 편견 없는 논의

기본소득제의 취지에 동조하는 사람들이 늘어나고 있지만 도입·시행하기까지는 넘어야 할 산이 많다. 매월이든, 분기별이든 정기적으로 국민에게 주는 돈을 어떻게 마련할 것인가? 기본소득의 핵심 쟁점은 역시 재원 마련 방안이다. 여기에는 많은 논의가 오가고 있다. 기본소득 목적세로 탄소세, 토지보유세, 시민세 등을 신설하자는 방안부터 비과세 감면 폐지 또는 축소 등 기존의 조세제도를 재편하거나 사회복지 제도를 재편해 예산을 마련하는 방안 등이 있다. 그뿐 아니라 햇빛, 바람, 토양 등 공동자원

활용한 재원마련 방안도 제안되고 있으며, 정부가 주도적으로 기금을 조성하는 방안까지 다양하다. 이처럼 기본소득 취지에 동의하는 이들도 실행 방안에서는 온도 차가 크다.[274]

기본소득제 도입 경로에 대해서는 기본소득의 요소를 충실히 지키면서 시작하자는 의견과 변형된 형태의 기본소득이라도 일단 도입한 뒤 고쳐 나가자는 의견이 있는데, 처음부터 전 국민에게 충분한 금액을 지급하는 제도를 도입하기는 어려우며, 적은 투입으로 시작해 차차 키워 나가는 로드맵이 현실적이다. 즉, 현안 사회문제 해결을 우선시하는 관점에서, 청년이나 장년 등 연령 계층별 또는 농업인이나 문화예술인 직업별 기본소득을 먼저 실시하고 차차 범위를 넓혀 나가는 것이다.[275] 그리고 기본소득의 보편성은 최대한 지키되, 전 생애 동안 4~5년을 선택해서 지급받는 생애선택형 기본소득도 방법일 수 있다. 정책을 완성하는 것도 중요하지만, 그것 못지않게 정책을 성공시키는 것이 더 중요하다.

앞서 언급한 바와 같이 기본소득은 불확실성이 커지는 현대사회에서 인권을 지키는 수단이며, 공동체 구성원들이 공유하는 자원의 이익을 합리적이고 정의롭게 나누는 분배 방식이다. 또한 기후위기 대응, 글로벌 경쟁력 강화를 위한 공적 투자와 연계해서 지속가능한 성장과 분배의 선순환을 이루는 해법이다. 따라서 기본소득에 대한 논의를 회피하고 국가 혁신과 미래 전환을 구상할 수는 없다. 다만, 누구에게나 기본적인 소득을 보

---

274 한겨레, "한국사회, 왜 기본소득인가? 분배체계 큰 틀 전환 필요", 2020. 7. 7.
275 2020년 한 해 동안 경력단절을 경험한 예술인은 36.3%였다. 경력단절 예술인의 69.7%는 수입 부족을 경력단절의 이유로 들었다. 예술활동으로 벌어들이는 월수입이 100만 원조차 되지 않는다는 예술인은 2020년 86.6%에 달했다. 코로나19 여파가 미치지 않은 2017년에도 해당 비율은 72.7%로 높았다. 이 중 상당수는 경력이 일천하고 경제적 기반도 취약한 청년 예술인들일 것으로 추정된다. 미술, 공예, 음악(클래식), 국악, 무용, 연극 등 순수예술 분야로 범위를 좁히면 문제는 더욱 심각하다. 6개 순수예술 분야 예술인들의 평균 연 수입은 513만 원에 불과했다. 월수입으로 따지면 50만 원이 채 안 되는 수준(42만 원)이다. 문화체육관광부, "예술인 실태조사", 보도자료, 2021. 12.

장해 준다는 기본소득이 모든 문제를 한 번에 해결할 수 있는 것은 아니다. '기본'이라는 말처럼 국민들이 최소한의 인간다운 삶을 살 수 있도록 하는 것이다. 우리 사회에 함께 살아가는 사람이라면 누구든 외면당해서는 안 된다는 의미다. 그렇지만 낯선 제도이기 때문에 공론화 과정이 중요하고 이에 따른 사회적 합의도 뒤따라야 한다. 현금을 무조건 똑같이 나눠 주는 것은 포퓰리즘이라고 지적하는 목소리도 적지 않지만, 한국사회가 역동성을 되찾기 위해서는 분배 체계의 큰 틀을 바꿔야 할 때가 왔다.

21
한국의 정치·경제모델, 노르딕국가를 주목한다

1 신자유주의 문제, 승자독식 불평등 심화

자본주의는 내재적 부작용을 보완 수정하면서 50여 년을 주기로 끊임없이 변화해 왔다. 공산권 국가들이 몰락한 이후 자본주의는 유일하게 남아 있는 사회·경제 체제다. 하지만 경쟁체제가 사라진 자본주의는 자본의 편재, 불평등과 같은 문제를 더욱 노골적으로 드러내고 있다. 글로벌 무한경쟁으로 양극화가 심화되면서 신자유주의로 진화해 온 자본주의 체제가 근본적인 질문에 직면해 있다.[276] 자본주의가 인간화되거나 아니면 무너지거나 갈림길에 와 있다는 견해도 적지 않다.[277] 아나톨 칼레츠키(A. Kaletsky)가 전망한 바와 같이 따뜻한 자본주의로 전환할 것인가?[278] 아니면 제3의 대안체제가 등장할 것인가? 그럼 한국사회는 어디로 가야 하는가?

실제로 한국사회는 경제, 사회적으로 불평등 문제가 심각한 수준이다.

---

276 고영구, "세계 자본주의와 한국경제, 지속가능한 미래", 「제12기 백범통일리더십스쿨 특강자료집」, 선문대학교·단국대학교, 2022. 10. 7.
277 김누리, "세계관의 전복", 「코로나 사피엔스」, 인플루엔셜, 2020.
278 자본주의 역사를 컴퓨터 프로그램 업그레이드처럼 1.0, 2.0, 3.0으로 명명하고 앞으로 다가오는 시대를 자본주의 4.0이라고 설명한다. 아나톨 칼레츠키 지음, 위선주 역, 「자본주의 4.0」, 컬처앤스토리, 2011. 8.

한국은 1990년대를 기점으로 이른바 신자유주의가 상륙하면서 각자도생, 불평등 현상이 하루가 다르게 심화되었다. OECD(경제협력개발기구) 회원국과 비교해 양극화 불평등이 매우 심각한 상태다. 소득분배의 불평등도를 측정하는 지니계수(Gini index)는 0.34로서 36개 회원국 중 28위이고, 상대적 빈곤율과 소득 5분위 배율도 각각 31위와 29위로 거의 바닥 수준이다.[279] 그 사이 사회적 분열 현상은 날로 심해지고 있다. 한국의 갈등지수는 2016년 기준 55.1점으로 멕시코(69.0점), 이스라엘(56.5점)에 이어 3위였다. 주요 5개국(G5)인 프랑스(25.8점, 22위), 독일(29.8점, 18위), 영국(41.4점, 8위), 미국(43.5점, 6위), 일본(46.6점, 5위)에 비해 훨씬 높다.[280]

한편, 세계적으로 소득분배의 불평등도가 극심한 나라를 꼽으라면 누구나 주저하지 않고 라틴아메리카의 여러 나라를 든다. 라틴아메리카는 우리에게 소수의 권력 계층이 정치권력과 금력을 독점하고 있는 아주 불평등한 사회로 각인되어 있다.[281] 그러나 미국도 라틴아메리카 나라들 못지않게 불평등성을 갖고 있는 나라라는 사실이다. 지니계수를 살펴보면 미국은 2019년 기준 0.39로 나타났다. 도미니카공화국(0.43), 볼리비아(0.43), 페루(0.43), 엘살바도르(0.42), 아르헨티나(0.41), 우루과이(0.39) 등 나라들과 큰 차이가 없음을 보여 주고 있다.[282] 미국은 이미 승자독식의 불평등한 사회가 되어 버렸다. 가장 큰 원인은 1980년대 레이거노믹스(Reaganomics)로 상징되는 신자유주의에서 비롯되었다고 볼 수 있다.

여기서 미국을 언급한 이유는 한국사회 불평등 문제도 바로 미국의 영

---

279 박재용, 「불평등한 선진국; 대한민국의 불평등을 통계로 보다」, 북루덴스, 2022. 1.
280 갈등지수는 정치(언론자유의 법적 제한, 뉴스매체에 대한 정치적 통제 등), 경제(지니계수 등), 사회(인구밀집도, 도시인구 집중도 등) 등 3개 분야 13개 항목을 조사해 0~100점으로 표준화한 수치다. 한국보건사회연구원, 「사회갈등지수 국제비교 및 경제성장에 미치는 영향」, 2014.
281 이준구, "분배문제 절대로 미국을 닮아서는 안된다", 이준구 교수 홈페이지 칼럼, 2014. 7. 12.
282 CEPAL Statistics, 온라인자료, 2021. 7.; KOSIS 온라인자료, 2022. 12.

향이 컸기 때문이다. 한국은 발전단계에 있어서 미국과는 큰 차이가 있음에도 불구하고 경제체제나 정부의 경제철학이나 정책, 제도에 있어서 미국을 추종하는 경향이 강하다. 대표적으로 지난 이명박 정부 때 극심했고, 박근혜 정부에 이어 지금의 윤석열 정부도 그때의 복사판이다. 본래 자본주의는 불안정하고 격차를 심화시키며 과잉으로 치닫는 성격을 가지고 있다. 그럼에도 불구하고 현 정부는 법인세 및 재산세 인하 등 감세정책과 민영화, 규제완화 등 신자유주의 키워드를 전면에 내세우고 있다. 시장의 승자는 더 많은 선택과 자유를 누리게 되고, 패자의 선택권과 자유는 축소된다. 자본주의는 국가가 개입하고 보완해 주지 않으면 지속하기 어려운 체제다. 자본주의가 21세기 들어 세계화와 디지털 혁명, 인공지능 시대를 만나면서 빈부격차가 다시 크게 심화하며 위기를 맞고 있다. 한국의 자본주의가 나아갈 길을 찾아야 하는 이유가 여기에 있다.

2   유럽대륙형인가? 북유럽형인가?

세계 각국은 정부와 시장 사이의 역할 분담에 대해 나름대로 시행착오 끝에 오늘의 다양한 시장경제 모델에 도달했다. 지금 세계경제체제 하의 주요 정치·경제 모델을 몇 가지로 정리해 볼 수 있다.[283] 다음 그림의 횡축은 성장이냐? 분배냐? 하는 관점에서 오른쪽으로 갈수록 성장을 중시하는 체제이고, 왼쪽으로 갈수록 분배를 강조하는 체제다. 종축은 자원배분 방식에서 시장과 정부의 비중을 어떻게 설정하느냐의 문제인데, 위로 갈수록 정부의 비중이 크고, 아래로 갈수록 시장의 비중이 큰 체제를 의미한

---

283 이정우, 『불평등의 경제학』, 후마니타스, 2010; 이정우, "한국경제 제3의 길은 가능한가?", 프레시안, 2007. 10. 4.

다. 이렇게 볼 때 다음 다섯 가지 유형을 상정할 수 있다.

세계 각국의 정치·경제모델

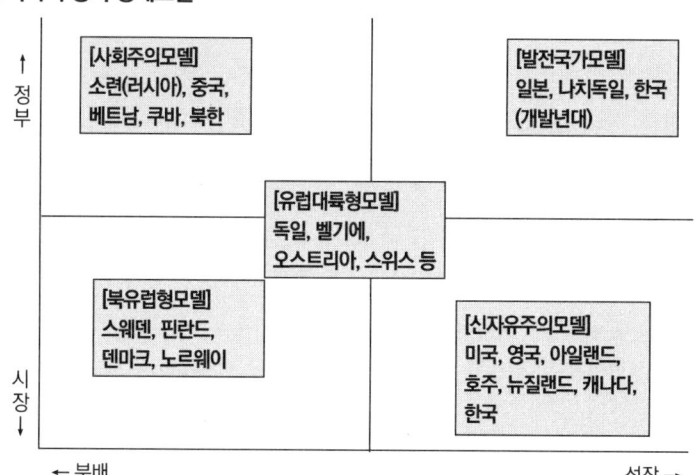

자료: 이정우(2010) 참고 작성.

우선, 과거 사회주의 모델이 존재한다. 이는 일명 스탈린 모델이라고 불릴 수 있는 것으로서 시장의 역할이 극단적으로 무시되고, 국민경제가 거의 전적으로 정부의 계획, 명령에 의해 움직이는 체제를 말한다. 이는 舊소련, 중국, 쿠바, 북한 등을 망라하고 있었고, 한때는 고성장을 자랑했으나 그 자체의 모순으로 인해 붕괴했다. 지금은 대부분의 나라가 체제개혁을 통해 이 영역을 탈출했다. 이동 방향은 우하향, 즉, 시장원리의 도입, 경제성장, 사회보장의 약화, 빈부격차의 확대로 나타나고 있다. 중국, 베트남, 러시아 등은 개혁정책을 통해 고성장을 달성하고 있으나, 빈부격차, 지역격차 확대, 부패 등 새로운 문제에 직면하고 있다.

그리고 발전국가모델이다. 한국 개발연대의 경제모델을 의미한다. 그 이유로 관치경제 또는 개발독재 모델이라고도 한다. 이 모델의 원조는 메이지 유신 이후 일본경제를 급속히 공업화시키는 데 성공한 부국강병 모델로 볼 수 있다. 일본, 한국은 물론이고 1930년대 히틀러의 파쇼경제 역시 고도성장을 했으니 이 모델은 단기적으로는 상당한 고성장을 가져옴에 틀림없다. 그러나 이 모델이 갖는 권위적, 반서민적, 소외적 성격과 더불어 모델 그 자체의 한계로 인해 오래갈 수가 없다는 점이다. 이 모델은 한국사회의 빈부격차와 수도권 집중을 야기한 불균형성장 전략을 떠받혀 왔다. 이 모델로 한때 고성장을 구가했던 나라들이 지금은 모두 어려움을 겪고 있어서 역시 탈출이 불가피한 모델이다.

하단 맨 오른쪽은 자유시장경제, 혹은 신자유주의 모델로 불리는 소위 시장만능주의 모델이다. 미국을 비롯하여 영국, 아일랜드, 호주, 뉴질랜드, 캐나다 등이 여기에 속한다. 1980년대 이후 세계화와 함께 등장한 신자유주의 시대로 접어들면서 정부의 간섭을 배제하고 각종 규제를 완화하는 이른바 작은 정부론이 강력하게 확산되었다. 영국 대처(M. Thatcher) 수상과 미국 레이건(R. Reagan) 대통령에 의해 주도된 시장 근본주의 시대였다. 정부개입 없이도 시장의 메커니즘은 잘 돌아간다고 주장하는 고전학파들이 다시 등장한 것이다. 경제는 자유주의 시장경제체제에서 자율적으로 움직여야 하고, 정부는 인플레이션을 억제하는 정도의 역할에 한정되어야 한다고 주장했다. 작은 정부, 규제완화, 민영화, 저금리, 세금감면 등이 이 시대의 키워드였다. 한국경제는 위의 발전국가 모델을 기반으로 하고 있으나, 1990년대 이후 시장권력이 정부를 지배하면서 이 모델의 형태를 띠고 있다. 일명 영미형 모델로 불린다.

이 외 하단의 유럽대륙형모델과 북유럽형모델에 해당하는 국가들은 에스핑-앤더슨(Esping-Andersen)이 각각 보수(조합)주의와 사민주의로 지칭했던 국가들이다.[284] 가운데 유럽대륙형 사회적 시장경제 모델은 일명

---

284 Esping-Andersen, G., *The three worlds of welfare capitalism*, Princeton University Press, 1990.

조정된 시장경제라고 불리며, 독일, 벨기에, 오스트리아, 스위스 등이 여기에 속한다. 왼쪽 하단에 있는 것은 역시 사회적 시장경제, 혹은 조정된 시장경제 모델이지만 유럽대륙과는 다소 성격을 달리하는 북유럽형이 있다.[285] 북구형 사민주의 모델이라고도 한다. 스웨덴, 핀란드, 덴마크, 노르웨이 등이 여기에 속한다. 이 국가들은 복지국가 형성의 역사적 과정에서 사회적 갈등을 슬기롭게 극복하고 사회집단 간에 민주적 협의구조를 제도화하는 데 비교적 성공한 국가들이다.[286] 황금기 복지국가 시기 동안 고도 경제성장을 바탕으로 전체 시민에게 질 높고 저렴한 교육서비스를 제공하고, 생애주기 동안 안정성을 제공하는 보편적인 복지시스템을 갖추었다. 이렇게 창출된 질 높은 인적 자원을 바탕으로 높은 생산성을 실현하였을 뿐만 아니라 연대에 기초한 임금 압축을 통해 노동시장에서의 평등을 달성해 왔다.

이렇게 본다면, 위 상단의 사회주의모델과 발전국가모델은 한때는 성공적이었으나 이제는 더 이상 지속할 수 없으며, 존립 가능한 대안은 하단에 있는 북유럽형모델, 유럽대륙형모델 그리고 신자유주의모델 등 세 개의 모델이다. 즉, 아래쪽으로 내려오지 않고는 생존이 어렵다고 할 수 있다. 아래쪽으로 내려온다는 것은 국가 개입을 줄이고, 시장원리를 확대한다는 것이며, 좌측으로 옮긴다는 것은 성장 몰입 정도를 줄이고 분배를 늘리자는 의미다. 그러나 하단의 모델 중에서도 신자유주의 모델은 지금의 시장만능주의 체제로서 양극화와 불균형을 고착화시키는 프레임이 되고 있으니 역시 대안이 될 수 없다. 결국, 아래로 내려오지 않고는 생존이 어렵고, 좌측으로 가지 않고는 안정적 국가발전을 담보하기 어렵다. 따라서 현실

---

285 이곳은 유럽대륙의 북부지역을 말한다. 명확한 구분은 없으나, 좁은 의미에서 노르웨이, 스웨덴, 핀란드, 덴마크, 아이슬란드 등 노르딕국가(Nordic countries) 5개국을 일컫는 경우가 많다.
286 여유진 외, 「노르딕모델과 대륙형모델의 형성과 변천과정 연구」, 경제인문사회연구회 협동연구총서 19-20-01, 한국보건사회연구원, 2019.

적으로 논의할 수 있는 대안은 하단에 있는 두 개의 자본주의 모델이다.

3   노르딕국가, 정부의 역할과 분배구조

정치·경제체제 새로운 대안

불평등의 대명사로 지칭되는 신자유주의 체제가 맹위를 떨치는 가운데, 4차 산업혁명 시대가 도래했다. 로봇으로 인하여 일자리를 빼앗긴 노동자들은 인공지능에 투자할 만큼의 가치도 없을 정도로 부가가치가 낮은 업종에서만 일을 할 수 있는 저임금 노동자로 전락할 수 있다. 실제 로봇이 소득 양극화를 더 악화시킨다는 연구결과가 이어지고 있다.[287] 2022년 9월, 이코노메트리카(Econometrica) 저널에 발표된 연구에 따르면, 1973~2016년 동안 소득 불평등이 미국 등 산업화된 경제에서 급격하게 증가했고, 고학력 근로자의 실질임금은 늘어난 반면, 저학력 근로자의 실질임금은 하락하거나 정체된 상태를 유지한 것으로 나타났다. 그리고 노동자 1천 명당 로봇 1대가 늘어나면 인구 대비 고용률은 약 0.18~0.34%포인트 하락하고 임금은 0.25~0.5% 감소한다고 추정했다.[288] 이런 양극화는 소비 계층이 있어야 지속 성장할 수 있는 자본주의를 위기로 몰 수도 있다.

이러한 가운데 우리나라 국민 만족도는 매우 낮은 형편이다. 통계청(2023)이 발표한 자료에 따르면, 국민들 삶의 만족도가 2019~2021년 평균 5.9점(10점 만점)으로 나타났다. 경제협력개발기구(OECD) 회원국 38개국 평균(6.7점)보다 0.8점 낮았다. 일본(6.0점), 그리스(5.9점)와 비슷

---

287 Popular Science, "자동화 소득불평등 더 악화시킨다", 2022. 11. 22.
288 Daron Acemoglu & Pascual Restrepo, "Robots and Jobs: Evidence from US Labor Markets", *NBER WORKING PAPER SERIES*, National Bureau of Economic Research, March 2017.

한 최하위권에 머물렀다. 한국보다 낮은 나라는 콜롬비아(5.8점)와 튀르키예(4.7점)뿐이다.[289] 반도체, IT, 자동차, 조선 등 핵심 산업분야에서 세계 톱 수준을 달리고 있고, 경제규모도 세계 10위권을 차지하고 있다. 국제사회에서 G20 멤버가 될 만큼 위상을 확보하고 있는 대한민국 국민들의 속내라고 하기에는 너무 심각한 상태다. 국가운영체제에 대한 근본적인 질문이 던져질 수밖에 없다.

따라서 한국의 정치·경제체제에 대한 성찰을 기반으로 새로운 길을 모색할 필요가 있다. 관치경제체제를 거쳐 신자유주의 경제체제에 매몰되어 있는 한국사회가 채택해야 할 정치·경제모델은 무엇일까? 앞서 그림 '세계 각국의 정치·경제모델'의 우상귀에서 우하귀로 이동하면서 더욱 심한 고통을 받아 왔다. 그렇다면 또다시 이동을 모색할 때이다. 여기서 핵심이 정부의 역할을 늘리고, 분배구조를 개선하는 것이라고 한다면, 앞서 살펴본 정치·경제모델의 유형 중 유럽대륙형 모델 또는 북유럽형 모델을 상정할 수 있다. 이들 국가의 경제적, 사회적 특징을 파악해 봄으로써 한국사회에 정책적 함의를 얻을 수 있다.[290]

유럽연합(EU) 보고서에서는 유럽연합 회원국을 특징별로 네 개 그룹으로 구분했다. 첫째는 경제성장도 높고 사회적 평등도 높게 달성한 그룹으로 스웨덴, 핀란드, 덴마크 등 북유럽 노르딕국가, 둘째는 경제성장은 높지만 사회적 평등은 상대적으로 낮은 그룹으로 영국, 아일랜드 등 앵글로색슨국가, 셋째는 경제성장은 낮지만 사회적 평등은 높게 달성한 그룹으로 독일, 프랑스, 오스트리아 등 중앙유럽국가, 넷째는 경제성장도 사회적 평등도 모두 상대적으로 낮은 그룹으로 이탈리아, 스페인, 포르투갈, 그리스 등 지중해국가 등이다.

---

289 통계청, 「국민 삶의 질 2022 보고서」, 2023. 2.
290 성경륭, "대한민국 미래 100년, 혁신적 포용국가 구상", 「2019 전국시도지역혁신협의회 워크숍 기조강연」, 2019. 3. 8.

유럽국가 삶의 만족도 비교(2022년)

구 분	국 가	삶의 만족도 (10점 만점)
앵글로색슨국가	영국	6.9
	아일랜드	7.0
노르딕국가	스웨덴	7.4
	핀란드	7.8
	덴마크	7.6
지중해국가	이탈리아	6.5
	스페인	6.5
	포르투갈	6.0
	그리스	5.9
중앙유럽국가	독 일	7.0
	프랑스	6.7
	오스트리아	7.2

자료: IMF(2022), 통계청(2023)

유럽국가의 경제·사회체제 상대적 비교

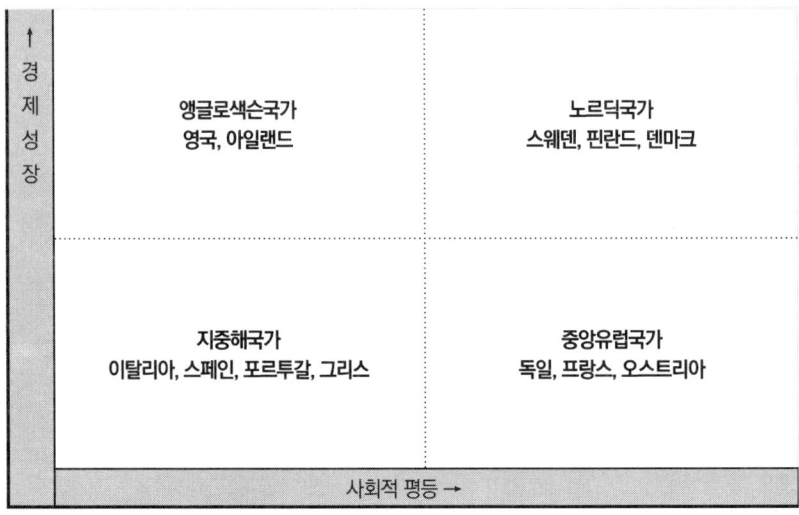

자료: EU(2005) 참고 작성.

한국사회의 미래 '노르딕국가'를 주목한다

국가별 행복도를 조사해 보면 항상 10위 안에 북유럽 국가들이 들어가 있다. 특히 노르딕국가들이 돋보인다. '2024 세계행복보고서'를 보면 핀란드는 7년 연속 1위를 지켰다. 덴마크가 2위, 아이슬란드가 3위, 스웨덴이 4위를 기록했다. 이에 반해 미국은 23위, 한국은 52위, 일본은 51위, 중국은 60위다. 국민 대다수를 행복하게 해 주면서도 나라도 잘 살다 보니 마치 유토피아처럼 보인다. 심지어는 유럽 국가들의 경제가 몰락하고 있다는 말이 나오는 와중에도 이 국가들은 건재하다. 유럽국가들의 경제 하향세가 과도한 복지 때문이라는 지적이 나오는 상황인데도 말이다.

국가별 행복도 비교(2024년)

순위	국가명	점수(10점 만점)
1	핀란드	7.741
2	덴마크	7.538
3	아이슬란드	7.525
4	스웨덴	7.344
5	이스라엘	7.341
20	영 국	6.749
23	미 국	6.725
51	일 본	6.060
52	한 국	6.058
60	중 국	5.973
72	러시아	5.785
143	아프가니스탄	1.721

자료: UN산하 지속가능발전해법 네트워크SDSN(2024)

그 힘은 어디에서 나오는 것인가? 무엇보다 세금을 많이 걷는다. 광범위한 복지시스템이 운영되게 하려면 국가의 재정이 풍부해야 가능하고, 이것은 곧 세금에 가능하다. 결국 조세부담률이 높을 수밖에 없는데 조세율을 높이려면 국민들 임금 수준부터 높아야 한다. 실제로 높은 수준의 복지제도를 운영하는 국가들은 1인당 GDP가 매우 높다. 2023년 기준 1인당 GDP가 10만 달러를 넘기며 전 세계 3위를 기록한 노르웨이와 9위를 기록한 덴마크, 14위를 기록한 스웨덴 등이 북유럽 국가 중에 1~3위를 차지하고 있다.

국가별 1인당 명목GDP 순위

(단위: 달러)

순위	국가명	1인당 명목GDP
1	룩셈부르크	132,372
2	아일랜드	114,581
3	노르웨이	101,103
4	스위스	98,767
5	싱가포르	91,100
6	카타르	83,891
7	미 국	80,034
8	아이슬랜드	75,180
9	덴마크	68,827
10	호 주	64,964
14	스웨덴	55,535
15	핀란드	54,351
33	한 국	33,393
34	슬로베니아	33,094

자료: IMF(2024)

　　노르딕국가들은 이렇듯 평등과 안정을 강조하는 사회주의적 가치와 경제적 효율성을 결합한 발전전략으로 성공적인 모델로 평가받고 있다. 스웨덴을 대표로 하는 이 모델은 보편적인 서비스, 개방적인 무역정책, 산업구조의 수출 중심, 노동시장 정책, 연대임금정책, 사회적 조합주의 등 다양한 요소를 포함하고 있다. 최근 사회적 조합주의와 연대임금정책이 약화되기는 했어도, 복지국가는 여전히 유지되고 있다.[291] 학계에서도 노르딕국가에 대한 관심은 여전히 크다. 스웨덴 모델은 사회민주주의 복지국가의 상징으로 알려져 있으며, 핀란드 모델은 교육 선진국으로 인정받고 있다. 이에 많은 연구자들은 스웨덴을 진보적 모델로 참고하고 있으며, 핀란드를 교육의 유토피아로 평가하고 있다.[292]

이렇게 본다면, 우리도 노르딕국가에 주목하지 않을 수 없다. 지난 2010년 국민 사회의식 조사에서도 한국사회가 지향해야 할 사회상으로 미국식 신자유주의 사회(24.2%) 보다 훨씬 높은 67.0%가 북유럽식 복지국가를 희망하는 것으로 나타났다.[293] 다만, 이러한 복지국가 모델이 노르딕국가들과 다른 조건을 가진 한국사회에 어떻게 적용할 것인가에 대해서는 충분한 논의가 필요하다. 스웨덴은 복지국가 형성을 위한 조건으로서, ⅰ) 인구규모가 작고 동질적이며, ⅱ) 사회적 신뢰가 두텁다. ⅲ) 정부와 권력이 부패하지 않고 국민들의 신뢰를 받고 있으며, ⅳ) 노동윤리 역시 매우 중요한 가치로 여기는 사회다. 그리고 ⅴ) 노조 조직률(70~80%)이 높고 강한 힘만큼이나 책임감도 강하다. ⅵ) 노사대화와 산업평화 조건이 충족되고, ⅶ) 정부의 이념적 성격이 유연하고 스펙트럼도 다양하다. ⅷ) 국민들의 사회적 공동체 의식이 뒷받침되고 있다.

한국사회가 새로운 길을 찾아가기 위해서는 현실적으로 가능한 조건은 무엇이고, 불가능한 조건은 무엇인가? 불가능한 조건을 극복하기 위한 전략과 대안은 무엇인가? 한국형 모델에서 요구되는 조건에는 어떤 것이 있

---

291 고영구, "신자유주의를 넘어 복지국가로", 「지역현안 진단과 대책 마련을 위한 공동세미나 발표논문집」, 지방분권국민운동·충북대학교 사회과학연구소, 2010. 5. 19.
292 메리 힐슨 지음, 주은선 역, 『노르딕모델: 북유럽 복지국가의 꿈과 현실』, 삼천리, 2010.
293 한겨레 신문, "창간특집 사회의식 여론조사", 2010. 5. 14.

겠는가? 특히, 한국형 모델에서는 사회적인 공정성과 평등성을 강조하는 제도와 정치적인 지원이 중요하다. 이를 위해 정부와 국민이 함께 협력하여 복지국가로 체계화될 수 있는지 적극 검토할 필요가 있다.